高手的外挂

如何在这个时代
识局、破局和掌局

康健◎著

電子工業出版社
Publishing House of Electronics Industry
北京•BEIJING

内容简介

这是一个瞬息万变的时代，要成为时代的宠儿，我们需要有一些新的“品格”，比如大脑不再充当硬盘、要敢为天下后、要懂得把聚光灯投射给别人、要学会看价值、要极有目的地读书，等等。本书通过研究总结了历史上开挂的高手的共性：用新方法解决旧问题、抓住行业上升趋势中的机会、引领大众行为和认知的改变，然后从外挂、选择、眼界、装备、引擎和正念等层面深入阐述了高手是如何成为高手的。

本书既有生动有趣的故事，又有科学严谨的成长方法论，更有很多别人不会告诉你的高手的新奇、刺激、野性的见识与观点。

图书在版编目（CIP）数据

高手的外挂：如何在这个时代识局、破局和掌局 / 康健著. —北京：电子工业出版社，2022.5
ISBN 978-7-121-43211-8

Ⅰ. ①高… Ⅱ. ①康… Ⅲ. ①企业管理 Ⅳ. ①F272

中国版本图书馆CIP数据核字（2022）第051462号

责任编辑：董　英
印　　刷：天津千鹤文化传播有限公司
装　　订：天津千鹤文化传播有限公司
出版发行：电子工业出版社
　　　　　北京市海淀区万寿路173信箱　　　邮编：100036
开　　本：720×1000　1/16　　印张：17.75　　字数：340.8千字
版　　次：2022年5月第1版
印　　次：2025年6月第2次印刷
定　　价：79.00元

凡所购买电子工业出版社图书有缺损问题，请向购买书店调换。若书店售缺，请与本社发行部联系，联系及邮购电话：（010）88254888，88258888。
质量投诉请发邮件至zlts@phei.com.cn，盗版侵权举报请发邮件至dbqq@phei.com.cn。
本书咨询联系方式：（010）51260888-819，faq@phei.com.cn。

推荐序一

只会打怪升级，成不了王者

王欣　金山前副总裁，金山五虎之一，中国初代产品经理，馒头商学院创始人

这本《高手的外挂》，是康健老师的最新力作。

这是一个前线攻坚者的成果还原，也是一个指挥官的思路解剖。

他是战例显赫的操盘者，曾辅佐营销人李叫兽为超过500家知名企业提供战略服务，后者因此成为BAT史上首位90后副总裁。他投资的科创产品，已是重点科研项目，获得全球多项专利。

他曾独立负责的“百度影响力生态”，是一个通过研究组织内个人发展史来指导新人成长的部门。所以，他近距离观察过成百上千个领域不同、天赋各异的厉害人物。

他深入浅出，把文学、哲学、管理学、逻辑学和自然科学，融入商业、投资和人际等领域的见识，总结出高手的共性，给人全新的思维冲击和观感体验。

尤其让我眼前一亮的，是他首次提出“人生外挂”的概念。

写过代码的人都知道，外挂（Cheating Program）一词原意指的是游戏**作弊器**：外挂作者通过更改原程序的参数作弊，给游戏角色加Buff，让角色获得逆天的跑跳、穿越和飞翔能力。

如果游戏能开挂，那么人生也可以：现实中我们也可以通过**修改心智模式的参数，获取近乎作弊般的“时空扩展能力”**。

想象一下，当你拥有这份能力，再去跟那些不懂开挂的人竞争，无论对方再怎么努力，也很难是你的对手。

回顾我的职业经历，好多次都暗合了书里的总结。

第一，真实的成长，来自“约束惯性”。

1996年，我从青岛大学毕业，大学学计算机，那年头特别抢手。一毕业，各个大机关都来挖人，我们班的学霸们都去了国家机关，有的甚至进了市委，特别安逸。

直到我去北京出差过一次，我看到中关村大街熙熙攘攘。车上到处写着“人人都上Chinaren”，搜狐的广告挂得到处都是，注册完还送你一个苹果。

回到青岛，我再也无法适应那个小地方的节奏。于是，背了个双肩包来到了北京——**这是我第一次打破自我的惯性**，选择了当时看起来不怎么样，但日后发展更广阔的行业。

我到动物园人才市场找工作，把简历投给了金山。面试时，有一个穿着白T恤衫和牛仔裤的人过来握我的手说：你好，我叫雷军。

见第一面时雷军劝我改行，说女生写代码没前途。

我心想：这人怎么能这样呢？一上来就否定我？于是跟他据理力争。

他反问我：你写程序有写诗一样的感觉吗？

我回答说：没有。

他说：那不就完了吗。

一段简单的对话后，我转了职业，成了金山第一批产品经理——这是我**第二次克服自我惯性**，只不过是在导师的引导下。

这两次经历让我获得远超同龄人的成长，但都是下意识完成的——我当时并不知道背后的原理，无法复制。

在随后的日子里，也难免努力麻了，陷入线性收益的惯性中。

习惯是把一千公斤的石头运到山顶，努力、拼命但收效甚微。约束惯性则是先登上山顶，然后找块石头往下踢，顺势一脚往往收获奇效。

《高手的外挂》就是这样一本书，作者站在系统顶端，引导我们跳出自我局限，利用系统中的隐秘力量和暗物质。

习惯的力量虽强，可一旦你拥有了扭转它的技术，重新安放你的天赋，回报将是百倍、千倍的。

这就是底层的“开挂”技术。

第二，真正的王者，都有“组合套装”。

我是“金山五虎”中最晚出来创业的。帮助我度过最初低谷期的人，是我在金山的好朋友冯鑫。

创业的头半年，我被恐惧折磨得死去活来，一会儿觉得我要改变和成就世界；一会儿又极度悲观，质疑自己这条路怎么可能走得通。

冯鑫教会我三个字“找空间”，对那时的我帮助特别大。

有时候我们总是从自己的角度出发去想问题，想着我要做些什么，但会陷入狭小的空间里，看不到外界的事，见不到更广阔的天地。

我听了他的话，决定去外边转一转。

第一站就去了冯鑫本人的暴风影音。那时候暴风影音每天的安装量已经有70万，冯鑫就帮助我推产品，那是金山毒霸流量的第一桶金。

所以，不管你信不信，很多你觉得无比困难的事，在别人那里可能只是一句话，或者只是轻轻动动手指。

他们的解决方案，往往在你熟悉的事物以外。从他们的时空看过去，你时空里的铜墙铁壁，往往薄如蝉翼一般一捅就破。

阅读这本书时我非常惊奇的发现，“高手的装备”一章透露了找空间、借外脑、借外力的详细步骤，恰好道出了我多年的体悟。

在这个暗潮涌动的魔幻时代，裸身打怪升级的是青铜，王者得先有一套硬核装备。

第三，真正的好运，属于心态更好的那个人。

B站的董事长兼CEO陈睿，是我在金山的拍档。

陈睿有两大特质：

第一，他极其纯真，内心没有丝毫的羁绊和恐惧。

第二，他一直很喜欢二次元，而我当时甚至不知道什么是二次元。

杀毒软件在国内斗得正酣的时候，他买一张机票就去日本。他有个特异功能就是秒睡，是真的几秒钟立刻睡着。还有一年我们从珠海飞北京出差，大家都在机场等他，最后发现他在家里睡着了。

陈睿能够置身事外地去看事情。每当我盯着金山毒霸市场数据，紧张得如坐针毡时，陈睿总会安慰我："这事儿成不成，跟你我的努力没有直接关系，要放宽心。"

万万没想到，那个当初看似不靠谱的老铁能有如此手笔，一手点燃了Z时代的第一把火，也托起了千亿市值的哔哩哔哩。

这正应了书里的那句话："操越大的盘，越需要顿感。"时代越快、竞争越激烈，个人努力的效能就越低，越到这时就越不能处处敏感。

反而是迟钝一点，能帮助我们看清要害。把精力投入到真正重要的事上，才能撬动更庞大的星球，其他小事大可以放宽心。

陈睿是个乐天派，无论现状如何，都能泰然处之。他喜欢玩，不是那种自娱自乐，而是能把"兴趣"玩成职业。

我在陈睿身上看到的品质，也是在这本书的第五章"高手的引擎"里重温到的。

在这一章，康健提到了两种人生角色：接纳自我的内在父母和开放专注的职业玩家。

假如我们可以兼容这两个角色，就敢少做事。接纳自我不会内卷，职业玩家很难躺平。

用松弛、冷静和举重若轻的心境，替换掉紧张、浮躁和发力过猛。患得患失的顽疾将被治愈，庸庸碌碌的生活将远去，运气自然会在体内凝聚。

德内拉·梅多斯说过：越复杂的系统，运气占比越高。而好运不会青睐成天祈祷的他人，却常常偏爱心态更好的那个人。

职场、商业和生活，恰似一场场轮回游戏，坚持是消耗，享受汲取。坚持的事，往往坚持不下去，享受的事不用坚持也会持久。

所以我建议你给自己几个小时的宁静，细细品读这本书，用看水表转盘的心情坐上"成长飞轮"，然后去享受开挂的风花雪月。

推荐序二

涌动的暗物质里，藏着生命演化的秘密

易仁永澄 *永澄文化创始人，个人成长研究者*

一口气读完书，我冒出一句：“如果我早做到这些就好了！”

想要写些什么，但又感觉有无数个声音在呐喊，好像有无数个小人在内心叫着：“把这一章再看一下，把这个观点再读一下，把这个故事摘抄一下。”

于是，又用了两周时间，把书认真地读了几遍，同事问我：“你最近怎么了？好像换了个人，思考方式都变了。”

仅仅两周时间，变化就被他人看出来了。

我想要揭开改变的秘密，了解究竟是何种暗物质在牵引着我？

第一，这本书提出了一个生命演化的问题。

如何开挂成为高手，并成为可复制的科学，成为时代的宠儿？

我很喜欢这个问题，好的问题引领生命的方向。

多年来我一直在研究一件事：“如何活出值得拥有的人生”，并形成了一个框架：

- 内在和外在：内在稳定，外在富足；
- 当下和未来：当下不杂，未来不迎；
- 坚持和享受：坚持必败，享受必成。

在三个维度建立是非观、时空观和系统观，有一个共同的方案：“优先解决不可见层的问题”。

时代是一个多维度复杂不可见的东西，我们必然需要站在不可见层迎接。

第二，尊重并且跨越人的核心恐惧。

一个好的问题，通常都不会立刻揭示，往往要践行数十年才有答案。

不是大家意愿不足，而是好问题引发了“我不能、我不行、我不配”的恐惧，从而放弃。

本书最大的特征是：全局观。

无论是哪个问题，书中都会给你一个全局观，从小白视角到高手视角完整剖析。

“学习究竟为了什么？武学高手都有哪些层次？这个时代都有哪些改变？如何做出更加正确的选择？”这些问题中都透露着体谅和包容。

每一份恐惧都被拥抱，每一份弱小都被抚慰，每一份期待都被支持，每一种悲欢离合都被同情，才有力量继续前行。

第三，拉阔和填充读者的内在空间。

我有一种既熟悉又陌生的阅读体验，熟悉得温柔，陌生得清爽。

温柔和清爽皆来自一扇六边形的网：

- 如何识局破局？
- 如何获取想象力？
- 如何恰当取舍？
- 如何适应竞争？
- 如何过滤信息？
- 如何化解阻力？

网里的每一个真问题，必然会带来全新的答案。

商业、管理、投资的水，流入个体成长的河流，或静水流深，或汹涌澎湃。

你会忘了自己是在看书。

第四，提供差异化的方案。

问题提出了，一定要有解决路径。

标准答案很容易给，但笑泪与共、游刃有余的思维路径，更实用。

- 给平凡人提供故事和案例带动其启发。
- 给践行者提供方法和策略帮助其应用。
- 给思考者提供问题和视角帮助其思考。
- 给领导者提供原则和理念帮助其引领。

道术器用，多元而有序、严谨而欢脱，这就是本书的独特价值。

推荐序三

有些书一旦读过，就再也回不到从前

Spenser陈立飞　香港第一自媒体人，香港浸会大学硕士

世界上有两种书，一种是用笔写、用键盘敲出来的，另一种是以生命作笔、浑然天成的。

前一种励志热辣却言之无物，读的时候热血沸腾，合上书日子还是一样过。后一种重组你我的世界观，哪怕只是悟透了其中的一句话，就再也回不去从前。

就像职场人读《第五项修炼》，掌握其中任意一项，就能如鱼得水。就像商界精英读《孙子兵法》，理解了“凡此五者，将莫不闻，知之者胜，不知之者不胜”，决策能力一日千里。

《高手的外挂》属于后一种。

敢这么说，是我既认得出好书，也受过好书的恩惠。

我出生在宁波一个农村家庭，父母做水产小生意，每天在菜市场起早贪黑地忙碌。

“小时候印象最深的是看着父母拿着秤，在熙熙攘攘的小镇菜场里，热火朝天地吆喝卖鱼。

在嘈杂拥挤的小菜场，闻着鱼腥味，踩着黏糊的地面，跑到父母的摊位边拿 3块钱买早点，纸币和钢镚都黏黏的。”

一放假，我就开始帮助父母出摊卖鱼，凌晨四五点起床，看摊、跑腿，身兼数职。

菜场是一个真正鱼龙混杂的地方，有它的江湖和血腥。海鲜商要笼络摊主，让别人

先打包了就没赚，要打架才能抢回来；商户之间抢生意，让别人占了先就意味着租金交不上，得互相搏命。

这里就是一个赤裸裸的现金交易市场，人人为了生意都杀红了眼。市场不分大小，各有各的血雨腥风。

父亲对我说："要想远离菜场，读书才是出路。"

所以我从小就很会读书，也顺利考上了大学，毕业后遵循父母的意愿在宁波象山中学当英语老师。

当老师很体面，收入虽然一般却也惬意，有时做梦，能梦到自己花白了头发还在批改作业。

直到有一天，在图书馆偶然读到了Allison Madden的《一生的资本》，里面的一句话打动了我："好的人生，需要自己去设计。"

那一刻，我开始怀疑自己的选择是否值得，试图修复缺乏设计的人生。

2014年，我辞了职来到香港，攻读硕士学位。当第一眼看到维多利亚港的繁华景象时，我觉得自己来对了地方。

在浸会大学的图书馆里，我读了Jim Rogers的《资金流向》，其中提到："亚洲时代即将来临，世界的负债在西方，资产流向东方。"

我一边体会这句话，一边实战，寻找高天花板的商业场景。

当时，正是内地资产的积聚期，我瞄准金融资产配置，业务一炮而红。随着咨询人数暴增，我开设了自己的微信公众号，还被粉丝冠以"香港第一自媒体"的称号。

为了配得上这个称号，我读了三遍史蒂夫·平克的《写作风格意识》。

一路走来不禁感慨：书中自有黄金屋，原来说的都是真的。

除了提到的这几本书，很多我现在已经叫不上名字，但的的确确改写了我的轨迹，成就了理想中的我。

如同我小时候在鱼市场吃过的海鲜，大部分已经忘了，但它们变成了我的血液和骨头。

总有一天，你我还会遇到一个人、一件事或一本书，为略显苍白的人生涂上光彩，也终会被落在某个角落蒙上灰尘。

但至少，从它到来的那一刻就注定了，你我再也回不去从前。

序言：学习的3个层次

——不要等到毕业以后才知道

很长时间以来，有个问题一直令我困惑——人究竟为什么要学习？

为什么很多曾经的学霸毕业后都郁郁不得志：

- 2020年，8万多名985毕业生组建了“985废柴群”，著名学府的博士生们联合组建了“拯救博士生群”，由此诞生了一个热词——小镇做题家。
- 《2009中国高考状元调查报告》对1977—1998年全国各省高考状元状况进行了普查，报告的结论是：“大部分高考状元职业发展的实际情况，与社会期望相差甚远，他们中大多数没能成为各行业的顶尖人才。”
- “双减”政策一来，那些只会教人提分的机构老师，纷纷降薪，转行做客服、卖保险。
- 多家媒体报道，毕业10年以上的人，BAT、“四大”、中关村科技园、南山软件园等光鲜企业的“优秀毕业生们”，正经历着有史以来最猛烈的“中产返贫潮”。

我当然不鼓吹“读书无用论”，任何知识只要用对地方就能体现力量。只是与学霸“英年早衰”相对的，是一部分学渣的迅速崛起。

我曾是一名商业顾问，运营过一档3000人的线上直播课，6成以上学员是各行业里的企业主：跨境公司老板、上市科技公司CEO、投资集团总裁……我惊奇地发现，他们中的大部分在上学期间并没有展现出什么过人的天赋，甚至有些人因为学业受挫深深自卑过。

让我印象最深刻的，是一位掌管着年利润2亿元的集团公司的创业者。比起他的身份，更吸引我的是他的经历——16岁到深圳，第一份工作是当保安，23岁成立了现在这家公司。

我十分好奇他是怎么做到的，直到有一次，我俩一起去一个科技园考察项目，心中的疑团才被彻底地解开——到了园区门口向保安问路："请问兴驰科技在哪一栋？"保安连眼皮都没抬，甩了一句："你们进去自己找。"我当时没觉得怎么样，他把车停好，给我讲了个故事。

我以前也在一个科技园区当保安，但凡有访客问路，我都能清楚地告诉对方具体信息：企业所在楼号、楼层，甚至公司规模、发展历史、经营情况。时间一长，哪家公司最赚钱、哪家员工幸福感很高，我都了如指掌。后来我入职了其中一家，又过了半年，开了一家模式类似但定位不同的公司。

一个高中没毕业的人，竟然能从容运用大数据分析改变命运，这不仅震撼了我，也启发了我。

有效的学习不一定仅限于课堂。

学，以获取知识为目的，追求内在的心智丰满，课堂只是其中一种途径。

课堂上成体系的知识永远滞后于市场需求，物联网、AI、VR、5G，新技术、新概念迅速涌现，等学校增设了新课程，需求又迭代了，基础教育流水线受到了"诅咒"。

一组数据显示，与2010年相比，拥有大专以上学历的人口，从8.93%上升到了15.5%。换一种更容易理解的表述方式，10年间高学历人数增加了1亿。但人均能力真的随之提高了吗？市场的声音是："月薪3000元招不来农民工，却能招来一大批大学生。"这种现象太常见了，我们已经身处史上最大的学历泡沫中。

这既不能怪学校，更不能怪老师。老师启蒙心智，培养稳定的习惯，让我们成为内心饱满的人，他们的使命已经完成。

习，是把知识转化成价值的技术，追求外化的、世俗公认的成功，掌握和施展这门技术的场地往往在教室以外，学习的内容从文字、影像、模型，变成了实打实的生存知识。

联合国教科文组织发表的《学会生存——教育世界的今天和明天》中解读：知识的雏形本就是为了获取粮食、财富、资源——物理学起源于造农具、盖房子；化学萌芽于炼金术；交易要计价，然后才有了数学。

过去的车和马都很慢，一个时代的跨度远超人的寿命，一项生存知识往往可以沿用几十上百年，子承父业是常态，复制粘贴式的学习就可以活得很安稳。

当今的“车马”呼啸而行，时代的刻度不断缩小，前不久的热门，回头看像远古时代的事，小众技能迅速普及，让它们的拥有者失去了竞争力，**人生从一次“Ctrl+C”，变成了多次选择的游戏。**

来看一段选择简史：

- 40年前，会炼钢、纺织的学霸进了如日中天的国营大厂，学渣下海经商倒卖收音机；
- 20年前，万里挑一的学霸考上了公务员，学渣去了卖广告的百度、卖拖鞋的阿里；
- 7年前，新闻专业的学霸去了主流媒体，学渣开通了自媒体，攒起了非主流小文；
- 3年前，学霸进了BAT等互联网大厂，学渣去了卖地摊货的拼多多，拍起了抖音短视频。

3年、5年后呢？谁会是踏准时代风向的“学渣”？

定义学霸和学渣的，是试卷分数上的比较，这种比较换算成个人未来的成长幅度，显然不成正比。如果说一些学渣是上帝掷骰子砸中的幸运儿，那么你还能凭借怎样的复制粘贴，获得这种幸运呢？

是靠勤奋，还是靠天赋、机遇？

我的另一个身份，是鸿鹄天使的总裁——一名投资人。我最重要的任务，就是穿过茫茫人海，发现幸运儿——相信他们的选择，激发他们的潜能，一旦认定，就会不遗余力地给予他们资金和资源上的支持。毕竟，选中概率与我和团队的命运息息相关。

我亲历过成千上万例个人和企业的浮浮沉沉，终于发现了成败间的一点点规律。

你可能很勤奋，投入常人双倍的时间雕琢一件事；你很有匠心，却未必能创造双倍价值。

吴晓波说：很多人以为我要多么废寝忘食，才会取得今天的成就，却不知道我把无数个夜晚献给了烤串和啤酒。郑渊洁自1985年创办《童话大王》，30多年来，他是这本杂志唯一的撰稿人，却说自己是全世界最闲的人。

北上广深写字楼里通宵达旦的灯火，证明了这个时代，努力奋进的人数以楼计，却很少有人能分辨自己的努力属于哪个层次，他们很难想象更高层次的努力是什么样子的。

我曾参与人工智能的研究，见识过深度学习的威力——人类一生处理的信息量，还不及机器几分钟内做到的。何况人的生命有限，跟机器拼时间，显然是拼不过的。

每当我告诉别人，我的同事们每天最多工作3小时，其余时间自行安排的时候，总会招来惊讶的表情和被贴上不思进取的标签，但正是这些在一般人的常识里被认为不太努力的人，成就了众多倍速增长的项目。

你也许天赋了得，投身到自己热爱的事情中，你一定会收获幸福，却未必能改变现状。

天赋像六脉神剑，只能在特定时间、特定范围内起作用，范围以外常常失灵：所以不难理解，为什么聪明人办起事来不见得真有智慧，个高不见得能抢篮板，手指长不见得能弹好钢琴，长得美不见得能成偶像。

你可能机遇极佳，起点比一般人高，或有贵人提携，你会轻松过完这一生，却未必能到达更远的地方。

我见到一些年轻人，他们自己或父辈完成了早期积累，已经不再需要为了生存殚精竭虑，钱已经不再是他们的唯一追求，但他们依然想要证明自己的价值，以兴趣为出发点选择事业，到头来却只能在自我的小循环里挣扎。

选择的游戏，像是把每个人都装进了一个巨大的陨石坑，站在下层的人，视野受限，看到的都是争斗，选择越艰难，越容易感到不公；越往上层，视野越广，看到的都是协作、融合，选择越简单，越能感受到世界的善意。

套用狄金森的那行诗句：谁，未能在下界发现天堂，也不会在天上找到。**选择的背后，是认知的差距，抹平差距的唯一方式，就是了解更厉害的人的行为和选择逻辑，从同一认知出发，才算真正的公平。**

我研究过投行和商业百年史，发现开挂的高手，有三个共性。

首先，他们懂得破除窠臼，用新方法解决旧问题，总能创造出与众不同的东西——那是再多钱也买不到的创造力，这让他们学会了在新式竞争的海洋里游泳。

再者，他们懂得弱化自我与世界的对抗，抓住行业上升趋势。回顾一下各历史阶段的财富分布，20世纪前半叶美国富豪抓住了运输和能源的趋势，比如LV开发出耐磨的旅行箱，就是抓住了火车普及的趋势；20世纪80年代“亚洲四小龙”的富豪抓住了机电制造业的趋势，20世纪70—90年代的港澳富豪抓住了金融和娱乐业的趋势，21世纪中国大陆富豪跟上了互联网的浪潮。

最重要的，他们超越了小我需求，引领了大众行为和认知的改变；对比一下10年前和现在，你的生活方式有什么不同，出行、通信、购物、饮食发生了哪些改变，想想背后的推动者们是谁，他们做了什么，你一定能洞察到这一点。

至少有100种迹象表明：世界已不是狠人们、天才们和大人们的天下了；应该感谢这个包罗万象的时代，不再信奉宿命，给了所有像我一样起点不高、背景不深、天资平凡的年轻人公平争取的机会，只要你拥有辨别高级智慧的能力，通往高贵和自由的大门就会为你打开。

当你困于短周期的表象时，一定可以从巴菲特的这句话里汲取到营养：“你的起点并不重要，重要的是你最后抵达了哪里。”

有一天，你会发现，真实的改变无关时间和经验，只在一念之间。艺术界常用“开窍”来形容一名演员从混沌到通透——有的人钻研几十年也没学明白，有的人却在某一天清晨醒来时大彻大悟，成为艺术家；这种跳级式的成长像基因突变一样出人意料。

自然界和艺术界的突变，是自然选择的结果，是偶然的；但在更多领域，**个体通过重组认知，自我选择进化成新物种，这是一门可复制的科学——定向突变。**

我常常在想，如果在我毕业之前或者刚刚走出“象牙塔”的时候，拿到一本书，告诉我学习的意义，启发我开窍，运用科学的方法改变境遇，让我在做自己的同时与世界和谐相处，那会省掉多少个迷茫纠结的日夜啊。

写作《高手的外挂》是为了圆梦，也是为了让诚恳上进的年轻人不用再体验我当初的遗憾，少走一些弯路。希望你看完这本书后，可以依仗高级智慧行走江湖；也希望每一位爱得深沉的父母，看完这本书后，能看到孩子注定光明的未来。

本书的主题就是，**如何开挂成为高手，成为时代的宠儿。**

- 在**第1章**高手的外挂中，我们谈到每个时代的高手，都是如何运用隐秘技巧，在竞争中获得优势的，以及在人工智能大面积替代人力的大背景下，优秀者遇到了哪些窘境，又是如何重新夺回优势的。
- 在**第2章**高手的选择中，我们多角度剖析高手的策略，相比新手追赶财富，高手如何吸引高价值；相比新手挖掘价值，高手如何创造价值；相比新手盲动试错，高手如何让自己立于不败之地。

- 在**第3章**高手的眼界中，我们去看看高手如何快速看穿现象背后的本质、规律，从而解决大部分冲突；如何升维看世界，发现新手看不到的机会；如何简化复杂世界，摆脱复杂无序的干扰，用更短的时间创造更多的价值。
- 在**第4章**高手的装备中，我们聊聊高手的高阶套装，在信息爆炸的时代，识别有用知识变得越来越重要，你会了解高手是如何获取和应用信息，如何借助工具给自己加BUFF的。
- 在**第5章**高手的引擎中，谈的是稳定输出的话题，当你踌躇满志想要有一番作为时，难免会因一些意外中断，这就是为什么有人发现了高价值，也训练出了高超的技艺，却依旧成不了高手。在这一章中，你会了解到，高手都开启了反脆弱模式——计算机运行，需要定期安装补丁，修补系统漏洞；人也一样，人都有短板，在向着理想飞奔之前，记得及时下载补丁，确保不滑出赛道。
- 在**第6章**高手的正念中，讲述的是关于运气的话题，好运不会眷顾只会羡慕它的人，却总是伴随创造它的人，新手相信大力出奇迹，可自己力量有限，能推动的事情太少，导致大多数时候运气不好。在这一章中，我们聊聊高手行事如何减小阻力，即使再重大的事，只需轻轻一推就能欢快驰骋、鸿运当头。

我开了这么大的一个话题，让这本书的内容显得有点稚嫩；不过康德拉·希尔顿的话给我吃了一颗定心丸：“如果因为尴尬而不去发表你的思想，那该有多虚伪。”

我决定竭尽所能，用符合移动互联网时代的方式交付产品，我会在书的末尾放置一些思考题，希望汇聚更多高手和走在通往高手道路上的朋友，让他们深度连接，一起探讨时代主题，后期我还会开通社群，通过一系列有趣、实用的玩法，帮助更多人完成切实的改变。

金庸在《笑傲江湖》里道出了武学高手的三个层次：招式、心法、格局。

第一层是招式上的高手，令狐冲遇到风清扬，学了“独孤九剑”，发现跟在华山门下学过的一招一式不同，“独孤九剑”并非一套刻板招式，而是根据对手出招灵活应变、审时度势的方法论。

成年人的学习，万不能一味死磕和模仿，而是吃透原理，面对外界的风云变幻，举一反三，才能技高一筹。

第二层是心法上的高手，凡是招式，必有侧重点，有的偏攻，有的重守，飘逸的武功欠厚实，扎实的武功欠灵动，再高妙的剑法一旦被针对，就会落入下乘。这时需要学习新技法来弥补，随之引发一个冲突，新老武功往往不兼容——令狐冲被桃谷六仙打入六道真气，求生不得，求死不能，直到修炼了少林《易筋经》，不仅融合了乱窜的真气，之后再学任何武功都比别人学得更快、更好。《易筋经》就是兼容不同武功的底层心法。

面对日新月异的世界，你像海绵一样吸收新知识、新理念、新能力时，应该体会过：学得越多越杂，知识之间越相互制约，不得不经历一次次痛苦的阉割。如果这正是你的困惑，就需要优先改进底层认知系统，才能融合新知旧术，一通百通。

第三层是格局上的高手，武学的至高境界是不战而屈人之兵。无论面对武功平平的师兄弟，还是面对岳不群、林平之、东方不败、任我行，令狐冲都能无差别对待，或帮助或引导，完全没有争雄称霸的念头。电影《功夫》有异曲同工之处：大战之后，火云邪神问阿星用的是什么武功，阿星回答他“想学啊你，我教你呀”。

一流的高手明白，胜负是一时的，尤其是在这个去中心化的时代，没有人能够一直独领风骚，只有放下短期的胜负心，分享认知、传递能力，人生的选择宽广起来，方可“笑傲江湖”。

当有一天你成为高手时，希望你不要闭门修炼，而是将所学到的、所悟到的、所坚持的东西传播出去，影响更多人，无差别地对待那些起步比较晚的新手、执念有点深的半熟手，把他们当作曾经的自己去帮助、引导。哪怕你我只是一滴水，落入水面时激起的层层波动，也终将改变潮水的方向。希望有一天，你可以这样定义自己的江湖。

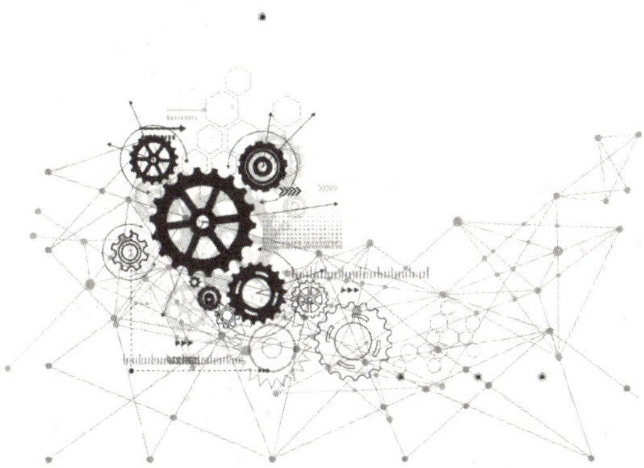

目录

01 高手的外挂

调用外力，放大能力 / 1

时代的同行者 / 2

生存方式的改变：从单机制造者到联网整合者 / 2

价值标准的改变：从自我创新到自主创新 / 4

心智模式的改变：从智商为王到搜商为皇 / 5

恺撒也刷“今日头条” / 9

优秀者的四种窘境 / 12

想象力ODM，影响力UGC / 17

个人的聚变式发展 / 22

各个领域的聚变效应 / 22

个人如何触发聚变 / 24

外挂清单 / 28

02 高手的选择

站在高位，立于不败 / 29

选择的变化 / 30

选择越多，概率越小 / 30

选择的世界：残酷而美好 / 32

敢为天下后，后中争先 / 35
“中国巴菲特”的运筹之道 / 35
1：0胜于4：1 / 36
最强掠食者的基因 / 38
M型社会——穿越阶层的鸿沟 / 41
中产阶层消亡史 / 41
在关键支点上持续发力 / 44
极致简单的反编译游戏 / 46
为什么投入和回报不成正比 / 48
顶端优势：站位胜于跑位 / 50
顶端吸引更多关注和资源 / 51
只在要塞屯兵 / 51
个人发展的顶端在哪里 / 53
如何找到自己的顶端 / 55
如何进驻自己的顶端 / 58
创业的顶端优势 / 62
成长飞轮：大厂校友的崛起之路 / 66
第一次突变，嵌入系统——成为半专家 / 68
第二次突变，元素重组——从石墨变金刚石 / 71
第三次突变，能力迁移——游向高价值水域 / 74
贫穷的并发症 / 77
先胜而后战 / 83
李光耀：先胜而后战 / 83
专注：一个阶段只能有唯一目标 / 84
曾国藩：当时不杂，过往不恋 / 85
库里：最准的投篮不靠手感 / 87
综合命中率高出1%，够赢了 / 87
好手感不可复制 / 88
从篮下1米位置投起 / 88
先发射子弹，再发射炮弹 / 89
外挂清单 / 91

03 高手的眼界

用系统之眼，看见未来 / 92

看世界：开源·通透·有梯度 / 93
系统：在变化中见到永恒 / 94
通透：优先解决不可见层问题 / 96
有梯度：多生态位布局 / 103
看竞争：持枪者都是同盟军 / 105
只有竞争，才能让你更好地生存 / 106
“竞”是强者东风，“争”是弱者铁索 / 107
开放的赛场上没有输家 / 111
看未来：循环·升维·可预期 / 114
跳出框架，才能看见未来 / 114
越追热点，越被时代抛下 / 114
越忙越穷，越穷越忙 / 115
越证明自己，越得不到认可 / 116
不要追热点，要追周期价值 / 118
不是时间问题，而是模式问题 / 120
不是完成和完美的问题，而是专业问题 / 121
不是利润和规模的冲突，而是没有激活市场 / 122
外挂清单 / 125

04 高手的装备

软硬实力，同步升级 / 126

系统化能力：提供绵延不断的力量 / 127
系统分层：上层结构决定下层资源 / 129
最高级的能力，是获取能力的能力 / 130
信息压缩包：学得更少，获得更好 / 131
识别信息的含金量 / 131

高纯度信息：构建价值的底层逻辑 / 133
毛金信息：站在信息源头，忠实地还原事件 / 133
掺水信息：为了博眼球，断章取义的内容 / 133
杂质信息：充满个人情绪的极端化表达 / 134
好信息是干净的，不自我对抗 / 135
信息雷达：如何探测信息纯度 / 135
社会引力波：提高单位时间里的价值 / 136
中子化认知 / 138
四种认知中子 / 143
知识解压缩 / 148
追随认知密度高的人 / 151
资源模拟器：把信息变成价值 / 152
人生就是一次次突破认知疆界 / 153
年入60万元的师父和年入2000万元的徒弟 / 155
敢做徒弟的徒弟，才能做徒弟的师父 / 158
以直觉为中心vs.以效率为中心 / 161
你的参照物，决定了你的心理年轻度 / 162
场景格式刷：摆脱心智重力 / 165
场景时代的核心能力 / 165
改变连接方式，而不仅仅是创造连接 / 166
一本书也可以有“首映式” / 168
乔布斯和玩具总动员 / 171
周杰伦和毕加索 / 173
个人IPO：让价值持续攀升 / 175
无形资产和无形成本 / 176
像经营一家上市公司一样经营自己 / 179
你的市盈率是多少 / 181
增速太快，也是一种失败 / 182
假装运营一家上市公司 / 185
外挂清单 / 188

05 高手的引擎

提升人生的续航里程 / 189

高手的反脆弱引擎：系统升级，超长续航 / 190

没有炸药就不能爆破火车 / 190

你对资源的依赖程度，决定了你能走多远 / 191

高手都有反脆弱机制 / 193

“敏捷”也是一种脆弱 / 195

任正非和任我行 / 197

神奇的莫比乌斯带 / 199

收放自如的艺术家 / 201

系统多棱镜：两点之间直线最慢 / 203

化解阻力的“潜沟通” / 204

熟手不等于高手 / 208

人生的顶层设计：讲好你的故事 / 211

透明坦荡的外交官 / 213

把聚光灯投射给别人 / 214

正则表达式 / 215

接纳自我的“内在父母” / 220

开放专注的职业玩家 / 224

“玩”是一种赢家心态 / 224

找到属于你的游戏 / 226

如何成为职业玩家 / 226

外挂清单 / 231

06 高手的正念

持续向前的动力源 / 232

传道方能四海论道 / 233

哥伦布与阿美利哥 / 233

传道是一种胸襟，更是一种顶级智慧 / 235
替祖师爷传道 / 235
人类命运共同体 / 236
永恒之女性，引领我们飞升 / 238
存敬畏方能服众生 / 240
三行而后思 / 241
能为人所用，才有人可用 / 244
知其雄，守其雌 / 247
驱逐心中的弼马温 / 249
成天使方能行使命 / 252
天使竞选委员会 / 252
日常善良：厚道且灵活 / 254
高境界善良：超越契约 / 255
外挂清单 / 260

01

高手的外挂

调用外力，放大能力

外挂一词，原本指“游戏修改器”——玩家通过它大幅增加角色速度、力量和技能。如果人生是一场游戏，那么它的底层设置，也一定可以修改。

时代的同行者

我上中学的时候，学校开了一门实操课——一个焊接器和一堆零部件，让我们组装一台半导体收音机。

同学们纷纷开动，手笨的也拼出些模样，我动手能力实在太差，干脆跑到学校旁边的蓝岛大厦，买了一台二手索尼机子，然后揭了LOGO、卸了外壳，当作业交了上去。

老师得知真相后，怒了，请我妈去学校喝茶……

老师做得没错，上课期间怎么能去校外，还不按规则地糊弄老师，我这种做法在体制下属于作弊，会被扣学分、影响升学。

可是我误打误撞，运用了信息共享时代的生存技能——**快速找到现成的东西，比亲手造更顶用**。在物质稀缺的年代，自己动手，丰衣足食；但在一个生产力饱和的年代，我的做法显得更顺应趋势。

生存方式的改变：从单机制造者到联网整合者

今天的社会生产力有多强大？

举个例子，花1元钱能买到一支碳素笔，那么给你1元钱，能造出一支笔吗？

笔厂的朋友告诉我，流水线生产成本0.3元/支，但如果你进行定制，算上原材料、人力、设备、水电、物流，一支笔的综合成本要到450元。

450：1，是450倍，换成智能产品，这个比例更夸张。如此大的差距，让我们自己造物的想法变得没有必要——不一定非得参与制造的过程，也能享受成果，这可以让我腾出时间去做更重要的事情；过去15年，我的动手能力依然没有提高，但能做的事却越来越多了。

在我小的时候，普通人家还会自己买布料用缝纫机做衣服；现在呢？别说我，连我妈这样的老年人都学会了网购，一件品质上乘的衣服的价钱，换算到过去，恐怕连半块布料都买不到吧，何况有的店家还附赠搭配指南。

互联网的日臻成熟，改变了人与世界的连接方式，带来的结果是个人效率的飞跃。

过去出门旅游前，我要花一整天制订计划；今天，我上马蜂窝输入目的地，路线、酒店、美食、景点详细信息在1秒之内就能全部弹出。过去生病要去医院，一个感冒着凉，也要耗上大半天，挂号、排队、问诊、取药；今天，下个杏仁医生App，几分钟就能找到中国顶尖的专科医生。过去我想了解一门知识，可能会到离家两站地的首都图书馆，翻上一天资料；今天，我会畅游国内外信息库，找到相关文档，然后打上标签丢到云盘，用的时候再调取，实在不行，还可以上“在行”App约见行业专家。

生活方式的改变，反过来影响个人核心竞争力的改变——**有限时间内可以调用多少资源，而不再是制造和占有多少资源。**

乔布斯的核心竞争力是什么？是敢于颠覆世界的勇气？是天才的产品思维？别急着下定论，先来看一组数据：2019年，苹果公司供应商有766家，遍布全球176座城市，至少50万人直接或间接参与苹果手机的生产链条，从芯片电路封装到显示器测试，从摄像头无尘维护到电池防爆，从外框的模具到最后组装出货——调用全球资源才能撑得起“天才”二字。

今天，当你想做一件事时，不必对每个环节全知全懂，事事亲力亲为，而是扩大人际交往半径选择合作者，把大部分技能分包给更专业的人，这意味着你可以调用无限资源，与成百上千的陌生人协作，完成以往做不到的事情，实现百倍于个人能力的宏伟目标。

今天，如果你的心思还放在苦苦精进小技能，期待有一天做出爆品，看到一片蓝海，就等于骑着老黄牛和法拉利飙车，等到达港口时，恐怕连一条牛腿都挤不进去了。

对你而言，这种变化可能是缓慢的，但放眼人类历史，小范围制造、占有资源的生存方式持续了几千年，而新的生存方式成为主流，也就是近二十年的事。

假如一个古代人穿越到20世纪80年代，只要他是一个手艺人，比如笔匠、裁缝，就还能勉强生存；但穿越到今天，个人技能在大规模协作的冲击下，会出现付出-回报倒挂，结局是越造越亏，越努力越失败。

这种跳跃式的改变，如同“基因突变”，DNA片段突发变异，新物种由此诞生。

价值标准的改变：从自我创新到自主创新

在撰写本书时，灵感闪过大脑，我并没有立马延伸思考，而是先找找有没有其他人想过、做过类似的事情，把不同想法整合起来。如果遇到更直观的例子或者更精准的表达，再代替之前的。

你可能在想："自己琢磨点事，还要先去问别人，不创新，一点价值都没有。"

我以前也是这么想的，后来我意识到，其实过去我写公众号、做咨询、创业，也并不是完全独自完成的——当我想到一个选题时，先抛到自己的粉丝群，综合大家的观点和实时动态，再翻回头整合；当我想到一个点子时，先以最小化产品形式推给用户，得到反馈后，再去迭代。

那么我究竟有没有创造价值呢？

有必要区分一下"自我创新"（self-creating）和"自主创新"（self-bringing-forth）。你可以大胆激发新想法、新创意，但面对全世界的挑战，势必要问自己三件事：

第一，你要解决什么问题？这个问题是否已经有人解决过了？他们的方式是否比你想到的更先进？

第二，你为什么要解决这个问题？通过解决这个问题你可以创造怎样的生活，长远来看，它是否配得上你的投入？

第三，你需要撬动哪些资源来支持你解决这个问题？以你所知的渠道是否能找到它们？

如果你像我一样幸运，参与过一些项目或见过上千份商业计划书，就会知道，很多人从未解答过上述三个问题。自称前无古人的创意，类似于手机时代重新发明BP机，属于自我创新者的精神胜利——实际上是本就存在的东西，由于信息不对称，只是他们自己不知道而已。

相反，自主创新是发现客观规律，至于以怎样的方式呈现这些规律，由你自己掌控。

就像当年，微软准备推出小型电脑操作系统，程序大神比尔·盖茨并没有一开始就埋头写代码，而是先想有谁做过类似的事情。很快，他找到了一种磁盘驱动系统DOS——一位发烧友6年前就开发出来了，却不知道有什么用。

后来的故事你也知道了，微软改进原版本后，推出了MS DOS[1]，从此成了全世界最赚钱的公司之一，比尔·盖茨也走向了通往世界首富之路，电脑体积缩小到原来的1/50，从而进入千家万户，你说这有没有价值?

心智模式的改变：从智商为王到搜商为皇

价值是思维的产物，思维能力的高低，取决于对信息的利用率。21世纪，人类大脑利用信息的方式经历了三个时代的变化。

信息独享时代

20年前，一个人的能力重在“精熟”，大脑的首要任务是记住知识，当时社会变化慢，需要解决的都是已知问题，一套技能在一家公司用一遍，跳到下一家重复用，几乎不需要更新，只要理解能力不太差，熟读几本专业书，职业智商就上去了，把100本书装进大脑的，绝对是行业大咖。

一位职场小白满怀崇拜地对前辈说：“您懂得真多，能告诉我您都看过什么书吗？”心中暗想：“回去把这些书统统看一遍，升职加薪就指日可待了。”

信息独享时代有点像诺基亚时代，需求恒定，出厂时装上几款常用软件，只要硬件耐造，够用好几年。

信息共享时代

当移动互联网发展起来时，世界的格局彻底变了。

首先，获取信息变得空前容易，“前浪”积累10年的经验，也许不及“后浪”10天获取的新知。

其次，行业内部的竞争变为跨界竞争，你面临的问题多半是未知的。

我想探讨100个话题，按照15年前的方式，熟记100本专业书才算得上专业，这阅读量够我再念两回大学本科了，等我学成归来，话题都成“化石”了。

现在，我从裤兜里掏出手机，3秒就能找到关键知识点，接下来的任务只剩下享用和

1 MS DOS指微软磁盘操作系统。

筛选信息。但这也会带来副作用——在我享用信息时，外界的变化从未停止；在我筛选信息时，用户、读者也在筛选我，你也是其中之一。我得经常清空大脑（stay foolish），尽量切换新角度，输出新内容。

这就**进入了大脑的App时代**——当前用的立刻去搜索下载，暂时不用的就卸载。

和中学时期相比，我的智商（IQ）——理解能力没有明显提高，记忆力还有点减退（我经常忘了自己写过什么）；但搜商（EQ）——查找信息的搜索能力却大幅提升，让我得以凭借群体智慧来理解这个世界，还不占内存。

智商是基础，仍不可或缺，就像诺基亚的屏幕、显卡、芯片，现在依然在用，但已不是主宰个人命运的关键；近几年，活跃在各行业的顶尖人才，逐渐向高搜商迁徙：从依赖死知识、匹配已知需求，转化为搜索方案、解决未知问题，这是一套由目标管理—流程优化—信息调用—模块替换组成的动态流程。

右脑经济时代

诺基亚式的大脑还在努力进入App时代，新纪元又在悄然逼近——在你看新闻时，平台（百度、头条、知乎、抖音）推送给你的内容，刚好是你关注的；在你网购时，页面上靠前的商品恰好是你最近想入手的；在你看视频时，映入你眼帘的刚好能满足你的喜好。

这是人工智能送出的一份礼物：信息流（新闻、娱乐客户端推荐算法）——人，从主动搜索信息的一方，演变为等待机器投喂：你不必告诉机器你的想法，它也能通过观察你的浏览轨迹，分析预测你的需求，甚至比你自己还了解你。

我知道你会说，太可怕了，这样下去，人类不就成了动物园里圈养的大猩猩，全退化啦?

事实并非如此，最近200年，人类经历了三次科技变革，每一次换来的都是人类与机器的共同进化：

- 第一次是工业革命，机器承担起重复性的体力劳动，蒸汽机、内燃机提高了速度，缩短了距离，人类走出单一文化“大部落”，进化出智人2.0模式；
- 第二次是信息革命，计算机和互联网分担了记忆和运算的任务，人类在有限的生命里可以进行更复杂的推理和感知活动，脑力劳动者从个体户走向职业化，随之而来的是科技、商业、政治的划时代爆发；

- 第三次变革正在发生着，我们还找不到准确的词汇来定义这个时代。不过，这一次人类变得更加大胆，开始允许机器模拟人类进行思考分析。

信息流只是一个缩影，在很多领域，机器的表现已经强于人类——AlphaGo在棋盘上战胜了柯洁、李世石，自动翻译软件的能力已经强过大部分英文翻译员，人工智能诊断疾病的准确率已经超过80%的医生……

任何一次技术革新，都会触发社会资源的再分配——有的人被机器驯化，成为别人的数据、流量；另一群人则接受改变，找回了身为人的优势，率先进化。

在人工智能大行其道的年代，“人”的优势在哪里?

趋势学家丹尼尔·平克在《未来在等待的人才》中做出了判断：“世界已经从左脑统治的高理性时代，进入了右脑主导的高感性时代。左脑的工作逐步交给机器，未来的人才有6项右脑能力不可替代：审美能力、叙事能力、交互能力、共情能力、娱乐能力和探索能力”——你可以借助建模工具装修房子，但依然需要审美能力提高客厅的品位格调；你可以凭借信息流了解世界、用Python处理信息，但依然需要人文关怀；你可以依靠大数据匹配交友，但依然需要情感共鸣。

以往的两次革命，人类改造了机器；这一次，人类通过机器改造我们自己——你能忍受一天不吃饭，却很难坚持3小时不看手机、不用数码产品，机器俨然成了人体器官。

这就是当今世界的主旋律：人机深度交互——一个人能通过机器学习获取信息，用左脑逻辑性地整合信息、资源，用右脑组织串联、升华情感，左、右脑随时切换思考，将是未来最有优势的。

可怕的不是机器，而是人类面对新事物时的傲慢与偏见；“机器织布噪声太大，布纹太粗，跟手工布简直没法比”。1764年，珍妮纺织机刚刚问世，这个简陋的大家伙先是得到无数嘲讽。可当机器产布的效率和质量大幅提升时，工人们又觉得机器是异类，开始对机器用火烧、锤砸，纷纷投入“反织布机运动”——这场人与机器的对抗，持续百年，蔓延全球，却依然没能阻止机器织布永久地淘汰手工织布。

反观另一群人，他们没有盲目地对抗趋势，而是寻找自我和时代的连接点——有的人学会了操作机器，收入倍增；有的人改进机器，获得专利；有的人嗅到商机，把机器销到技术落后地区，自己“海赚”的同时拉动了当地的经济。

习惯造成封闭，兼容带来机会；面对未来，我们每个人都应该问自己几个问题：

- 我擅长的技能，会被机器取代吗？
- 我正在做的事，未来还会存在吗？
- 我今天赚的钱，未来五年会更好赚，还是更难赚？
- 面对变化，我是积极兼容，还是置身事外或消极对抗？

你回答问题的方式，将会帮助你构建独特的**心智模式**。

1999年，彼得·德鲁克曾预言：**“21世纪最激烈的竞争，是模式上的竞争”**。过去20年，这句话屡屡得到验证：iPhone战胜诺基亚，不是因为硬件更结实，更不是因为团队更努力，而是因为iOS系统的模式更先进；同样地，华为自主研发的鸿蒙系统，很可能在不久的将来颠覆以往的手机操作系统。

高级模式对待低级模式，向来不怎么温柔，它不是百分比和倍数上的超越，而是对后者彻底的淘汰、取而代之——扫码支付取代现金支付，自媒体模式取代传统广告；还有离我们更近的——新冠肺炎疫情，让很多传统企业认识到远程办公的高效，未来很可能取代低效的线下办公模式。

这是一个玩法全新的时代，如果我们还守着学校里学来的技能，装着诺基亚式的大脑，兴许还能潇洒几年，但这种低段位模式，站在长期主义的角度，必然会灰飞烟灭。

我用32个字来概括这个时代的模式：

系统膨胀，整合溢价；

信息透明，网状分布；

身份多元，随时切换；

机会延迟，“三行后思”。

时代就像一头灰犀牛，刚跑起来的时候，你觉得它蠢萌缓慢，而且离得还远；可当你清楚地看到它时，已经躲闪不及，纵使你有十八般武艺，也无法抵挡它那股擎天撼地的劲道。

总有一群人，比周围人更早地察觉到时代奔跑的方向和节奏，他们拥有更先进的心智模式、更兼容的心态，了解自己的边界，接纳科技的力量。即使起步笨重，但越跑劲道越足、动能越强。

这群人，与时代同行，正走在通往高手的路上。

恺撒也刷“今日头条”

在人类历史上，古罗马是一个特别的存在——它是全世界存续最久的政权，从公元前9世纪初建国到1453年陨落，屹立2300多年；鼎盛时期，疆域横跨欧亚非三大洲。

2017年，我应邀到意大利参加罗马建都仪式，虽然久已熟知这段历史，但当我参观当地博物馆的时候，还是被震撼到了。

我得知，早在2000多年前，古罗马的市民就可以申请廉租公寓因苏拉、享用公众图书馆和配套公共厕所等社会福利；而且这些建筑十分坚固，它们的抗震级别，可以与18世纪英国人用混凝土造出的房子媲美。

更让人惊讶的是，这些建筑配备的自来水、下水道等设施，直到今天有些还在使用。

上点年纪的人都知道，在很多地方，哪怕到了20世纪中后期，还在用土坯建房、人力挑水。在那个98%的人类还在从事原始农耕、放牧的蒙昧时代，需要怎样的天才才能缔造出如此发达的文明呢?

“这些匪夷所思的成果，究竟是怎么实现的呢？”我在博物馆廊道踱步，低声惊叹：“这座城市，简直就是现代工程师造出来的。”

这种超越时代的例子，有一个半个也不能说明什么，可是，从王政时代到拜占庭王朝，贯穿整个罗马史，从民生到商业，从艺术到法律，全部都可以贴上“超前”标签：

- 第一个共和制国家，比美利坚合众国早2200多年；
- 诞生了第一家股份制公司，比东印度公司早了2000多年；
- 2500年前的《十二铜表法》，号称现代法律的鼻祖。

用一句当下的流行语形容，黑科技渗透进了古罗马的每个角落。

难道，真的是现代人穿越了不成?

回忆一下，在你的学生时代，或者职业生涯里，是否有过类似的体验——你碰到某个大神级人物，见识到他们的技艺或作品，除了顶礼膜拜，就只剩下绝望，你突然意识到，无论再怎么努力，也追赶不上人家，甚至怀疑这个人是从未来穿越来的。

“上天到底是有多偏心，才赋予了少数人超凡的能力？”

可惜，本书并不想鼓吹“天才论”和“宿命论”，更不想“熬鸡汤”，这个故事马上就要峰回路转了。

我在一个普及西方史的论坛里偶然发现，古罗马在公元前就创办了官方媒体——《每日纪闻》（Acta diuma）——每天清晨，四名新闻官把记录各地新鲜要闻的石膏板，悬挂到议事厅外墙的四个角上，循环播报。

元老和普通民众们可以根据自己的喜好给新闻投票，得票最少的新闻官必须接受末尾淘汰，而得票高的新闻官，则可以植入广告创收。

如此一来，对于政客、将领、商人和工匠们来说，创造变得极其容易——希腊的治国思想、波斯的军事战术、北欧的航海技术、哥特的建筑工程、巴格达的陶瓷电池……欧亚大陆上最尖端的理念和技术在罗马城集中。更关键的是，信息实时更新，还能个性化定制——像极了你今天刷的今日头条。

这是纯粹的作弊！

我估计同时代其他国家的人，在面对罗马时，就像游戏里普通玩家对“开挂”玩家的态度：我这吭哧吭哧到20级，您一晚上满级了；顶住一口怒气，拎起80米的大刀向对方砍去，结果，成吨的伤害排山倒海般压过来，瞬间被秒……

想到这里，我有点后怕——如果这些历史属实，也许更多非凡的成就并非全部出自独立的大脑和纯粹的努力。这对“笃信天才”的雇主和付出超常努力的员工来说，无疑是一次打空血槽式的暴击。

更多的证据表明，恺撒、屋大维、君士坦丁、奥古斯都，这些强大的执政官，无一例外，全都开了挂——罗马城外建有29条公路，呈放射状向各行省扩散，古罗马帝国全境铺设了372条大道，总长12万公里（人人都听过“条条大路通罗马”，出处在这里）。有了基础设施的保障，派送新闻信件的驿马一天能跑800里，散落各地的高精尖技术，被及时、密集地传输到中央。

恺撒们把现成的答案填进《每日纪闻》，提前交卷还得了高分；HBO出品的史诗剧作《罗马》，也提到了相关情节，感兴趣的读者可以去看看。

回到讲这个故事的初衷，我想抒发的是：

既然恺撒都刷“今日头条”，后世的各界高手们是否也纷纷开了“外挂”呢？

很多人读过《洛克菲勒传》，折服于他夜以继日的努力工作，钦佩他并购油田时展现的天才谈判力。却很少有人了解，他靠一条直径40厘米的管道，打通了美国东西部的石油运输，才获得了超高利润。

人们认识成龙，源自他拍戏时敢玩儿命、不用替身，却很少有人知道，他能征服好莱坞的观众，靠的是拍打斗场面时一镜到底的手法。这种技法是成龙在香港学到的，但在当时的美国，却像是开了挂。

《孙子兵法》里有句战略名言：“以正和，以奇（jī）胜”，意思是先通过积攒兵力，在正面对垒时达到势均力敌的状态；而最终决定胜利的，往往在于多出来的一股外力，比如友军增援，地形、天气的加持。

在和平年代，这句话可以这样理解：一个人通过努力，获得初始的动力，但真正拉开高手和普通人差距的，是隐藏在底层的原理和外部力量；这些力量就像重力加速度、幂次叠加努力，让高手拥有“开挂”一般的人生。

夸克之父默里·盖尔曼提出，质子和中子由更基本的粒子“夸克”组成。假如通过粒子对撞，获得光速旅行所需的能量，人类就能与宇宙平起平坐，甚至还能穿越空间，把自己发送到任意一颗星球去。

个人命运如同粒子运动，谁都无法只靠自己的努力就取得卓越成就，只有与整个时代及这个时代的高能人士碰撞，吸收能量达到“凝聚态”，再切换模式，才能撬动系统的杠杆，把自己弹向具有更高价值的地带。

如今的高手们，究竟是如何召唤外部力量的？他们在各自领域取得的成就，除了天赋、努力，还开了什么“外挂”？他们是如何利用底层原理实现飞跃的呢？

后面的篇幅，就是揭示这些原理的。鉴于现实游戏中的普通玩家升级太慢，唯有顿悟突变，才能和这个全新时代平起平坐。

你可能会问，为什么之前没有人分享这些？是实战派没来得及归纳？是技术派不善于表达？还是有人故意打造励志人设？都有可能，但不必过度揣测。

本书并不想在这些虚头巴脑的问题上挥洒笔墨，唯一的期盼，就是让规律显现，让伟力发光，让每一颗成熟心智都看到“外挂”的存在。

运行“外挂”，顺风飞扬。

优秀者的四种窘境

每逢年底，我都被网易云音乐的年度歌单刷屏，活跃分子纷纷晒出这一年听过最多的歌，还不忘幽默点评。

“今天你秀的是歌单，过两天就要开始秀某宝的年账单了，真羡慕有品又有钱的你”。

每逢年底、年初，朋友圈里晒出各种工作、理财、娱乐年度账单，掀起一股做总结、列计划的潮流，一个段子流传出来：

“新的一年即将来临，2021年我希望完成2020年制定的2019年本该完成的2018年就要实现的2017年定下的目标。”

从这段话语中，你能否找到自己或身边人的影子。

上一年年初满腔热血立下的Flag（原意：旗帜；引申意：目标），忙忙碌碌一整年，到年底一总结，离目标还差得远。算了，一年到头不容易，明年继续。

终于拖到了第二年、第三年、第四年……

如果说个体迷失是这个时代的主旋律，那么下面这段类比，就是乐谱上不规则跳动的音符。

如果说一个人对目标的渴望像一条蟒蛇，那么有限的生命就是它后面拖着的长长的尾巴，蟒蛇张着大口准备吞噬一切活物，期待它们转化成自身生长的营养，却沮丧地发现，一口口吞噬的都是自己。陷入这种恶性循环，唯一能寻求慰藉的，就是周围还有一圈儿相似的人，他们彼此点赞。

有多少优秀者感同身受，就有多少人遇到了窘境。

窘境一：注意力失控的“骑象人”

今天，对于每个人来说，注意力都是比能力更稀缺的资源。

你在给老板提方案的时候，微信提示音响了两下，下意识地划开屏锁，下意识地逐个打开未读聊天界面，即使看到再多的无聊信息、垃圾内容，还是日复一日地重复这个动作；你吃午饭的时候想放松一会儿，打开手机浏览短视频中的美食号、美妆号……点开一个，还有下一个，碎片化的信息让你上瘾，欲罢不能。

如果说注意力是一头野象，那么每个人都是“骑象人”，如果你不能驯服坐骑，任由它肆意狂奔，那么它会带你到泥潭、沼泽那些你无法预料但绝对不想去的地方，注意力驮载人生，我们称其为命运，命运是外果，掌控注意力是内因。

窘境二：无限采集知识的“松鼠人”

最近几年，终身学习者这个概念很火，一夜之间仿佛人人都成了知识发烧友，谁要是不订阅几个专栏、收藏几门课程、书柜里摆十几二十本书，出门都不好意思跟别人打招呼。

可是，每天新上线的专栏、新发布的课程、新出版的读物层出不穷，怎么也学不完，看到新知识、新概念就感到焦虑，也不去想到底适不适用？什么时候能用？新知旧识之间有什么关联？反正先了解一下，看不过来就先收藏存储下来，总没坏处。

你看，这个行为像不像一只忙碌的松鼠？秋天里四处采集，为了缓解对严寒的恐惧。其实恐惧是一种幻觉，它让人丧失人生的主动权，沦为永恒的初学者、永远无法出道的练习生。

庄子说：“吾生也有涯，而知也无涯 。以有涯随无涯，殆已！”——**生命有限，知识却无限，用有限的生命追逐无限的知识，是一件极度危险的事情。**

其实，庄子这话说得还挺现代的——在海量知识翻涌的时代，衡量知识不能用“越多越好”，而要用“越精越好，能用就好”。我们当然要学习，但比起一味追求知识的广度，鉴别知识的真伪、适用性、吸收精华更加重要，而鉴别的水平，取决于你对世界运转的底层规律——系统，了解得多少。

窘境三：才华被系统封印

关于系统，很多人挂在嘴上，却没多少人能真正理解，哪怕是很多主讲思维、系统的图书，也只是在拼凑、堆砌概念和金句，本身就缺乏系统性。毛主席用八个字精准又生动地概括了这一现象——只见树木，不见森林。

作为投资人，我见过潜心研发10年而产品却滞销的学者、匠人，也见过技艺炉火纯青却无人问津的天才画家，更见过坐拥3000万粉丝却买不起泡面的大V流量主。他们困在系统里，饮着无源之水，伐着无本之木。

1879年，爱迪生研发出白炽灯，成为他毕生最伟大的发明。如果一个现代人穿越到至暗时代，造出电灯，那么能取得和爱迪生一样的成就吗？

其实机会不大——电灯的普及，更多应该归功于J.P.摩根，他兴建了发电站和供电系统，才让科技之光照进千家万户，而不只是发明家自娱自乐的玩具。灯泡相当于树木，是表象；供电系统才是森林，是系统。

严格来说，爱迪生并不是第一个造出电灯的人，却是电力系统的第一个受益者。那个时代，很多发明家并不逊色于爱迪生，但因为不具备借助系统的能力，最终只能抱着他们的发明入土，被这个世界遗忘。

奥地利美女海蒂·拉玛，是全世界第一个全裸出镜的艳星，同时又是美国发明家名人堂成员。1941年，她借鉴了作曲家同步演奏钢琴的原理，发明了“跳频技术”——这是今天WiFi和蓝牙的技术基础。遗憾的是，她没能把技术转化为应用，所以只好选择继续做艳星。从此世界上少了一位“居里夫人”，多了一位“玛丽莲·梦露”。

匠人、艺术家、流量主们都十分优秀，但他们掉进了发明家陷阱——个人的天才想法不过是平台、算法、生态的细枝末节；看不到系统，枝叶缺了营养供给，自我认知和反馈逐渐失衡，导致才华被系统封印。

窘境四：无法和陌生人结盟（Action）

今天，你的微信里有多少好友？加入了多少微信社群？有多少能为你的理想助力？当你遇到一个棘手的问题，解决方案往往在你的认知圈、熟人圈以外，你应该去找谁？到哪里找？你是自我精进，选择一个认知圈以内的满意解？或者干脆封闭认知和中断行动？还是积极连接陌生人，借助外力、外脑获得更优解？

黑石资本的苏世民说："阻碍你的是自己，指指点点的是熟人，给你最大支持的是陌生人。"

在一个被碎片化信息包围的时代，你以前是谁并不重要，能否跨行业、跨阶层合作才是重点。

就连动物都学会了跨物种合作，而你还在单体作业？——澳大利亚蜥蜴岛海域有一种鲨鱼，联合体积小一号的鲹鱼捕猎，鲨鱼依靠自身的体积优势和爆发力在前排驱赶猎物，鲹鱼利用敏捷性在后排围堵猎物，两个物种共享捕猎成果。纪录片《完美星球》里，捕捉到了这一奇观，感兴趣的读者可以去看看。

在《必然》这本书里，物联网之父凯文·凯利感叹道：

> 我每隔几分钟就要回到网上，日复一日，倾注了所有注意力，而你也一样……互联网让我们聚集在集体空间而非集体农场里：通过桌面工厂而非国有工厂与虚拟的合作社相连接；共享脚本和应用程序接口而非锄头和铁铲……这种力量扭转了经济，在社交网络的氛围中，众愚成智、蜂巢思维和协作行动将稳步转换成社会的主流。

掌控注意力、过滤信息、系统决断、借脑借力，即使你再优秀，忽视它们也必将让你陷入窘境。

矛盾总是既对立又统一的：在矛盾产生的地方，也可以找到化解矛盾的方法，只要稍微转换一下视角，你就能解除封印，拥有"特异功能"，把自己从窘境拉到顺境。

我们看过奇幻电影和小说，幻想自己能像主人公一样拥有超能力，其实不必继续幻想，每个现代人都拥有特异功能。

特异功能一：天眼通——目扫八合

今天，一个人的感官系统无限延伸。我在北京的朋友要在上海买房，本来打算乘飞机去看看，疫情突然暴发了，听说要被隔离14天，只好作罢。我打开高德地图，切换到街景模式，带他在小区周边考察了一圈；我下载VR全景看房软件，带他透视房间，参观户型和装修。

特异功能二：漏尽通——博古通今

你是行走的图书馆——现代人口袋里装着的袖珍屏幕，里面蕴藏着这个世界过去和刚刚发生的一切；你能调用的知识，秒杀任何一个翰林院大学士——你能记住科比退役的日子，你清楚《冰与火之歌》全文的每一处情节，还能对彼得·林奇、巴菲特等顶级“胜负师”的生平如数家珍。

你不必记住一切，网页历史、智能手环和微信可以帮你记录每一个生活细节。一年前的今天，你在哪里？和谁在一起，心情怎么样？你可能早就忘了，但朋友圈里的对话、照片、活动不会遗忘，只要轻轻下拉，就统统回忆起来了。

特异功能三：他心通——读心术

你能通晓万众的想法——年假去旅游，最糟心的事不是烧钱，而是把时间耽误在坑人的景点，你只要上驴妈妈听听驴友们的评价，不必亲自去过，也能做出判断；你到外地出差，对当地餐厅不熟悉，你能通过美团点评听到其他顾客的心声。

你想要看精品电影、翻经典读物，先上豆瓣看影评、书评；你浏览公众号，先拉到底部，“听听”留言、点赞、在看，再决定是否深度阅读。你能和无数人的脑电波共振，决策能力比肩战略大师。

特异功能四：神足通——瞬间移动

2019年，我在深圳组织一场峰会，想邀请当地有影响力的分享嘉宾，找一流的摄影师、主持人、速记员、赞助商。

我的合伙人关内关外跑了三天，所获不多；听闻此情，我马上拟了一份需求清单，配上几句客套话，甩进对应的微信群，也就3分钟，收到了几十位群友的响应；重点是，我在北京的家里完成了整个过程，其间只抬了几下眼皮、动了几下手指，屁股都没离开过椅子，就解决了2200多公里以外的问题。

目扫八合、博古通今、读心术、瞬间移动，多少古代君王不惜发动战争，也未必能掠夺来的能力，今天的你，不用专门修炼就能拥有，这，算不算特异功能?

记得《人类简史》的副标题吗? “从动物到上帝”——人类用了7万年，历经语言、农业、工业、政治革命，终于从动物进化成人；而从只能依靠自身和小规模群体力量的个体，到能力无边界的“超人”，也就是最近20年才发生的事。

那么，当世的高手是如何用这凡人之躯行“神之事”的呢?

想象力ODM[1]，影响力UGC[2]

社会是想象力的产物，经济、科技和文化的聚变，是人类注入想象力的成果，而想象力的源泉——我们的大脑正在被重塑。

斯坦福大学的脑科学家发现，成年人的大脑会经历二次发育。

小提琴手的Ω褶皱（大脑活跃度的标志）会比一般人更深，因为他们经常调用手、眼、脑，协同工作。投资家的前额叶（大脑负责高级认知的部位）比其他从业者更大，运转时更节能。（难怪巴菲特、芒格、李嘉诚和索罗斯都90多岁了，头脑依然清晰。）

不过，相比音乐和投资，互联网对人类元身的改变更明显、普遍。

2016年，美国加利福尼亚大学圣克鲁兹分校和伊利诺伊大学联合发起了一项实验，他们召集了两组参与者，A组经常借助搜索引擎解决问题，B组则习惯依靠记忆里的知识。给他们的脑袋戴上监测装置，结果显示，经常搜寻答案的人脑电波强度比依赖自我记忆的人高3倍。

---

1 ODM，是Original Design Manufacturer的缩写，直译过来是原始设计制造商，简称“设计分包商”。

2 UGC，全称User Generated Content，即用户制造内容，用户是平台的“内容分包商”。

“人们的记忆正在被改变，今天我们已经没必要记住具体信息，大脑的优势体现在如何找到它们。”本次研究的发起人本杰明·斯托姆谈到。

互联网把人类从繁杂的事务中解放出来——**通过找到更擅长做某事的人和工具，把周边技能分包出去，聚焦自我核心能力，个体适应了能力的上传和下载，逐渐活成了一个个多元协作的平台。**

正如今天，司机把认路技能分包给导航软件，导游把讲解技能分包给景区语音包，医生把部分医疗诊断分包给智能机器人。如此一来，他们的任务就简单了，只需聚焦平稳驾驶、做好服务和搞好研发即可。

你可能会担忧，如果好多事都不亲自去做，是不是人就会变成废物?

事实正相反，最近40年我们经历的三次历史转折，全都跟分包有关，一次比一次矫捷、睿智。

第一次是改革开放。国家不再是唯一大脑，中央把经济建设的职能授权给特区政府，政府把经营权授给企业。通过逐级放权，我们走出了按计划分配资源的经济模式，**一部分人开始走出熟悉的城市，去外面的世界开阔眼界，整合新资源。这其实是一次想象力的分包。**

这次分包之后，我们的国力得到了空前的发展，从一个经济贫弱的民族，逐步成长为世界第二大经济体（请原谅我的笔拙，道不出这段精彩历史的千万分之一）。

第二次出现在互联网时代。从互联网诞生到今天，全世界的网页总数激增到了60万亿。这是什么概念?

全球约有200万家互联网公司，如果这些网页全由企业提供，假设每家每天生产10个页面，需要8000多年才能完成。而真实的历史是，人类完成这一伟业只用了8000多天。

因为有人承包了想象力：谷歌、百度、维基、微信上的文本，YouTube上的视频，亚马逊上的商品，没有一条出自平台内部，绝大部分出自外部那些站长、博主、主播和店主……

第三次分包始于手机成为网络载体，信息交换变得频繁起来，随之而来的是商业格局的彻底颠覆。

最好的例子莫过于雷军和他创立的小米。

在小米，雷军只提供一个初始想法，少量团队内部工程师实现基础功能，剩下的脑洞统统交给米粉去开。

MIUI发布前后，小米团队收到了上亿用户的反馈帖：从开机屏保、周边公仔到包装设计，从海报文案到活动创意，乃至很多系统主功能的设计，都是用户产出、再由用户投票决定的——10万名论坛发烧友参与产品开发，6000万名普通用户共同构建起影响力生态。

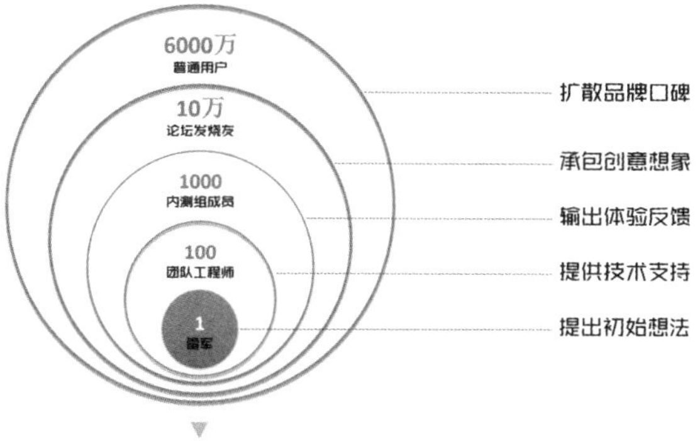

雷军的外挂

如果不是黎万强（小米联合创始人）剧透，打死我也想不到，这个生态的根据地——小米论坛，第一版上线时粗糙到什么地步——一个后台工程师在网上搜了一段代码，简单配置了一下就大功告成了，既没做前端设计，也没有专职运营。就算不懂程序，你在威客网上悬赏300块，这种活儿都有大把服务商抢着干。

今天，一个人把想象力分包给网络，把影响力分包给陌生群体，把基础功能分包给服务商，不仅没有沦为废物，反而越来越像造物之神。

通往神祇的阶梯，是移动互联网。

在传统互联网时代，电脑限制了信息触达的速度——你邮箱里的留言，要等你开机登录后才能“临幸”；你在百度知道上提的问题，几个月以后才收到回答，再追问，又几个月过去了（最夸张的，我高考填志愿问什么专业热门，大四毕业那年终于有人回了）。

等不到答案的你，只能回到上一个时代的状态——用孤独的大脑解决问题，好学一点的去书里找、向熟人求援。

当手机上网成为主流，网络社交随之兴起，我们能轻松找到一个领域里最专业的人，及时请教；我们可以迅速找到一大票合拍的人，共同完成一个使命。只是面对这种变化，大多数人还在努力适应。

平台同样经历了适应期，微信的早期版本借鉴了QQ，添加了在线、离线、免打扰等设置，后来腾讯内部发现，这项PC时代盛行的功能已经没用了，因为每个有手机的人，都随时在线。

人类是地球上适应性最强的生物——楚王好细腰，全境女子就都节食；当上知乎问比翻书更快，我们就会选择线上解决问题；当发微信比去隔壁老王家做客更高效，我们就会倾向于隔空社交；将来有一天，人工大脑比人脑好使，我们就会把部分脑力工作分包给AI。每次变化，主动适应的人总会成为新主宰。

这一次分包，人类势必有一些能力退化，相应地，另一些能力则会突变进化——**大脑不再充当硬盘，负责记忆，而是成为WiFi，用来连接想象、整合资源和影响公众。**

这一次分包会分化出两类人群：一类人，他们意识到当代人迎来了空前的变革和机遇；另一类人选择远远观望，巨大的变革会让他们越来越怀旧，与此同时，看着身边人纷纷崛起，又怀着迷茫和恐慌。

我理解这种心情，就像每个品牌商都经历过一次忐忑不安的放权。人类这个个人品牌主，一边害怕核心技术被分包商学走，一边又想在新项目上有所突破。所以在每个剧变的时代、每颗大脑分包的巨大机遇面前，人类都会迷茫、恐慌。

如果穿越回清朝，你一定会发现，几乎每家中药铺都有自己的祖传秘方，大家都以为守住秘方就能永葆生意兴隆。这些老字号打死也想不到，他们中的异类——王老吉、同仁堂，正是通过分包授权，才取得了如今的辉煌。

今天的语言学家们总是担心，流行语、中式英语、表情包会毁掉人类的大脑，让我们丧失语言能力。但是最新研究表明，“95后”的读写能力比其他年龄段的人群都要强。历史学家反倒发现，早在春秋时期，老人就痛斥年轻人越来越不会说人话了。今天语言学家力保的经典成语、国学画风，也正是古代先贤们极力排斥的。

我用一张图展示时下流行语，看看你知道几个？

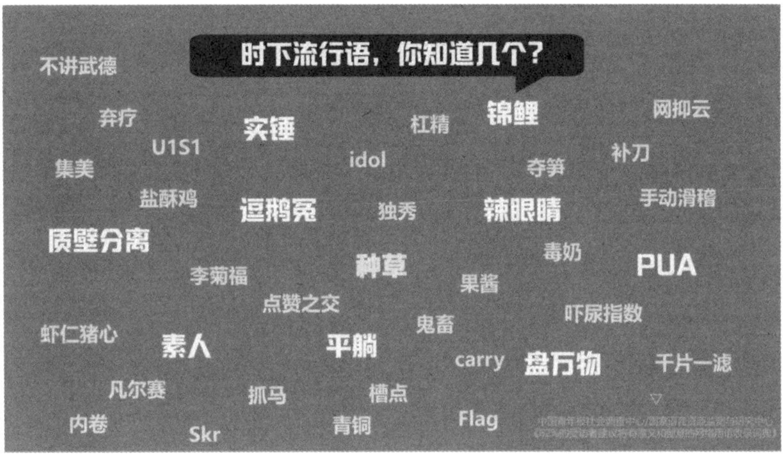

（图片来源：作者康健《新商业语言》演讲。领取完整PPT请扫“读者服务”二维码）

自打人类有了自己的语言，世界末日、物种入侵的论调就从来没有停歇过。老年人总在担心年轻人忘本；中年人常常担心新技术会加速淘汰自己；年轻人很激动，疾呼“好玩死了”，但又深一脚浅一脚，不知如何发力。

于是大家都在问，在这个变革的时代，我到底有没有未来?

其实，他们都问错了问题。时代都会有波折，但浪潮一定是向前的。没有哪个时代会刻意淘汰谁，而是那些不下水的人淘汰了自己。

所以，这句话正确的问法应该是：**“在注定辉煌的未来里，我的角色是什么？”**

我们没必要担心世界末日，更不必追问人工智能会不会反制人类。还是关心一下自己吧，**是成为工具人？还是学会“开挂”，让规律和技术为你服务？**未来是一个加速崛起，却不是所有人都会加速的时代。少数人与时代同行，乘风破浪；多数人守在岸边，舒舒服服地被科技和算法“圈养”。这是一个少数高山、一片平原的时代。

还记得在本书的开头，我在前面提到的四句话吗?

系统膨胀，整合溢价；
信息透明，网状分布；
身份多元，随时切换；
机会延迟，“三行后思”。

这些规律越早发现、越早掌握，便能越早占据优势；越早使用，便能越早获得时代的奖赏。

当时代的海平面升上来时，有人站在原地，他们必将被浪潮吞没，脚下悬空触不到地面。而高手捷足先登占领高地，从过去的一座座孤岛，转变为信息和资源的枢纽，成为时代的幸运儿。

接下来，我们看一看时代中剧烈变革的趋势，谈谈在这种趋势下高手的应对策略。

个人的聚变式发展

科普界有句口诀：“遇事不决，量子力学”。下面我就从物理入手，解析一下个体成长的规律。

各个领域的聚变效应

先来了解一个物理学的概念——**聚变（Fusion）**。这个词你可能不常听到，可每天都受它影响——**聚变是改变性状式的进化，是一种元素聚集下的能量爆发。**

太阳就是一个聚变反应堆——氢原子核聚合形成氦原子核，同时释放热能和光能。这个过程也被称作融合反应。

基态粒子聚合后，突然从低能级攀升到高能级；当然也可以逆过来，从高能级向低能级跨越，损失的质量转换为能量释放出来，这就是裂变（Fission）。

人类也是聚变而来的——无机分子聚变成有机分子，有机分子聚变成细胞，单细胞聚变成多细胞，多细胞聚变成器官组织，组织聚变成完整生命体——再到爬行动物、两栖动物、哺乳动物、灵长动物、直立人、智人；经过信仰、城市、文化的聚合形成文明社会；比特、字节、千字节、兆字节、千兆字节……存储空间聚合形成科技社会。

从微观分子到宏观社会，大部分环节都在过渡，但开创纪元的几个里程碑，全都是突发变异来的，计算机之父冯·诺依曼，把人类进程中的划时代里程碑命名为“奇点”。

所有奇点都有相似的趋势——**因聚合而突变，效率和结构的改变是非线性的。**

人类认知的进化，也是聚变式的。

最有代表性的人物是亚当·斯密，1763年他还在格拉斯哥大学任教，主讲道德情操理论，即使是这般一个冷门专业，斯密也没显得多么出类拔萃。后来他辞去公职，遍游欧洲，于1765年抵达巴黎，短短9个月里，斯密结识了文豪伏尔泰、经济学家魁奈、数学家达朗博等一众大V，在大量前沿思想的熏陶下，亚当·斯密猛然开悟，开始构思《国富论》的框架。

如果你稍微了解一点经济发展和社会进程的知识，就能感受到《国富论》的超前预见性，这种预见性在接下来的两百多年里一次次得到验证，也奠定了这本著作在经济界的地位，它的影响力绝不亚于《相对论》之于物理界、《进化论》之于生物界。2007年发行的新版20英镑纸币上，正面是英国女王伊丽莎白二世，背面印着的卷发男子正是亚当·斯密。但这仍不足以表彰他的功绩，熊彼特评价说，斯密之后的经济学家没有不欠他知识债的，包括马克思和凯恩斯。后世的经济实践不过是在《国富论》这座巨厦上的添补和修葺。而这一切始自他在巴黎的9个月，那股激发亚当·斯密的能量，足足辐射了全世界两百多年。

不单是科学界，聚变效应也在其他领域促进了个体突飞猛进的成长。

比如1992年，刚刚结束龙套生涯不久的周星驰，在这一年爆发，参演的7部电影全部入围香港票房排行榜前十五名，更是旷古烁今地包揽了前五名，如下表所示。

上映时间	影片	票房（港币）	排名	备注
1月1日	漫画威龙	2294万	第13	
1月25日	家有喜事	4899万	第2	打破香港影史纪录
4月9日	逃学威龙2	3163万	第11	
7月2日	审死官	5021万	第1	打破香港影史纪录
7月30日	鹿鼎记	4086万	第3	
9月24日	鹿鼎记2	3658万	第5	
12月17日	武状元苏乞儿	3741万	第4	

这一年，被后人标注为“周星驰年”。他开创的无厘头喜剧开始风靡，一举奠定了“一年一影帝，百年周星驰”的影坛地位。

个人如何触发聚变

人们常说“一分耕耘一分收获”，但并不意味着两分耕耘就会有两分收获。

如果向田地里投入100kg化肥，则亩产会增加20%；如果投入量增加到200kg，则收成并不会增加；继续投入，产量可能归零——庄稼被肥料烧死了。

你是否有过类似的体会？

你在某一个领域投入心思和精力，刚开始效果显著，但是到了某个阶段，收益增长逐渐放缓，无论再怎么投入，变化都不大，继续下去，甚至入不敷出。

这时你陷入了坚持或放弃的两难境地，突然有一天，你窥见一个现象或者见了一个人，谈笑间，这种现象、这个人的某种见解，仿佛打通了你的任督二脉。你恍然大悟，曾经迷惑的地方突然变得无比清晰，你轻松突破了临界点，这叫作**结构突变**。

最典型的例子出自1960年，那一年自然灾害席卷全国，饥饿笼罩着中华大地。一名农校教师意外发现一株天然杂交水稻，他立刻觉察到，通过杂交改变植株性状，可以获得更优质的水稻，如此一来，就可以从根本上解决饥荒问题。那一刻，他的认知发生了结构突变，这个人就是袁隆平。

不过，结构突变是随机的，它可以让一个人短期内天赋尽显，也能留下漫长岁月里的才尽江郎。有心人往往会在一些随机事件出现时，提炼底层规律，在未来遇到类似场景时反复使用规律，这就进入了个人成长的第二个阶段——**定向突变**。

我上大二时迷恋上了股票，可那时本金很少又缺乏经验，担心入场就被套；好在我发现了一个虚拟炒股网站，在里边享受了一把大户交易的爽感。

那年暑假，我找了一份实习工作——到一家证券杂志社做编辑，然而主编交托的任务不是写文章，而是吩咐我卖刊物。为了不辜负领导的期望，接下来的一周，我每天打200个电话，结果一份也没卖出去，实情是大部分人没等我说完第一句话就挂断了。

我做了一道计算题，全国14亿人口，而行业期刊最高订阅量却只有50万，也就是说，平均每2800人，才能接触到1个潜在读者。

主动找客户是很低效的行径，关键在于怎么吸引大家。为什么不能借助虚拟应用吸引用户参与，再寻求转化呢？我的建议并没有被主编采纳，但那个夏天，我在论坛上联合了程序员和前端工程师，开发了一款接口游戏——山寨股市，上线两个月就吸引了50万玩家。

面对市场，主编的模式是：主动出击—玩命说服；而我的出发点是，站在使用者的立场上——作为用户，我们只会关注那些有吸引力的东西，进而凭着兴趣参与进去，在参与中逐渐信任开发者，如果产品成为必需品，才可能会考虑买产品——我误打误撞地摸到了好产品的脉：吸引—互动—信任—依赖。

这段经历让我领会到：一些**看似无解的任务，只要学会切换视角就不难解。**

就拿学英语来举例吧，每个学生都走过相同的路：背单词—练听力—学语法—参加笔试，我也一样，可就这么学了10多年也没什么长进，连日常交流都不行。

在一次聚会上，有位中央戏剧学院表演系的朋友问我："你还记得怎么会说母语的吗？你上学之前，没接触拼音、读写，不是也学会中国话了吗——幼年的你观察父母的行为，熟悉他们的思维，掌握词汇语句是顺理成章的事。演员圈里的'体验派'[1]都熟知这个过程。"

我决定切换视角，重置学语言的顺序——每周去使馆区旁的篮球场打一次球，专挑外国人组队。语言不通，大家更多地用表情、眼神、肢体、手势沟通战术，渐渐地有了默契；一天下午，我在篮球架下热身，不经意间听懂了他们所有的对话。

如果把体验一词拆开，"体"代表身临其境地调用感觉器官，形成具身认知（Embodied Cognition），"验"则是扩大范围，验证这种认知。

从能力的突变到价值的引爆，是一个思维物化的过程——你要先浸入场景内测价值观，而实体价值的显现还需要时间。经过一段时间的蓄势，你切换了几次视角，进入了合适的圈子，做了几次正确的决策，你的气质、身价、格局瞬间提升了一个档次，这就是**增益聚变**（Gain Fusion）。

三只松鼠的创始人章燎原，绝对是增益聚变的代言人，他从20岁开始就对商业有独到的见解，可很长一段时间都得不到施展，直到他进入干果行业，将部分想法落地验证；后来创立三只松鼠，把卡通IP植入干果电商，仅仅一年就做到品类第一。

反观一些人，只是靠关系和资历取得了一定的身份，但他们习焉不察，品味、能

1 体验式表演，开创者是斯坦尼斯拉夫斯基。

力、眼界都没有太多改变，他们就缺少聚变的基础。

聚变的前提是什么？

《新科技革命的趋势和对策》中指出了它的原理——**惯性约束（ICF）。科学、商业、艺术上的飞跃，向来不是技术上的飞跃，而是克制本能停下惯性行动、跳出窠臼扭转惯性认知。**

正如语言的习得过程，婴儿在几个月的时候就已经听懂了大人的话，但控制发音的肌肉群还没有发育完善，所以还不能说话。这种天然的约束，强制要求我们耐心积累词汇。一旦开口，就是爆发式的成长。

在惯性约束方面，汽车制造商戴姆勒·克莱斯勒提供了一个很好的例子。

所有汽车厂商都在寻求销量突破，他们普遍认为性能是用户选购汽车的唯一标准，于是不断改进车型外观、给轿车提速。可是无论怎么努力，市场反馈都不明显。

20世纪90年代，戴姆勒·克莱斯勒的首席工程师停下来思考，也许影响用户决策的要素，不是汽车操控上的性能，而是别的什么东西呢？

工程师走出实验室，来到汽车展厅。他发现，所有的参观者一走进展厅，最频繁的动作是不断打开车门，再用力关上。当他们听到车门撞击车体时发出“嘭”的一声闷响时，通常会露出喜色；然后才打开前盖检查引擎，这个环节一般花不了1分钟。事实上，大部分人不会对内置设备有任何感觉。那个小红箱子是干什么的？黄色的呢？这可难倒我了。接着他们会心不在焉地扫一眼外壳，然后直接下订单或者继续回去聆听关门声。

研究表明，76%的购车者会以关车门的声音为依据，来衡量车的品质。于是，戴姆勒·克莱斯勒单独成立了一个部门，专门在人和车门交互上下功夫，制造美妙的关门声。很快，迎来了成交量的大幅提升，其他厂商也纷纷效仿。这不是科技的突破，而是约束惯性思维的结果。

同样地，共享经济的兴起，并不是因为科技水平的提升，而是人类逐渐意识到，我们可以只拥有一件东西的使用权而不一定要有产权——约束的是“凡事都要据为己有”的思维惯性。

自我聚变，不仅仅是能力的改变，更是心智模式或者说思维惯性的改变。**对内觉知潜能，对外积攒势能，这是一个人跨越式发展的先决条件。**

需要强调的是，聚变并不是坐享其成，它是调整努力和收益的线性关系，巧妙地放大规律的功效。它强调的是当旧的惯性遇阻时，则重新获取新的加速度，进入新的惯性区间。

人生不如意，不是你不够努力，可能是选择不对；

工作能力差，不是你不够聪明，可能是目标太杂；

恋人不亲密，不是不够爱对方，而是吸引力不足；

赚钱不够多，不是你不够节省，而是不懂整合资源。

哲学家阿兰提出了最漂亮的演变见解，他这样描写渔船：

每艘船都复制自另一条船……让我们用达尔文的方式推理如下，很明显，制造得非常糟糕的船，出航一两次之后就沉没了，故此不会遭到复制……那么就可以说，是大海本身，用它彻底的严谨性，选择了功能适应的船只，摧毁了不适应性，从而塑造了船只。

结构突变、定向突变和增益聚变是个人跨越式成长的三个阶段，先知先觉的人们已经发现，今天迅猛发展的中国，正是一片为个人崛起准备好的能量场，处在一个人人都有机会跃上更高平台的时代。只要提高适应性——洞悉规律、升级模式、扭转惯性认知，任何人都能成为值得被时代奖励的人。

外挂清单

- 时代趋势：系统膨胀，整合溢价；信息透明，网状分布；身份多元，随时切换；机会延迟，“三行后思”。
- 时代特征：我们已进入大脑的App时代，当下要用到的技能随时下载，不用的知识和能力随时卸载。
- 高手，就是高效调用信息和能力解决当下问题的选手。开挂的人生，从懂得应用“外挂”开始。
- 把想象力和影响力分包出去，用开放的心态，积极参与他人的人生，也欢迎更多人参与到你的人生里。
- 个人聚变式成长的三个阶段：结构突变、定向突变和增益聚变。

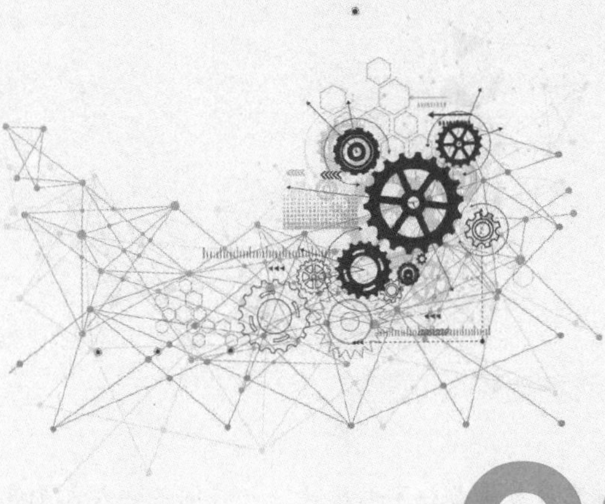

02

高手的选择

站在高位，立于不败

胜与败，不是结果出来后才知道的；而是在做出选择的一瞬间，就已经可以看出端倪了。高手总是先求不败，再求胜。

选择的变化

请想一想，跟20年前相比，你能做的选择是多了，还是少了？

每逢牛市，微信群里少不了绘影绘形地讲着操盘往事的股民，一时间仿佛人人都是股神。

大众创业一来，随便参加个沙龙，一大半人带着项目来，每个人都在盛情邀请你入伙。

疫情刚刚暴发时，口罩稀缺，大家纷纷涌入口罩市场，口罩机和熔喷布也跟着受追捧。只要拥有一台口罩机、一吨熔喷布，哗啦啦的钞票就如潮水般汹涌而来。

这些人后来都怎么样了？

我没有做过跟踪统计，不敢妄下结论，不过有几件事可以确定：

第一，股市是多次博弈，只有不到10%的人能取利，其中机构投资者占了九成，散户持续盈利的概率不足1%；

第二，创业领域成功率更低，想想曾经的百团大战，最后也就剩下美团；曾几何时，视频网站遍地开花，强如土豆、酷6，最后也没成为赢家；

第三，口罩行业虎头蛇尾，随着产能恢复，口罩不再稀缺，从四五块跌到几毛钱，生产成本等于销售价格，这个暴富游戏也就结束了，结尾是一大批人血本无归。

社会学家齐格蒙特·鲍曼在《流动的时代》一书中写道：“当代社会与过去的一个不同点是，过去人们常常因选择极其有限而痛苦，而现在人们常常因为选择太多而痛苦。”

选择越多，概率越小

今天，微信公众号已经超过2000万个，抖音和快手的网红、B站的UP主加在一起超过1亿，MCN机构十几万家（数据来源：新榜），好内容是多了还是少了？

随着认知能力、策划水平和技术手段的提升，含金量高的内容多了10倍，而混淆视听、粗制滥造的内容却多了100倍。

今天，你微信通讯录里躺着几百位好友，你身边靠谱的人是多了还是少了？

信息通道变短，有的人吸收营养，取长补短，变得越来越靠谱。相应地，急功近利、志大才疏的人触碰你也更容易了，你遇到不靠谱的人和事反而更多了。

关于选择，另一位社会学家戴维·迈尔斯做了一个测试。

在一个密闭的袋子里放100个乒乓球，让玩家抽取，其中10个黄球，90个白球，抽到黄球可以得到50美元的奖励，抽到白球需要接受10美元的惩罚。

最幸运的人在前3个就抽中了黄球，本以为他们会就此收手，带着胜利筹码愉快地离开，但他们并没有这样做，而是继续抽，直到把之前赢来的消耗光，最终的结果是500名玩家里仅有20位盈亏持平。

游戏重启，球数增多，1000个球里有100个黄球。结果只有一位收支平衡，其余全部亏得底儿掉。

如果把这个游戏放大到社会维度：随着信息轰炸，市场上财富猛涨数倍的机会到处都是，知识付费、盲盒、跨境电商、数字货币……风口一个接着一个。

对于富裕生活的向往，你急于翻本儿过上理想的生活，不假思索下手抽球，一旦抽中了黄球，你就会习惯这种获利方式，一直抽下去，更多的白球在前面等待着你，总有一天会全部输光——**信息变多带来了照明弹，但也带来了更多烟幕弹。**

人生不同于测试，你用几分钟就能抽光所有乒乓球，可生命有限，如果你每件事都要去亲自试错，选错一次，可能要用几年时间“回血”。兜兜转转几次，最好的年华也就这么过去了，连续的风雨飘摇，终究是错付了青春。

今天的世界，选择变多，成功概率却在变小。面对时代的选题，低分考生选择题海战术，尖子生反而只做少量习题。

唐彬森刚刚创立元气森林时，抛出过一个概念：资源诅咒。意思是大公司虽然资源多，但如果每个人都过分依赖平台，反而会抑制增长。

资源丰富的另一层含义是“机会稀缺”，当社会信息足以覆盖所有个体时，**“找好事做”**远比**“把事做好”**更重要——读书、行路、阅人、刻意训练已经不是重点，关键是读什么书？走哪条路？结识哪类人？修炼哪种能力？抓住哪个机会？

现代人是一台由选择和执行组装而成的精密机器——绝大多数人的执行能力相当：世界500强的高管和社区维修工在执行层面的投入没有太大差别；真正决定杰出或平庸的，是看谁在决策层面投入了更多认知。

选择的世界：残酷而美好

我在海底捞吃着火锅，被麻辣味刺激着舌尖，不由得啧啧感叹：辣椒和花椒简直是天作之合。

我想百度一下火锅底料炒制的过程，却收到一条相关推送——中国辣文化甲天下，可吃辣的历史却不长，只有300多年。

辣椒的故乡不是中国，而是南美洲的秘鲁。历史学家皮尔彻在《世界历史上的食物》中提道：随着大航海时代的开启，辣椒从美洲引入欧洲，随后又被中东的香料商人带到亚洲。到了明朝末期，中国的新疆、甘肃率先种植（当时还叫番椒），后来又扩展到云贵和两湖地区；又过了100多年，辣椒在四川的山区，邂逅了“不同父异母”的兄弟——花椒，二者相逢，逐渐促成了我们今天吃到的川菜和火锅。

人类学家约翰·图比说：“自然选择会在多次更替中，在不同设计方案里筛选出最优结果。”辣椒在颠沛之旅中，一定遇到过成千上万种香料：胡椒、肉蔻、迷迭香……组团机会处处都是，但大自然帮它选出了最优搭配，撮合了它和花椒，随之而来的是这对CP风靡华夏。

全球香料交织成一张巨大的网，辣椒和花椒就是这张网的两个点，当这两个点连接起来后，顺理成章地攻占了国民味蕾。

个人命运也与之相似，**我们活在各种高低不平的网中；而改变命运的机会，在于能否持续找到动作更少却更好的点，精准而优雅地将它们连成线。**

但，我们和辣椒的区别是：

- 辣椒不会主动选择，它只能随波逐流，而我们可以自主移动。
- 辣椒随船队出海，每一程都凶险重重，沉船是常有的事；而我们有飞机、高铁。
- 辣椒不知道去哪遇到适合的香料；而我们有互联网，几分钟就能穷尽选项。

假如你是一个创业者，从做哪类生意，到采用什么主材、哪种业态，再到突出什么卖点、采取哪种管理模式，都要考虑；等到经营规模上去了，也许还要考虑到哪家交易所上市。**总之，一个阶段你只能做唯一的决策，串联起每个阶段的决策点，人类这个漂洋过海的小小辣椒，也能成长为千亿倍体量的航母。**

贸易之网	瓷器	茶叶	药材	香料	马匹	艺术品	…
材料之网	胡椒	肉蔻	生姜	花椒	咖喱	迷迭香	…
品类之网	煎炒	酱料	烧烤	火锅	馅食	汤类	…
业态之网	媒体	咨询	快消	门店	外卖	设计	…
卖点之网	口味	环境	趣味	服务	健康	便捷	…
品牌之网	东来顺	小肥羊	贤合庄	海底捞	呷哺呷哺	黄门老灶	…
管理之网	总裁制	经理制	股东制	店长制	加盟制	授权制	…
资本之网	沪深主板	新三板	纳斯达克	香港恒生	台湾加权	日本日经	…

一家火锅店的机会之网

听到这儿，我估计你已经吓坏了：“做一件事要罗列这么多选项，太烧脑了！”不过，我并不打算展开科学决策的系统，因为还有更简单粗暴的方式。

杜甫说：“会当凌绝顶，一览众山小。”他的意思是，那些看起来宏大的问题，只要站上顶端看到全貌，就都会变得微小。可惜，大部分的站位，你只能看到山的一面，看不到全貌。要想成为出色的决策者，最好的方式是参考该领域顶端的人，站在他们身旁，你也可以领略高手眼中的风景。

参考的对象，在战争年代是军事将领，后来是团体竞技的教练员，当下则是顶级的投资人。

在时代的炼丹炉里，投资人练就了一双火眼金睛，让他们比一般人看得准、看得透、看得远：

- 首先，投资人的工作性质决定了，他们必须极其擅长做选择和决策，也必须站在更高的视角才能确保选择的合理性和决策的准确度。
- 其次，投资人必须穿过层层迷雾，才能在多重博弈中屹立不倒，一般人终其一生最多能看到3~5个行业，换4~8家公司，而投资人每年要调研数十个行业、几千家公司。他们扯掉了封闭的袋子，见到了所有的黄球。
- 第三，投资人必须拥抱长期主义，一个项目的回报期是3~5年，一个行业的回报期是5~8年，一个生态的大循环可能是10年、30年、60年。和一般人今天买入明天赎回的超短线思路不同，投资人关注的是长周期机会，如果说大部分人是1v1拼刺刀的战士，那么投资人就是市场上运筹帷幄的将军，靠的是长远眼光和战略能力。

这个世界上有很多学科，却从来没有一门叫作“选择学”，告诉我们如何在每一个人生岔路口走对方向——毕业后去大公司镀金还是去小公司历练？留在大城市还是回家乡小城市？深耕一个行业还是去别的行业看一看？

当我们摇摆于大小城市、大小公司，摇摆于梦想与现实、成就与舒适、繁华与宁静之间时，何尝不是自己的天使投资人，在一个个项目上投入自己的青春和期待？

对于大部分人，选择的游戏是残酷的，你人生中的一个重大决策，就是轻轻推倒的一张多米诺骨牌，会影响未来10年、20年甚至更远，无论你直面或逃避，主动或被动，这种影响一直都在。

但这也正是这个游戏美好的地方，在这个风云际会的年代，如果你有独到的眼光，一次正确的选择、一次优雅的连线会让你超越很多同龄人，持续做正确的选择，几年以后你一定会感谢自己今天做出的英明选择。

投资人，就是能看到几年以后的自己的人。如果真有“选择学”，则最适合当导师的应该是他们。

敢为天下后，后中争先

“中国巴菲特”的运筹之道

2020年6月，拼多多创始人黄峥，以454亿美元身家超越马云，登上福布斯中国大陆富豪排行榜第二位。8个月后，黄峥急流勇退，卸任集团董事长，引来一片哗然。关于黄峥和拼多多，坊间有太多的故事，本书不再赘述。

在很多人眼里，黄峥几乎一夜成名，媒体当然不会放过这个新闻素材，有记者问：“在你的成长道路上，谁对你影响最深？”每每这个时候，黄峥总是回答：“阿段对我商业思维的影响最深。”

黄峥口中的阿段是何方神圣?

他叫段永平，人称“中国巴菲特”，连续缔造小霸王、步步高、vivo、OPPO等明星品牌，还曾是网易第二大个人股东；他用投资思维创业，二十年间几乎踏准了每一次行业风口。而这一切，全部是他在40岁之前完成的。

段永平在40岁那年选择退隐江湖，但江湖上一直有他的传说，流传最广的就是他那句“敢为天下后，后中争先”。

时代大潮下，大家事事都想争先：投资人希望傍上行业领先的独角兽，创业者希望进入没有竞争的蓝海，买房的盼着抢到没人发现的价值洼地；段永平却主张“居后争先”：**当我们想要切入市场时，先看看别人在做什么，再决定自己做什么，这样成功的概率要大得多，先后是相对的，这只是竞争的开始。**”

段永平是这么说的，也是这么做的。

1995年，段永平毅然辞去高薪职位，从他一手打造的中山市小霸王公司离职，紧接着在离小霸王原厂30公里外的东莞，创立了力高电子（步步高的前身）。

本以为段永平离开体制束缚，凭着过人的胆识马上就会大展拳脚。可惊掉所有人下巴的是，新公司成立1年，他几乎什么都没做，每天只是优哉游哉地打高尔夫球。

像所有经典影视剧一样，跌宕的剧情总在意料之外，又在情理之中——外界无法理解，但他心里有数："用一年时间观察市场，让手下用很少成本去跑跑外贸；赚钱是次要的，主要看看国外有哪些畅销的电子产品。"1996年，看准品类的段永平决定切入VCD市场，可品牌名还没起，也先听听别人的。他采取了全国征集品牌名的方式，最终在一万多个提案中，"步步高"三个字脱颖而出。

在"创业圣经"《从0到1》里，彼得·蒂尔说：

> 你可能听过"先发优势"，如果你是第一个入场的，可能独自占据可观的份额。但，先行一步只是个策略，不能作为目标——一旦出现替代者，就算你是第一个做的也捞不到好处，反而那个后边下手的人更好——他可以在已经成功的赛道里，通过差异化实操领先。商业领域更常见的是"后发先至"。

高手总是能忍住冲动，等待机会自动浮出水面，然后一网捕获它。

1：0胜于4：1

步步高乘风破浪的那几年，在欧亚大陆的另一端，一个比阿段小两岁的人，正在依靠类似的方式崛起——他就是葡萄牙的足球教练穆里尼奥，中国球迷为他起了个谐音昵称：魔力鸟。

魔力鸟起点很低，球员时代寂寂无名，可作为教练，却拿遍了俱乐部层面的所有荣誉：各项赛事25座冠军，7次顶级联赛冠军；唯一获得四个国家联赛冠军的主帅，并保持着葡超、英超、意甲、西甲联赛连续150场主场不败纪录。

在魔力鸟的荣誉簿里，最值得圈出的有两次：一次是2004年，他率领二级联赛的波尔图斩落一众豪强，登上欧洲之巅；另一次发生在2010年，其麾下的国际米兰，在欧冠半决赛击退了梅西领衔的"宇宙队"巴塞罗那，最终问鼎。

他在自传中提道："保持高胜率的秘诀是防守时少出脚，只在能形成反击的距离抢断球，这个距离叫'出击半径'。识别自己的出击半径，是以弱胜强的法门。"

“要想成为一个冠军教练，你必须学会等待，如果我的队员总在出击半径以外盲动，那么我可能连一个冠军都拿不到。”

他把整个球场划分成了多个区，每个区保持3名防守球员，1名挡在对手的带球行进路线上，1名球员封堵传球路线，另1名球员负责压缩空间。如果对方把球转移到别的区，那里又会马上聚集新的3人小组。对手长时间无法摆脱这种阵势，就会犯错误，抓住其中一两次就能胜利。

魔力鸟赢球的场次，优势一般都很微弱。即便如此，一个赛季下来，他的球队常常排在第一。因为无论一场比赛进多少球，排行榜上也只积3分。所以，把夺冠的远大目标细化到每一个球上，只要球没有进入出击半径，就任由对手尽情传控，绝对不上抢。

这个战略一点都不高深，可要在90分钟的比赛里从头到尾贯彻下去，却需要极强的抗干扰能力和自我认同感——在关键赛事的决胜之际，全场数万名球迷屏息凝神，紧张的气氛筑成穹顶，随时可能被划破。助威团注视着球员的一举一动，希望本方攻势如潮，最好踢出几脚世界波，提早锁定胜局。这时，对方球员在出击半径外穿花绕蝶，你要是不每球必争、全力抢，震耳欲聋的嘘声就会响彻全场。此刻你**要坚决执行赛前部署，就要有过滤外界喧嚣的定力。**

王阳明说：“人人自有定盘针，万化根源总在心。”在足球领域，业余球员和职业球员的区别在于，业余球员什么球都想抢，职业球员则会识别机会陷阱，放弃那些看似唾手可得的球——要是1对1单挑，业余高手未必会输给职业球员；他们在技巧、体能上超越职业球员并不难，可要是真枪实弹踢一场比赛，这帮踢惯了野球场的家伙们就会漏洞百出；遇到职业队时，就像手无寸铁的农夫碰见狮群，没有一丝生还的可能。穆里尼奥就是狮群的顶级决策者。

高手只在高复利区域，投入注意力。

段永平和穆里尼奥的相通之处在哪儿？他们的共性是：不贪速胜、大胜，但求投产比最优。

商业和投资，就像在一个放大了数倍的绿茵场上竞技。在这里，你可以看到其他选手展示各种华丽的动作，上千次、上万次漂亮地传导球，你不能把每一次都视为良机，一个阶段看准一次就够了。

在DAZN出品的纪录片《成长史之何塞·穆里尼奥》中，穆里尼奥说道：“如果在

1：0和4：1之间做选择，我倾向于前者——4：1里的运气和状态成分很大，我不会赌运气，也无法预测球员状态的起伏，更不会为了多进球拼到队员受伤。反而是1：0更实惠，就算我们状态不好，一样可以凯旋。”

赢球的诀窍，就是眼睁睁地看着球一次次地从你面前飞来滚去，等待那个绝佳球暴露在你的出击半径内。球迷们痛骂：“抢啊！笨蛋！”铺天盖地的舆论批判：“这球踢得没有观赏性！”

“我不在乎，反正我们赢了”。

商业史上的经典案例不胜枚举，但在做生意、投资和带门徒三件事上都有建树的，段永平算得上一号；体育史上，冠军教头很多——NBA有“红衣主教”，足坛有“弗爵爷”，中国有袁伟民、蔡振华、李永波……可要细数，隔几年换个队还能延续冠军的，一只手也能数过来，穆里尼奥便是其中的翘楚——持续的成功说明这两个人的策略是可复制的。

表面上，段永平和穆里尼奥奉行的是天底下最怂、最慢、主动示弱的防卫打法，但偏偏两个人在非常年轻的时候，就已经是最强悍的进击者——一个是赚钱规模和速度并举的创业者、投资人，一个是夺冠率最高的赛场指挥官。

因为等待，永远比蠢蠢欲动更需要勇气和智慧。

最强掠食者的基因

东非腹地的马赛马拉河里，居住着一种尼罗鳄，叫作尼罗鳄。它是尼罗鳄家族中体型第二大的亚种。成年尼罗鳄能长到6米，体重接近1吨，相当于把十几个壮汉捆在一起的重量。

这个家伙的双眼很厉害，视力比人类精准7倍，是出了名的“远视眼”；它的眼球上长有一层瞬膜，如同带了一副潜望镜，即使在水下也能看清岸上动物的一举一动，而且还带有夜视功能。

最恐怖的是尼罗鳄的力量，它有强大的咬合肌，模拟试验中瞬间咬合力达到2500

磅，大嘴一合能轻易刺穿钢板。如果你被它咬上一口，你的肌肉、骨骼会被70多颗钝齿斩断、撕碎。更无敌的是，尼罗鳄全身布满坚硬鳞片，像穿了一身厚皮甲——简直是剑法超群的高手，又炼成了金钟罩、铁布衫。

我第一次见识到这种巨兽的威力，是在电影《百万巨鳄》的剧组。我去探班担任制片人的朋友，见到三只“尼罗鳄演员”；没有戏份的时候，它们被寄养在片场附近的一家狗场。用铁丝绑住嘴巴，鼻孔里喘出粗气，声音有点像摩托车发动时的轰鸣。这股强大的气场，把400多只大藏獒吓得不敢出声，全都安安静静地蜷缩在角落。

归根结底，这种尼罗鳄是食物链顶端的生物，它的攻防武器堪称完美。

尼罗鳄貌似完美的背后，其实也有弱点。阿喀琉斯说：“强大本身就是弱点。”由于体型太大，能量消耗也大——捕小动物充饥，抵不上猎捕过程中消耗的能量，它要盯住大目标。可尼罗鳄还有一个缺陷：反应迟钝——虽然咬合力惊人，但开口肌却不怎么强，成年人一只手的劲头就能让它闭嘴。利用尼罗鳄张嘴费劲、速度慢的空子，身手敏捷的动物很容易逃脱。

因为这两处硬伤，尼罗鳄必须格外谨慎——它先找准狩猎地点，在角马、羚羊、斑马大迁徙的必经河段，小心翼翼地潜伏下来，只露出眼鼻来观察和换气。远远看去，像一截半沉半浮的枯木。

猎物也有防御本能，它们聚集到岸边，谁也不敢靠近河水，尼罗鳄就浮在水里一动不动，静静等待。

等了一天一夜，这群食草动物越聚越多，它们饥肠辘辘，望着对岸鲜美的草场垂涎欲滴，可还是不敢渡河。

第二天、第三天，偶尔有鸥鹭飞过，停在尼罗鳄头上四处张望，尼罗鳄还是纹丝不动；第四天、第五天，狮子、鬣狗尾随而来，兽群后方开始骚乱。

第六天，耐不住性子的动物开始下水了，零零散散的羚羊、角马在河面凌波微步，有一些甚至拿尼罗鳄头当跳板踩过，尼罗鳄依旧坚如磐石。

第七天，猎物们的警惕性没有刚开始那么强了，成群结队的角马蹚水过河，有的距离尼罗鳄嘴不到一米，仿佛能轻松叼住后腿，可尼罗鳄还是没动。它在等什么？在等待一个最有把握的时机。

慢慢地，动物们放松下来，慢悠悠地靠近河边，目标出现了，可能是一匹肥壮的斑马、一头牛羚，尼罗鳄如幽灵一般潜下去，慢慢靠上去，越靠越近，直到捕猎者和猎物的距离，相当于你早上刷牙时脸和洗漱池的距离——机会来了。

猎物以为安全了，纵下一跃，尼罗鳄纵上弹出水面，狠命咬住，施展出死亡缠绕的功夫，十几秒后斑马没了挣扎，被尼罗鳄拖下了河底，水面重归平静。

这顿大餐足以喂饱尼罗鳄，接下来的几周它不必再捕食，去找个地方趴着晒太阳，还是一动不动，静待能量慢慢消耗。这种重视能量损益的生存方式，让尼罗鳄成为最长寿的捕食动物——成年尼罗鳄能活80～100岁，最长寿的活到了115岁。

尼罗鳄个体长寿，种群更长寿——它们在人类出现之前，就已经生活在这颗星球上，从三叠纪至今两亿多年，它们的外貌、习性几乎没有变化；同时代的生物纷纷灭绝、成了化石，它们却靠着这套刻在基因里的固定打法，牢牢活在食物链的顶端。

尼罗鳄的打法是：

- 找到高复利地带：埋伏在猎物迁徙的必经之路上；
- 只求1:0胜利：专注目标，只盯着一顿能吃饱的大型猎物；
- 严守出击半径：不贪速胜，等待最佳时机，后发制敌。

这套打法，居然跟段永平和穆里尼奥如出一辙！

商界、体育界、自然界是人为划分的界限，但高手是没有边界的。三界高手都选择了同一策略：找高复利地带、只求1：0胜利、严守出击半径。

正如篮球之神迈克尔·乔丹说的：“我会在每次后仰跳投时入定[1]，把所有意念集中，完全不受外界影响。”

向后一尺，是为了更好地向前千里——这就是一种入定。

1　入定即入于禅定，佛教修炼的一种境界。乔丹师从“禅师”菲尔·杰克逊，耳濡目染地领悟了其中的奥妙。

M型社会——穿越阶层的鸿沟

中产阶层消亡史

“我不想成为高手，只想踏踏实实过好小日子，行不行？”

个人选择无法左右，但我想先请你看一组数据：1978年，我国城市居民人均收入是343.4元，当时收入最高的人群，薪资850元，是平均值的2倍多，而且这部分人只占到总人口数的0.2%。（数据来源：中国统计年鉴）

那时，普通选手和高手的差距不大。社会的收入结构像一个倒立的字母U——底层的穷人不多，纯粹的富人也凤毛麟角，大部分人都处于中间阶层。这种绝大多数人站在平均值附近的排布，叫作正态分布，也叫高斯分布。

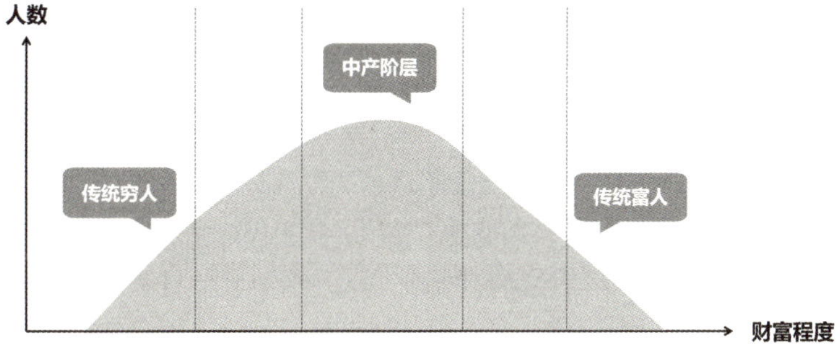

金钱不是人生的全部意义，在一个小圈子里，富人不等于聪明人，但如果放大到社会层面，财富必然是智慧的全息投影。

经济学家威廉·大内在研究财富分配比重时，发现了一个反直觉的现象——**在高度网络化的社会里，穷人数量和富人财富比重都在增加——画出的函数曲线向左右两侧靠拢，好像性感女郎高高隆起的上嘴唇。**

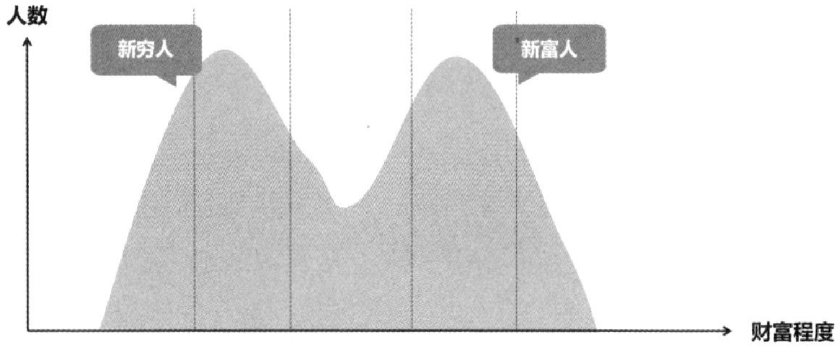

用经济学家的话说："财富基尼系数不断升高，形成左右两端高峰、中间深沟的M型社会（M-Form Society）。"

通俗点讲，如果每个人平均拥有100元钱，最穷的有20元钱，最富的有200元钱。十年后，经济总量涨了两倍，人均到200元了，可富人的资产却变成了5倍，变成1000元了（算不过账的可以略过，不影响阅读）。**虽然中产阶层的收入也涨了，却逐渐偏离均值，沦为新穷人。**

你一定有印象，每逢国家公布经济普查数据，网上总能看到很多人感叹自己拖了国民的后腿。其实不是拖后腿，而是排在前面的人财富增长更快、幅度更大，把处在腰部的人挤到了腿部、膝盖、脚腕……

M型社会的最大特征，就是去中间化——一部分人进入上层，另一部分人滑落底层，中间阶层加速消失。2021年，民调机构皮尤研究中心的公开数据显示，一次疫情让全球中产阶层的人数减少了9000万。

正如犹太人千古传颂的《马太福音》里讲的："凡是少的，就连他所有的，也要剥夺；凡是多的，还要给他，叫他多多益善。"——犹太人自古没有自己的土地，没法耕作，只能在不断地信息往来中寻找赚钱机会，因此比其他民族更早走出小圈子，进入网络社会。

网络社会好比一颗巨大的西蓝花，无论切成多小的花簇，局部跟整体的形状仍然一模一样。经济学把这种现象叫作"指数型分蘖"。

最常见到分蘖现象的地方就是股市大盘，你可以在上面看到近10年的K线走势，就像起起伏伏的心电图，如果截取一年的走势，放大看仍然是这个形状，再截取一个月、一天的分时图，形状依旧差不多。

社会系统也在分蘖，当社会整体走出M型趋势时，细分到更小的社会单元，依旧和整体一模一样。

经济排名前15的国家，财富超过其他国家总和；一个国家里前20名的城市，贡献的GDP超过其他城市的总和；行业前两名企业占总市场一半以上份额；公司里，少数几名员工贡献的价值比其他人加在一起还多；足球队里，前两名球星的进球数超过其他人进球数之和——**第一档之外，其余全是第三档，没有中间档**。全民中产，中产即底层。高等教育一普及，本科学历成了学历的底层。

哪怕在受人追捧的娱乐圈，也走出了去中间化的趋势——唱片时代，一名歌手创作几首歌，只要发过专辑或上过春晚，混个脸熟，圈一波粉丝，就能跻身当红“炸子鸡”行列。到了网络时代，再没人为唱片买单，无台可上、无戏可接的艺人遍地都是。于正曾说，今天九成艺人的收入还不如工薪族。

而在另一端，不乏一线艺人成功转型，汪峰出品FIIL耳机，任泉创办了StarVC，鹿晗成立了清晗基金，他们把过去的名气、影响力移植到其他领域，用更省力的方式，收益超出传统艺人模式很多倍。

M型社会的第二个特色，是高频——资源分配的频次增加了，也可以叫作高换手率或高周转率。

过去在职场，一名科员苦等20年，总算熬到了科长，在一个竞争抑制的时代，资源分配权掌握在少数几个人手里，重新分配工资、权力、福利的机会，一辈子就那么一两次；而今天，市场和个人命运联系紧密，在一些高速发展的公司里，突出的员工几个月一升迁，“90后”“95后”坐上高管成为常态。

以前的商界，行业龙头几十年不变，现在每隔一段时间就会冒出一个龙头，视频行业的优酷、团购行业的美团、共享行业的滴滴、信息流的头条……这些企业在早期优势也许并不明显，但经历了多轮融资、并购、重组后，逐步占据了行业头部。

过去的市场，企业品牌传播，通过电视、纸媒、分众，看到效果至少要半年，今天利用社会化媒体等渠道，一天就能见ROI（投资回报率）。

高频周转意味着，在认知、人脉、财富等方面，哪怕一个人只有微弱的优势，在多次资源分配后，这种优势也会被无限放大，不断拉开与他人的差距。

在关键支点上持续发力

公元前3世纪，阿基米德发现了杠杆原理，并大放豪言："给我一个支点和一根足够长的杠杆，我可以撬动地球。"

其实，用不着撬地球，杠杆效应就隐藏在无数小场景中。

林梵，原本在三线城市的一家小企业做法务，晋升无望的她过着重复度极高的生活，除了审核公司劳务合同、合作协议的条款，一天里大部分时间只能发呆，百无聊赖时偶然读了我的文章，进而加入我的微信群。

在一次群交流时，她的发言吸引了我的注意，进一步了解后，我邀请她来做社群组织工作。她担心自己没经验拖大家后腿，就婉拒了。我建议她先做社群助理，这样可以近距离观察模仿别人，怎样策划？怎么设计流程？临场怎么应变？以后会有大用处。只要方向正确，经验、信心和资源都是可以迅速积累的。

她领会到了一丝奥义，战战兢兢地起步了。

有一天，她对我说，想要组织一次演讲——为大家解读公司法。15分钟的演讲，吸引了700多人在线收听；谁也没料到，之后两个月，这股影响力持续发酵，50多家创业公司邀请她做线上法律顾问。她突然意识到责任重大，而自己能力有限，于是组建了一个4人小团队，又外聘了更专业的法律专家，自己则专心经营社群，很快付费用户突破了2万。她本人成了一家很有竞争力的公司的CEO，紧接着多家创投机构抛来橄榄枝……

林梵的事情给了我们一个启迪：自我就是一层层窗户纸，持续地捅破窗户纸，人人都可以成长为比理想更理想的自我。而这需要你点破那扇薄窗，**发现系统的支点，在支点上持续发力，就有可能穿越阶层间的鸿沟。**

比如，你所在的组织中，某位关键人物就是支点，你在跟他的某次关键接触上发力，会影响你一生，在别的方面可以不必用力过猛；再比如，你的能力在行业里不突出，可只要换个渠道，你能比里面大多数人都专业一点，这个渠道就是支点，会百倍千倍地放大你这点微弱优势。

不难看出，一次小小的投入换来收益的倍增，这就是杠杆。而投入的方向就是杠杆下的支点，找到这个支点，再小的力量也能无限放大，鸿沟也能变通途。

网络社会让每个系统里的支点都显现出来，只要你抓住关键支点，就能撬动杠杆；西蓝花效应告诉我们，在每个领域，都能切分出更微观的支点，持续找到支点，杠杆上还能再加杠杆，风口上还有风口。

你所处的领域里，一些牛人、牛企业让你不能望其项背，他们的成就比你高成百上千倍，我们取个保守值，就算3000倍吧。网络时代以前，这个差距是万万无法企及的，但在今天，迎头赶上却成为现实。

因为，即使你在每个支点上只领先别人20%，实现3000倍收益增长，需要加多少次杠杆呢？

答案是44次。

$$1.2^{44} \approx 3048$$

当然，这需要你在瞬息万变的时代持续找到那20%，VC（天使投资人）领投一家初创公司，最后收获几百倍浮盈的回报，就是当初找到了这20%，投入了公司市值20%的资本。

反过来，杠杆效应也会持续放大劣势，如果你在每个周期都落后20%，那么资产缩水一半只需要3次：你能忍住增长3000倍时的寂寞，可未必能顶住被拦腰斩断时的刺激。

$$0.8^{3} \approx 0.51$$

《荷马史诗》中说：“智慧的标志是审时度势后择机选择。”一次错误选择的代价高于一次正确选择的收益。而选择效率间的反差，却形成了人与人之间的巨大差距。

马云、马化腾的智商未必比普通人聪明两倍。马云英语很好，但口语水平不一定高过英语专业的毕业生两倍；马化腾程序员出身，但写代码的水平也不一定高过普通程序员两倍以上，但他们的资产却积累到了工薪族的几百万倍。

为什么大多数人没有成为马云、马化腾呢？

因为，找支点不难，难的是每一次做选择时都能禁得住诱惑，主动放弃那些似是而非的选项，抵挡住爬行脑的支配。**竞争比的不是谁更强，而是谁更不会犯错。**

彼得·德鲁克说：“没有人能够左右变化，除非走在变化之前。”这句话是个双关语，表面上在说变化不可预测，其实表达了另一层含义——既然一定会变化，那么变化这件事是恒定的、可预测的。瀑布的每一滴水都在流动，但瀑布的形状是恒定的；工厂组装的零件是运动的，但流水线是恒定的。

所以，如果你能在变化之前，对导致结果的关键因子施加影响，就能左右事物的结果。在每一个支点上，都投入那20%，果断发力，这是投资的思考方式，也是自我投资高手最重要的一项基本功。

极致简单的反编译游戏

任何一个复杂的事情，都可以找到最简单的单元。

就拿编程举例吧，计算机语言中有一个重要的启发——反编译能力。即通过解构别人软件的设计单元，从而推导出源代码的过程。放心，理解这个能力，不需要你有任何编程基础。

有三朵花，让你设计一个函数，函数中的n代表花瓣个数，你可以随便给n取一个数，这个函数就可以执行出一朵菊花来。

先看看一朵花的组成元素。

直观来看，花瓣是菊花的基本单元。所以，只要你先画出一朵花瓣，再让它绕着圆心旋转几次，就有了一朵菊花。能画花瓣，就能出菊花。可仍然没有一个现成的代码能画出花瓣。

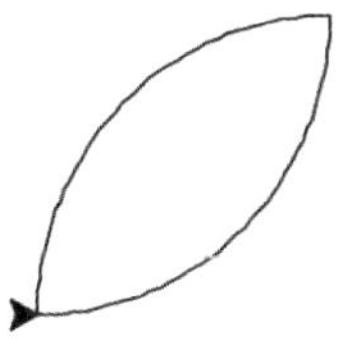

再看花瓣是由什么组成的。花瓣就是两段弧边拼在一起。要得花瓣，先画一段弧。

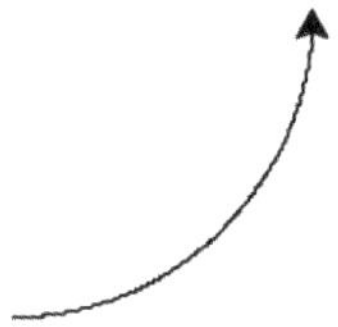

一段弧是怎么来的？它是圆的一部分，画一个规则的圆，截取一段弧就行了。

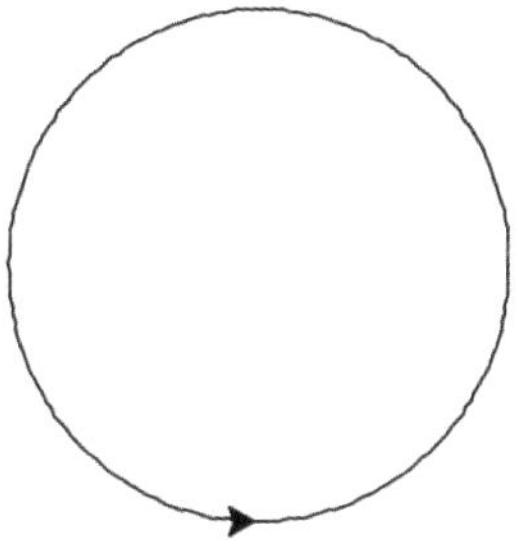

那么圆是什么呢？数学常识告诉我们，圆是一个边数无限多的多边形。所以只需要画出一个多边形，然后把边调到无限多就好了。

即使你没学过编程也能知道，多边形的组成单元是直线，写一个直线的代码肯定很简单。

把上面的过程反过来，就是从一条直线到一朵菊花的诞生之路。

你只需要控制好简单的直线，剩下的事就是要加多少条边、要多少个花瓣。直线就是支点，n就是你要加杠杆的次数。

寻找和运用支点的步骤是：

1. 不断分解事物的组成单元；
2. 分解到直接可控的层级；
3. 反推回去。

很多时候，你也许提出了一个宏伟的目标，也列出了每一步的详细计划，但是同事们为什么都神情迷离，投资人为什么不为所动？是因为他们没有被你的气场感染吗？

也许还有另一个原因，支点没有落在可控的层级。政府工作会议上经常提“抓手”，这个“抓手”指的就是最简单可控的支点。

为什么投入和回报不成正比

如果你是一家公司的负责人，现在需要招募内容运营人才，你该如何起草招募函？

以下两份招募函，你更倾向哪一份？

招募函A

文案作者

岗位职责：
1.参与选题和策划
2.完成文案创作
3.参与产品策划

岗位要求：
1.能把事儿写明白
2.有图像化思考能力
3.有幽默感

（改编自“混知招聘”）

招募函B

招募内容运营（新媒体主编）

主要工作是跟创始人紧密合作，踏实稳定的围绕着教育、职业发展和成长、商业等话题点做点优质图文+视频内容，同步做各大平台自媒体运营。

1.学习能力强，对内容热爱和敏感，至少在视频或图文一类有作品；
2.1年以上各类新媒体平台运营经验，熟悉规则和氛围差异；
3.看过我的公众号和书，对我的风格、特点、调性有了解的优先……

（节选自一位大V的公司招募函）

两个方案的差距一目了然，A方案寥寥几个字，就锁定了人才要素；B方案罗里吧嗦，却没有一条明确指出人才应该具备什么真实具体的素质，那就等于没有“抓手”。

假如有两家业务类似、规模相当、几乎同时起步的公司，A公司选择了A方案，B公司选择了B方案。可想而知，A公司业务和能力匹配度很高，可能马上获得了用户关注，进而拥有了更好的投资人和渠道支持。这时，由于职能定位不清晰，B公司的新员工可能还在磨合、找方向。即使两家公司的卖力程度相若，他们的实力差距也会越来越大。

如果A公司继续扩大优势，有一天上市敲钟，再回头看当初跟自己差不多的竞争对手，一定会感慨天意使然。其实不是天意，上帝不会掷骰子，而是系统的显现——在高频次的资源分配下，初始值的细微差距，会导向迥异的结果。

既然已经知道M型社会的去中间阶层的特征，也理解了一份投入在高频分配后，回报会有巨大的差别，我们为何不利用系统规律，把自己撬动到更好的位置呢？

现在，你已经理解了高手的内部策略：**通过找到支点，幂次叠加杠杆，实现复利增长。**

接下来，我们谈谈外部策略：如何**通过站上系统顶端，获得系统巨大的上升浮力。**

顶端优势：站位胜于跑位

顶端优势（Apical Dominance）的概念最早见于植物学，指植物中的营养、水分优先供给顶端主芽，抑制侧芽生长的现象。

迈克尔·波特在《竞争优势》一书中，引用了植物学原理，他指出："在一个赛道里，位于顶端的个人和企业，其增速远远超过中底端。"

离我们最近的例子是埃隆·马斯克。2021年，马斯克荣膺新一届世界首富，他的资产来自其掌管的电动车品牌——特斯拉。新能源汽车领域的竞争白热化，一组数据显示，从2017年开始，踏进这个领域的企业数量，以每年5倍的速度递增。

然而，作为这个领域的顶端企业，特斯拉的份额不降反升——2017年到2020年，特斯拉的市场占有率分别是13%、18%、23%和26%（截至2020年第三季度）；仅凭自然增长，特斯拉的优势每年都在扩大。

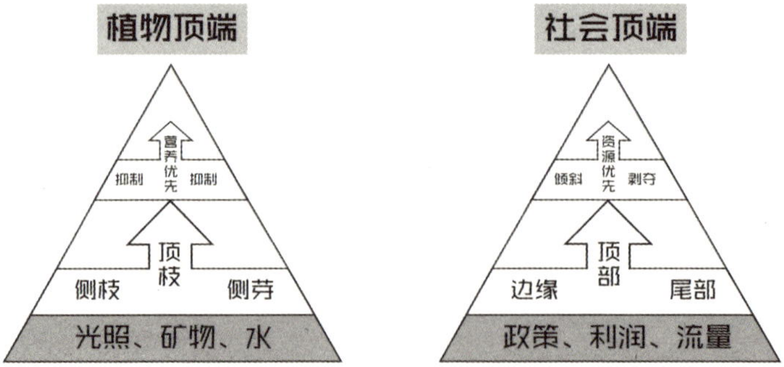

顶端优势

顶端吸引更多关注和资源

谁是世界第一高峰？是珠穆朗玛峰，海拔8844米，那第二高峰呢？

是海拔8611米的乔戈里峰，只比珠峰矮了233米，知名度却差了很多。

谁帮助中国在奥运会上实现了金牌零的突破？是许海峰。那中国第二位奥运冠军是谁？

他叫曾国强，在许海峰拿下首金仅仅4小时后，他在52公斤级举重比赛中再次让五星红旗飘扬。有多少人还记得他？

你喝过的可乐品牌有哪些？

我相信每个人都能脱口而出，可口可乐和百事可乐。截至2020年，全球出现过的可乐品牌有3700多家，绝大多数你甚至闻所未闻。

这种现象在组织内部一样存在，你能说出公司里最会组织团建的同事，那谁是第二好、第三好？

顶端带来远超别人的关注和影响力，这些都会提高你能力的溢价，为你带来更多资源和收益。

只在要塞屯兵

想象一下，两个同时进入体校的同学，一个是第一名，另一个屈居第二。这时，省队、国家队过来选拔好苗子，名额只有一个，第一名晋级，第二名落选。第一名马上拥有了更好的教练、更科学的训练规划和营养供给，以及更多大型赛事磨炼心理素质的机会。就算第二名同样努力，他们的差距也会越拉越大。

一旦你进入某个领域的顶端，系统就会产生正反馈——微弱的优势会带来更多关注，关注带给你更多机会、更高收益，这又让你可以投入更多资源，继续扩大优势，位于顶端的人获得最高的增长加速度，最后的结果就是收益和智力水平、勤勉程度不一定正相关。

收益加速的三个条件是：更高**站位**、更多**实战机会**、更优**方法**。而位于顶端的人往往会把这三个条件占齐。公司里最出色的设计师，会获得最好的项目，好项目为更新颖的设计理念提供施展机会，一旦设计理念独树一帜，就会吸引更多甲方、投资人蜂拥而至。

HBO的纪录片《成为沃伦·巴菲特》中提到，巴菲特小时候最喜欢玩一个游戏——和小伙伴各拿一颗弹珠，放在浴缸的一端，然后同时松手，比赛谁的弹珠先滚到排水口。每次比赛时，他都会观察弹珠滑落的角度、记录翻滚的次数，以及到达终点的时间，以便下次调整。

多年后，巴菲特回忆童年时谈道："无论是投资，还是弹珠游戏，归根结底是同一个游戏。赢得这场游戏的关键点有两个：第一，**是你释放弹珠的高度和角度**；第二，是你要有一个浴缸，或者说**找到一个足够长而湿滑的坡道。**"

仔细想一想，为什么大多数人会陷入长久的平庸呢？首先，他们释放能量的位置太低，这是站位的缺失；其次，他们没有在长而湿滑的坡道上投入，弹珠翻滚不了几次就到底了，这是实战机会的缺失；再次，他们很少观察和调整弹珠的释放角度，这是方法论的缺失。

我家楼下有家中医理疗店，乏累的时候我常去那里做按摩，时间一长我发现，这家店的优秀技师很多，而且经常一干就是几年，人员结构相当稳定。

按摩行业人员流动很快，通常你去一家店，碰上一个手法高妙的技师，下次再去的时候，他八成已经不在那里了。因为跟老板早就熟了，我直接问他是靠什么方法留住技师的。他对我讲了他的管理哲学，我可以肯定他就是一个出色的管理者，不比那些年薪百万千万的职业经理人差，甚至还要更强。但是这样一个优秀的管理者，仍然没能阻挡行业趋势，一场疫情还是让这家店倒闭了。我暗暗惋惜他所处的行业，如果他去做其他有更高价值的行业，一定可以更加出类拔萃。

巴菲特说，当你试图改造一个糟糕的行业时，最后屹立不倒的总是这个行业糟糕的名声。

直到后来，我开始有意识地观察各行各业无数的人才，才领悟这句话：每一个细分领域中的优秀者，能力水平都差不多。一个奔走于城市街道的保险推销员、一个入不敷出的小店主，智力和能力并不比一个投行经理人差。但因为行业站位的弱势，即使他们在各自的行业做到极致，仍然很难比肩高价值行业里的最平庸分子。

所以，真正定义一个人优秀程度的，不仅仅是个体能力的提升，更取决于眼光和格局。眼光好是因为他看到了更大的系统，格局高是因为他站在了更高的位置，抓住了系统中的关键要素。

古代战争最讲究“一夫当关，万夫莫开”。优秀的军事将领心中都有一张战略地图，更知道地形、地势的重要性，他们往往只在要塞屯兵，率先占据剑门关、函谷关、潼关这些战略要地，其他广阔地带在他们眼里反而不那么重要。

长江商学院的校训是取势、明道、优术；兵法上讲天时、地利、人和。无论是商学还是兵法，都把借势和站位放在了个人战斗力之前。所以，与其慨叹时运不济，不如去挑选可以让自己占据顶端优势的领域，向系统借势、借力，为自己提速。

个人发展的顶端在哪里

先来界定一下顶端。

顶端必须同时满足两个条件：第一，你在一个高价值的赛道里；第二，你在这个赛道里具备高优势。

我用一个“顶端模型”来分解一下。

高价值=在投入产出比最高的赛道里。

高优势=在赛道里名列前茅。

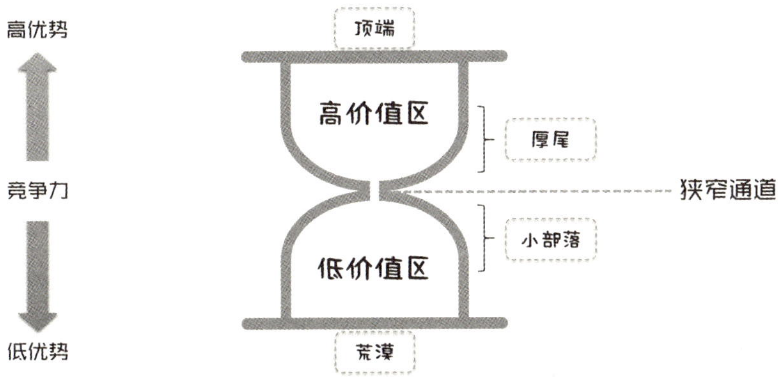

高价值-高优势

你是海洋里的虎鲸，你在高价值区的第一梯队，你是大公司里的高层、985高校的尖子生、高票房电影里的大女主。

高价值-低优势

你是海洋里的沙丁鱼，在高价值区的三四线徘徊，你是大公司里的小兵、985高校中垫底的、热播剧里的路人甲、热门演唱会上伴舞的。

低价值-高优势

你是河流里的鲶鱼，是初创公司的核心成员，是网剧里的戏份担当，是小部落里的酋长、土皇帝。

低价值-低优势

你是河沟里的小虾米，是夕阳产业里的十八线艺人。

为什么你还留在价值稀薄的地方？那里其实也不怎么舒服，但也许你已经习惯了。等到心气被一点点蚕食完，你就彻底困在那里了。

命运是如此不公，资源和财富正在加剧集中，但人类仍然有很多改命的“外挂”。不过，在开挂之前，请遵循3条原则：

1. 停止公平假设——阶层分化是开放社会的必然趋势，不公平才是世界的本来面目。接受它，你才能利用好它。

也许有人会说，咱们国家不是重修“反垄断法”了吗？未来，公平可期呀！我建议你先去看看法律原文，上面赫然写着：垄断行为指经营者滥用市场支配地位，排除、限制竞争。

反垄断法打击的是滥用市场支配地位、不当获利的商家，而不是扼杀竞争本身。小平同志推进改革开放的举措，第一条就是“打破平均主义”，只有先打破平均，才能实现真正的公平。

2. 提高眼界和识别能力——从关注小圈子转移到关注高价值区，并不断验证长期价值。

3. 提高站位能力和方向感——不要总在底层跑来跑去，要主动爬向M型社会的顶端。

正如迈克尔·波特说，大多数人想如何在同场竞争中跑得更快，而战略高手则是选择不同的赛场。

如何找到自己的顶端

“我想要成为学术领袖”“我想要成为顶尖的产品经理”“我要成为一个领域的大神”，你也许经常会在不同性质的聚会上听到这样的言论。

你若问他们想怎么做？得到的回答通常是：“我找到了一个偶像、一个标杆，只要我去模仿他，终有一天会成为下一个他。”

找标杆是好事情，但如果你是出于对个人的崇拜产生的职业期望而去做一件事，那将导致你持续失败。

个人发展很容易陷入一个误区，就是以学科、专业、技能来定义顶端。殊不知，所谓的专业只是别人实现目标后总结的手段，你去模仿这种手段，很有可能沦为“过剩产能”。

人类一直在尝试发明飞机，在观察了鸟类的飞行后，认为鸟能飞的关键是有翅膀。但是基于这种想法的尝试者都失败了。莱特兄弟提出了新的猜测，飞机的机翼也许不应该像鸟的翅膀，而应该像船帆。

这种假设的根据是，空气就像水流，飞行和航行的原理一样，都是借助浮力。在当时的物理界，没有任何理论支持这种猜测。随着飞机试验的成功，衍生出了一门新的分支学科——空气动力学。

如果一个人考入一所名牌大学的物理专业，接触到了空气动力学，然后用8年的时间（本硕博连读）成为该领域的学术大拿，就能成为顶端高手吗？

可能性不大——学科和专业根本不是核心竞争力，目标才是。就像当年莱特兄弟和其他研发者比的是“谁先把人类送上天空”，而不是在比“你借鉴了结构力学，还是我应用了流体力学”。

再来说这个学术大拿，他最可能的就业方向是进入一间民营车企，这种公司靠的不是研发，而是渠道（开更多4S店）。除非他日后成为F1车队的技术总监，参与顶级跑车风洞测试，否则学术能力就是屠龙之技。但是，F1一共就10个车队，能做到技术总监的，都是全世界最顶尖的研发者，关键是他们拥有多年沉淀下来的团队。

现在你理解这类人的困局了吧——因为**没有识别大家在竞争什么，即使非常努力地投入，也可能还没有入局，依然无法避免“身在行业内，魂在赛场外”的尴尬。**

这也是大多数人的困局——在当下的站位上，用着老套的方式，只在场外频繁跑跳热身，却期待不同的赛果。到底是这个世界疯了，还是我们自己不够聪明？显然，后一种可能性更大。

越是普通人，越没有先发优势，就越需要识别哪里才是“关键竞争地带”。

进入“关键竞争地带”

场外竞争者很难判断自己真正的竞争优势——如果**没有了解“关键竞争地带”，你就不会知道自己在和谁竞争？别人都在竞争什么？不知道这些，你又怎知自己有哪些优势？**

假如你是一家车企的老板，现在看到新能源汽车行业大热，并且有能力造车，抱着对马斯克的崇敬之情“All In”，是不是就可以在财务报表上添上浓墨重彩的一笔呢?

先来看一组数据，2020年特斯拉卖车亏损8.79亿美元。是的，你没看错，全球第一的新能源车企仅靠销售是亏损的。实际上，这家企业的财务报表显示，特斯拉全年盈收为正，利润是7.21亿美元。这意味着，除卖车以外，它还有别的业务贡献了收益。

这个业务叫作——碳中和。

什么是碳中和？我来为你解读一下。

生物的基本单元是碳基，蛋白质、核酸、糖，都是以碳原子为骨架构成的，人类最主要的能源也是碳基——生命死亡后，变成石油和煤炭等化石能源。

这是自然造物的鬼斧神工，但也存在着巨大的问题——化石能源燃烧后产生的二氧化碳释放到空气中时，像一层厚厚的棉被裹住地球，气温在短时间内不自然地升高，会带来洪涝、干旱、严寒、热浪等自然灾害。

过去，人类为了经济发展不太在意，但现在意识到，在自然灾害面前，人类的经济不堪一击。于是，在2015年的巴黎气候大会上，联合国成员国达成共识，要在21世纪后半叶实现碳中和——所有人类活动中排放的碳，都得想办法再吸回去。

政策是：

1. 碳排放超标的企业，必须接受惩罚，或者向别人购买额度；
2. 减排贡献大的企业，可以把节省的额度卖出去。

因为有大量额度可以出售，所以2020年特斯拉获得了16亿美元的减排盈收。据央视报道，《巴黎协定》出台后的五年间，这个领域为特斯拉贡献了33亿美元的纯利润。

从下图可以得知，碳中和才是车企的关键竞争地带，销售新能源汽车只是其中的一个细小枝芽，行业真正的竞争者可能来自特高压、节能科技等领域。

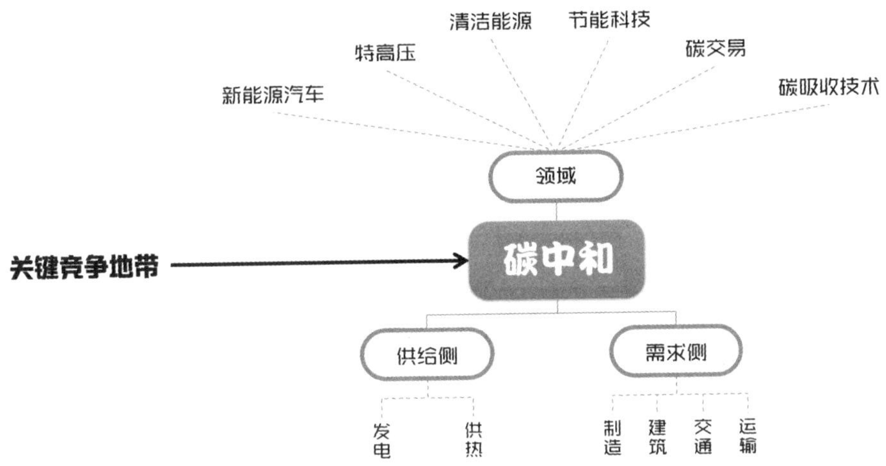

所以，只有你识别出了别人在竞争什么，进而知道谁在跟你竞争，最终才能找到自己的优势。在一条优势赛道上奋勇狂奔，才是真正有意义的。

碳中和，是中国未来40年重要的国家战略，我们的目标是2030年碳排放达到峰值不再增加，2060年实现碳中和——这是一条足够长的坡道。

回到我举这个例子的初衷，我想帮你划重点的是——**高价值区不是你在赛场以外就能参透的，个人定位的优势也不是你凭空就能想出来的。需要你先入场，或者大量结识内行圈子，观察到行业真实的兵力部署、侧重方向，才有可能知晓。**

如何进驻自己的顶端

跨越竞争门槛

全球股价最高的股票是哪支？是巴菲特旗下的伯克希尔·哈撒韦（BRK.A），已超过40万美元。如果你想成为伯克希尔·哈撒韦的股东，门槛是4000多万美金（最低持股量1手=100股）。

在大部分人的思维里，低买高卖是股票的基本操作法则。可就是如此夸张的高价股，却创造了无数的财富神话。伯克希尔·哈撒韦在过去的30年里，股价更是上涨了70多倍。

为什么越贵的股票越涨？因为在匪夷所思的高价面前，大部分人只能望而却步，对于散户来说门槛非常高，但同时投机者和空头的成本也水涨船高。这样一来，高门槛就成了相当坚实的护城河，只要不是遇到重大的天灾人祸，或者管理层自己出昏招导致内部瓦解，这一波的上涨趋势就很难停下来。

高价值的事情往往门槛很高，拦住了腿不够长、力量不够大、眼界不够宽的个体，从而形成了势能差。相反，如果所有人都可以轻松进入，价值就会被稀释，原本的优势也就不复存在了。

当然，价格只是形成门槛的一种形式，低价值与高价值的差距，更多是反映在思维层面的。

1965年，佛罗里达州立大学的橄榄球教练韦恩·道格拉斯发现，人在剧烈运动时的小便不多。他看到校队队员喝了很多水和碳酸饮料，但没有人上厕所。韦恩把他的观察告诉了肾脏医学教授罗伯特·凯恩。

凯恩意识到，队员们不停出汗会流失大量体液，增加肾脏的负荷，这可能是运动员容易疲劳的原因。他马上调制出一种通过补充电解质减轻肾脏负荷的饮料，并让低年级橄榄球队员试用。这支球队很快变得耐力超群，在球场上击败了高年级球队。这款饮料就是佳得乐——以学校体育部吉祥物的名字命名。现今，它开创的运动型饮料市场价值280亿美元，佳得乐在该市场中的份额超过70%，连续50年蝉联第一。

所以，即使你没有雄厚的资金实力，也可以通过建立思维差跨越价值上的门槛。比方说佳得乐的创造者，当人们纷纷涌入大众市场时，他们聚焦细分市场，这是通往高价值区的捷径，这个简单的道理是明摆着的，任何一个人都能听得懂。

可是，为什么大多数人仍然无法进入顶端高价值区呢？

因为缺乏耐心。越简单的东西，操作起来越是逆人性的，越需要耐心。很多个人成长专家告诉我们，要从兴趣出发找个人定位和优势。其实，感兴趣的同义词就是没耐心。

来了解一下兴趣的本质，它是一种生理化学反应——你的大脑会分泌一种叫作“内啡肽”的化学激素，它的作用和吗啡、鸦片等毒品一样，所以又被称为“内源性鸦片”。当你对一件事产生快感、兴趣盎然时，它就会从你的身体里大量地跑出来。

与之相反，寻找关键竞争地带，跨越门槛，往往是反生理本能的。在找到它之前，你不仅没快感，短时间内还可能经受知行上的煎熬，体验远远不及低价值的兴趣来得舒服。

所以，大部分人刚刚触碰到高价值的门槛时，就会下意识地缩回来，然后给自己一个冠冕堂皇的理由——我不感兴趣或者我不适合。

毕竟宣告“我没兴趣、不适合”太容易了，而承认自己需要改进太难了。更可怕的是，一个人经常这样做还会上瘾，在择城、择业和择友上困在底层，没有实质性地向上跨一层，无论最后怎么选，结果都差不多。

而好战略的第一条标准，就是杜绝个人偏好。因为即使是你最感兴趣的事情，一旦你把它当成工作，也一定会有感到枯燥乏味的时候。

我曾在国家体育总局的训练馆里，跟职业女子运动员打过篮球。那时我们在野球场很少输球，本以为有机会赢，结果却被人家虐惨了，甚至让一个比我矮半头的小姑娘一跃而起盖了帽。那一刻我才知道，仅凭爱好做一件事跟把这件事当成工作，完全是两个概念。小姑娘告诉我，她们平时大部分时间都要投入到力量、耐力、意识等索然无味的训练中，真正打球的时间其实很少。

同学总夸你说话幽默、表情丰富，最近《吐槽大会》火得一塌糊涂，于是你想发挥天赋，去做一名脱口秀演员。当你真正走上演艺道路，也许会发现这点优势在专业层面根本不入流，脱口秀看的是跨界整合能力和情商，而不仅仅是口若悬河、挤眉弄眼。

同样地，喜欢分析问题不等于分析师，混迹币圈不等于合格的投资人，解说员不一定踢得好球。你是场外选手，永远不可能知道专业选手在比拼什么。所以，到底是不是优势，需要你多点耐心培养职业素养，跨越那道槛以后才能知道，否则你以为的那点兴趣优势，在职业选手里只能是垫底。

建立差异化优势

《圣经》里有一个著名的故事，叫《大卫与歌利亚》。歌利亚是腓力斯丁人的首席战士，体型巨大，而以色列人大卫身材弱小。在大卫出征前，所有人都劝他穿上更厚的铠甲。

大卫却拒绝了他们的建议，因为穿上铠甲不过是在弥补自身防御低、力量弱的劣势，但无论怎么弥补，都无法改变战局——厚铠甲可以多抗几下伤害续命，但并不能扭转劣势。

而他真正要做的，是最大限度地发挥自己的优势——转身灵活、攻击敏捷、投射精准。于是大卫脱下铠甲，发挥速度优势，选择用甩石机弦远程攻击，最终战胜了巨人歌利亚。

现实中存在很多大卫式的人物，我印象最深的是比利·比恩。他是美国职业棒球大联盟（MLB）奥克兰运动家队的总经理。这支小球会长年战绩糟糕，到了2001—2002年赛季，更是跌入谷底，他们在前17场比赛中，输掉了14场。

比利·比恩决定改变思路，他在球员交易谈判时遇到了耶鲁大学经济学系的毕业生彼得·布兰德。他采纳彼得·布兰德的方案，开创性地将数字分析和统计工具引入棒球队的运营中。很快效果就出来了，运动家队连续赢得20场比赛，并在赛季尾声时将战绩追平了大名鼎鼎的纽约洋基队。要知道，运动家队所有球员的身价加起来，不及纽约洋基队的三分之一。

畅销书作家麦可·路易士听了比恩的故事，写了一本书《魔球：逆境中致胜的智慧》。2011年，这个故事又被拍成电影，这就是著名的《点球成金》。影片中饰演比利·比恩的是奥斯卡影帝布拉德·皮特。

在刚刚结束的2020年东京奥运会上，女子公路自行车的冠军被奥地利选手安娜·基森霍夫摘得。安娜也被誉为本届奥运会最大的黑马——在没有教练、没有队友、没有后勤和工程师团队的情况下，击败了素有“梦之队”之称的荷兰女队。

公路自行车向来是团队游戏，荷兰队因为团队配置豪华，近10年来统治了这个项目；谁曾想多年统治地位一朝被安娜终结。有趣的是，该项目的卫冕冠军荷兰人范费罗腾，因为看不到早早冲线的安娜，还以为自己获得金牌而振臂庆祝。当她得知自己只是第二名的时候，范费罗腾与队友们面面相觑：安娜，是谁啊？直到赛后，大家才开始了解安娜的背景，原来此卿是剑桥大学数学系硕士和加泰罗尼亚理工大学数学博士，她在赛前对本次比赛的战术策略做了大量的数学推演，并用数学理念安排自己训练。

大卫、比恩和安娜的共同点是什么？

他们都在用最科学的方式参与竞争，都掌握了差异化的决策模型。即使新能源汽车板块已是兵家囤聚之地，理想汽车仍然可以独辟蹊径，以“增程式电动车”为切入口，进入行业顶端。

价值越高的领域，竞争越激烈，越需要独特的优势，你要把自己的长板发挥到极致，当差异化优势足够明显时再进入，而这需要科学的计算。

看过《孙子兵法》的人一定都知道，第一篇是《始计篇》，这里的“计”，是计算的意思。可见，战略鼻祖孙武也认为，计算是一切战略施行的前奏。

为了让你更直观地理解，我用一个矩阵来呈现决策系统，并用四种动物进行类比。

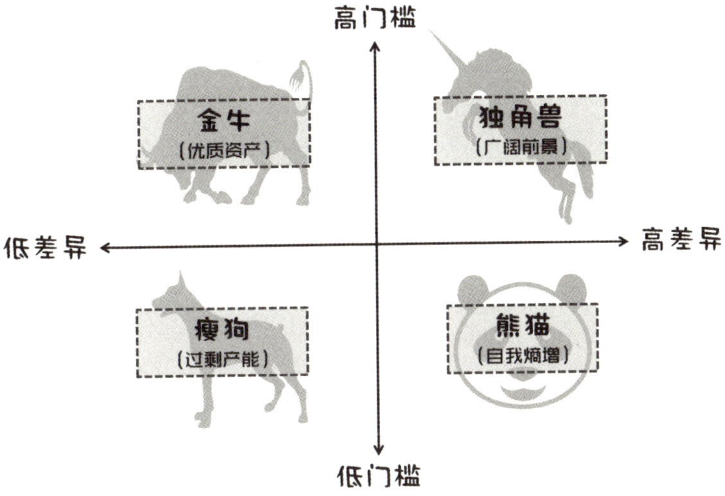

独角兽：高门槛-高差异

高价值区域里最有优势的个体，重兵放在“高门槛-高差异”两个维度上，兼具实力和广阔的发展前景。我们倒推一下，如果一个人在这两个维度上存在缺失，就会进入其他区块。

金牛：高门槛-低差异

相对优势的个体，他们或从事普通人无法涉足的领域，或更早进入了高价值区。比如早期香港无线艺人训练班的学员，有些颜值不高、演技也不行，但也能成为偶像、拿天价片酬，仅仅是因为进入得早。

瘦狗：低门槛-低差异

人群比例最高的芸芸众生，低门槛意味着所有人都可以进入，在一个新兴行业里，这类人的劣势不明显，但当需求被过量满足时，就沦为了过剩产能。这种人的命运可想而知，要么被淘汰，要么永远吃不饱。

熊猫：低门槛-高差异

翻开大熊猫的家谱，你会发现，它是食肉目、熊科动物里的一朵奇葩——唯一吃素的熊科动物。因为懒得追逐猎物，吃不到肉，就改吃素，既然获取不到蛋白质丰富的食物，就干脆咀嚼大量低营养的竹子。美其名曰有个性，实则是从河流里捞鱼转型到在大海里捞针。即使这样，大熊猫的野外生存能力仍然越来越差，如果不是人类救援，这个物种可能早就灭绝了。

大部分寻求差异化的个人和企业，就如同大熊猫，在逃避竞争。越是在低价值区里寻求与众不同，能力下滑越快，熵增越大。做一只快乐的大熊猫，结果会比瘦狗更惨。

我们不否认每个人性格不同、追求各异，各自的人生各生欢喜。但永远要相信一点，就是你即将走的路，别人都走过，你将要碰的壁，前人一定都碰过，你远没有自己想象的那么特殊。

彼得·圣吉说：鱼和熊掌是可以兼得的，只是不能同时得到，需要分清先后。有了这种意识，不重复失败者老路的决策原则呼之欲出：**“先锁定价值，再追求兴趣；先跨越门槛，再彰显个性”**。这是很多新手常常弄反的。

创业的顶端优势

初次创业者都希望站上风口，进入一个红利爆发的行业，这恰恰是最危险的思路。

红利期的第一批受益者是在相近行业观察了很久的人。他们在行业周边领域积累了经验、能力，以最快的速度迁移过去，从而成为行业开创者或者第一波享用红利的人。

若非如此，你只有在行业里挖掘剩余价值的份儿，既累还不讨好。风口不是凭运气就能碰上的，而是需要你先找到一个绝佳的**观测风向的位置**。

如果你从没有见过相关产业的真实数据，有人拉你去创业，愿景、使命一通招呼，跟你说只要有梦想和小目标，前方就是一片蔚蓝大海。去不去呢？坚决不要去。

今天的高手们同样深谙这个道理，摩拜单车的创始人胡玮玮，原本是《每日经济新闻》的科技记者，一直走在科技创业的前沿；高德地图和UC浏览器的总裁俞永福，早前是联想投资经理，涉猎电信、新媒体、移动互联网；悦刻的CEO汪莹曾在贝恩咨询负责投资板块。

这是一群早已站在绝好观测点上，可以相对轻松地辨别风向，看清哪里是要塞的人。一旦清晰，就集中兵力单点突破——古代将领通过旌旗和安营埋灶判断敌军的真实意图，今天的战略高手则通过识别市场释放的信号，决定进攻方向和兵力部署。

有五种信号可以辅助我们做判断。

信号一：市场两极分化

无论一个市场有多完善，也不可能兼顾所有人。就像当年的住宿行业，只有星级酒店和小旅馆，很多差旅人士住不起大酒店，但住小旅馆条件又太差。天上一脚，地下一脚，两极分化非常严重。这时，季琦提出了快捷酒店的概念，还做了一个比喻：酒店行业就像一个大鱼缸，星级酒店是鱼缸里的鹅卵石，快捷酒店就是鹅卵石之间的缝隙，这是留给我们的市场。

多年后，当快捷酒店遍地开花，成为住宿市场的主流趋势时，民宿又起来了。

信号二：需求过度满足

市场中经常会释放一个重要信号，就是用户不愿意为超过其需求的东西支付溢价。

高尔夫第一品牌Callaway就很好地捕捉到了这个信号——高尔夫是一项对专业度要求很高的运动，初学者往往要花几个月才能掌握基本功，这导致很多人还没入门就放弃了。其实爱好者们最想要的并不是把球打得多好，而是能先迅速上手。Callaway由此推出一款名为“加农炮”的球杆，通过加大杆头尺寸，让初学者更顺利地打到球。

在“一带一路”倡议下，很多过去时代的产物，在环太平洋西南国家，依然有巨大的潜力。比如在一些非洲国家，以太阳能作为主要供电来源。虽然太阳能的电压不稳，整体性能不如火电，但非洲没有“国家电网”，他们的需求不是更稳定的供电设备，而是有电用就行。

同样地，一些医院提供全面的健康检测，但真正体验的人却很少。这也导致依然有很多患者，直到患病晚期才开始了解自己的身体状况，因为全面健康检测，对很多人来说是一件很恐怖的事，人们真正希望的是自己不得病，机构能直接解决问题。于是，在防病领域诞生了两个龙头：华大基因和百济神州，前者的主打产品是宫颈癌疫苗，后者则专注分子靶向和癌症免疫。

信号三：用户身份错位

如果你发现身边存在一个市场——只有低端产品，虽然物美价廉，但却无法满足高端用户，这说明有一大群人在产品使用时会出现“身份错位”，他们急需匹配自己身份的产品。

比如，玫瑰向来是“求量不求质”的市场，但如果你想送一朵足够精致的玫瑰呢？ROSEONLY专门针对这个细分市场，做高端定制款玫瑰。

反过来，有些产品太高端，以至于用户在使用过程中都分不清自己是谁。比如，知识付费刚刚兴起的时候，一大批学者、知识大咖进驻该领域，他们在专栏、图书中讲的内容确实很好，既专业又有启发性，很多冷知识让人拍案叫绝，可时间一长，人们的自我身份开始模糊：“我又不是学者、研究员，学这些东西有什么用？”千聊、荔枝微课就在这个当口崛起了，提供更接地气、更匹配大众身份的知识。

信号四：用户时间错位

恋爱中的女生最期待什么？必然是心上人送来的鲜花。可是，偏偏很多男生太愚钝，只有情人节才会送花。如果其他时间也想要鲜花，却没人送怎么办？那就自己送给自己吧。鲜花品牌花点时间就抓住了这个信号，以女性取悦自己为切入点，推出鲜花月、年套餐。

类似的还有每日优鲜，买生鲜都是下班后去超市、市场，但白领们显然没有这个时间啊，那就不如把水果搭配好，直接送到大家的办公桌上。

信号五：用户对现状抱有不满

如果一件事让自己不爽，大部分人的处理方式是不吐不快。今天，吐槽是大江南北男女老少喜闻乐见的业余活动，但吐槽除了能吐出槽点，还能吐出经济来。

比如，过去的股票软件存在很多弊端，诸如只能在PC端操作，不能跨品种、跨市场查询和交易。2010年前后，这种不满达到了顶峰，各大论坛里的帖子纷纷吐槽传统软件，让自己错过了很多持仓良机。雪球、老虎证券遵从了用户的态度，推出了手机股票软件。

聪明的经营者不会一听到吐槽就义愤填膺，或成为吐槽大军的一分子，反而会广泛收集用户的声音，这里边往往蕴含着巨大的机遇。

很多人深究用户行为背后的原因，吐槽是因为在复杂的市场中没有统一的评价机制，甚至有人直接把评分评级做成了一门生意，比如大众点评、新榜、Zealer……

很多个人成长课程经常讲，要过不抱怨的人生，的确非常有道理。但是多数人转达这句话时内心的声音其实是："请你不要向我提任何反对意见"——那是奔着封别人口去的，实际上却是堵住了自己的耳朵和眼睛。

仔细想想，让人把真实感受说出来，总比憋在心里或找别人说强吧。毕竟，每个人都有倾诉的欲望。如果真的闭塞言路，你就是一个蒙眼狂奔的人，分不清方向，听不全需求，看不到层级，又怎么能站上行业顶端呢?

歌手杨坤参加《演员请就位》，演出结束，评委李成儒劈头盖脸就是一句"你这是超级模仿秀啊（言外之意是塑造角色失败）"。杨坤说："其实，我来这最大的目的，就是想听你说说话。"此言一出，评委反而不知说什么好了。一个受人瞩目的人，一定是褒贬同存，如果谁的评论区里清一色全是赞美，你也知道，那八成是水军搞的鬼。

一个人再有天赋，也没办法事事兼顾，在花团锦簇的环境里，大部分人都会遇到一个问题：花剌子模信使问题。

中亚古国花剌子模有一个古怪的风俗，凡是带来好消息的信使会得到封赏，凡是带来坏消息的信使会被送去喂老虎。久而久之，再也没人传递坏消息，全境内一片繁华盛世，歌舞升平。最终被蒙古铁骑歼灭。

真正的高手，往往会同时观察几个赛道，洞察游戏规则，参考赢家玩法，评估自己的实力，找优势角度切入。这时，公众真实的声音是最好的助力，即使有些声音不太好听，你若听得进去，就拥有了成全他人和自己的智慧。

不过，要区分的是，哪些是纠结家们怼天怼地式的吐槽，哪些是不带个人偏见、反映普遍长期规律的回复，辨别二者需要有大数据基础，一流高手往往也是组织和运用数据库的高手。

顶端不是拍脑门、画地图就能定下来的，高手战略也不是一眼就能看到的。他们知道，很多看似唾手可得的机会，都不属于自己；在属于自己的机会里，也不能急着出手，要等待信号完整顺畅地释放出来，他们追求的是大概率（51%以上）胜利。

至此，我已经介绍了进驻顶端的顺序：

1. 识别关键竞争地带；
2. 建立差异化优势；
3. 捕捉市场信号。

进驻顶端的顺序就是：在关键竞争地带定位差异化，在理想的观测点提前捕获市场崛起的信号，然后找准角度切入进去。

理解了进驻顶端的顺序后，再回想“敢为天下后”，你不得不感叹这种战略的高明。

绝不看到一个机会就眼馋，禁不住诱惑就一头扎进去。“敢为天下后”的精髓在于，先移动到最佳观测点，看看大家最看重的高价值区在哪里；在细小环节上谋求不同，同时观测多个市场信号，一旦其中某种信号持续增强，就重仓加码。

所以，你现在应该明白VC（风险投资）的逻辑了吧？先关注20%的顶端行业，再关注每个赛道中20%的顶端企业，然后锁定某家企业投入20%的资金，用杠杆思维撬动整个行业的声音。当某个赛道的关键作用力改变，信号持续增强时再补仓。市场给予后发先至者的回报，是顶端优势的显现，也是他们尊重规律应得的奖励。

成长飞轮：大厂校友的崛起之路

你也许会疑惑：“为什么你不直接告诉我哪里有机会，还特意用这么长的篇幅，来阐述选择的方法呢？”

首先，机会往往存在于小部分人先入局、大部分人还吃瓜的地带。

20世纪90年代，因特网刚刚传入中国，一小撮人出于好奇心，当起了个人站长——马化腾创办了Ponysoft、丁磊在宁波架设起火鸟BBS、张小龙写出了Foxmail，他们中随便拎出一个，都是当今商业圈呼风唤雨的人物。

不过，在当时的周围人眼里，他们的形象绝对不光鲜，而是另一番模样："成天对着一个呆里呆气的方盒子敲敲打打，不是傻子就是疯子"。

其次，机会不会单独存在，只有多点串联才会浮现。

最近几年，直播带货异常火爆，任何人花几分钟就能开一个视频账号，却不是人人都能成为李子柒、薇娅、李佳琦；真相是，他们的成功，离不开平台、品牌方、运营方、供应链的光环加持。

很多人被马云圈粉，倾慕于他侃侃而谈的风采，深深感到口才好真是件美妙的事，可是网上有不少大腕教表达的课程，到底有多少人学会了?

健全人都会张嘴说话，把话说好反而成了最难的事，几乎每个人都能甩出几个金句、段子，但要搞定一次高分演讲——需要有清晰的目标、触动的事件和敏锐的洞察力，最后才是精妙的措辞，张嘴说话只是直观呈现。

门槛越低的地方，个人想要突围，越需要综合条件的加持。

再次，机会是流动的，它会随着时代不断变化。

《增广贤文》里有一句名言：**"世事如棋局局新"**。

历史不会重演，但总是会押韵——复制一个Facebook，再造一个微软，绝对会一败涂地，百分之百模仿乔布斯、马云，一定死得很快；现象易流逝，规律永留存——我们可以观察卓越群体的行为、找到共通的规律、获得完整启发。查理·芒格说："人类只有学习了学习的方法才能成为高手。"

今天，如果你希望成为某个领域的高手，或者拥有应对未来变化的高能力，那么有哪些全面、快捷的方法值得借鉴呢?

一千个人心头有一千个答案，不过的确应该从高手的源头出发，寻找统一的答案。在我身边，有一群人，如今是各自领域的翘楚：现任国美CEO的向海龙、创业圈"人脉王"吴世春、清流资本创始人王梦秋、叫个鸭子创始人强亚东、素有李叫兽之称的李靖，他们都来自同一家互联网公司——百度。

作为广告平台，百度的一些商业策略的确还有改进的空间；但作为成长平台，它也的确是一片富有营养的沃土。

为什么百度会如此密集地涌现大咖？研究这个课题，刚好是我在2017年上半年的工作重心。那一年，我在百度任高级产品运营，我的上司李靖希望由我负责建立一个“影响力生态”——一个校友互助圈子。其中一个任务，就是观察优秀校友从基层成长起来的历程，解析其中的规律，影响和引领更多新人。

在两个月里，我访谈、调研了200多名校友及各界精英，其中包括基层员工、部门Leader、职业经理人、创业者、投资人，发现他们身上有着惊人的相似之处——那些在各自领域占有一席之地的人物，至少经历过三次突变。

这三次突变，环环相扣，逐级打破个人能力的天花板，启动下一层游戏，形成一个既精准、又可调节的闭环，由于神似钟表里的陀飞轮（Tourbillon），我把它称作**“成长飞轮”**。

第一次突变，嵌入系统——成为半专家

众所周知，百度是一家靠搜索起家的企业，产品前端就是一方窄窄的搜索框。然而，旗下却有28个部门。这么简单的业务，有这么多部门，是不是太夸张了?

我以前也纳闷，后来才发现，围绕搜索的核心——关键词，其实有很多文章可做——王梦秋专注搜索技术，为关键词匹配度和响应速度等负责；李叫兽聚焦品牌文案，主张关键词说人话，为用户体验负责；强亚东聚焦如何起用户记得住、叫得响的品牌名；向海龙则投身关键词商业化、搜索变现。他们在大系统中发现新的子系统，每个子系统中都有值得继续深挖的价值。

我在观察这些人的时候，联想到一个故事：

话说春秋战国时期，有个盲人半夜提着灯笼出门。

人们不解，跑去问几位大神。

孔子说：“他是为了给健全人照亮，所以提了灯笼。”这个行为体现了儒家思想——仁爱有序。

老子说：“他出门时手边刚好有盏灯笼，就提了出来。”这源自道家的核心思想——道法自然。

韩非说：“半夜出门必须要提灯笼。”这件事里蕴含着法家思想的精髓——以法治世。

面对同一现象，观察者从什么视角出发，就有何种解读，无论是诸子百家还是互联网大咖，不同的解读方式，决定了他们以怎样的方式切入系统和处理问题，这就是个人的差异化定位。

虽然人人都知道定位，却存在两类手法，一类人采取“专家型”策略——深度打磨一件事，追求极致，做到100分；另一类人则采取“半专家型”策略——发现系统中的空白，在空白地带修炼到只比外行高一点点，迅速做到80分。

在职场和商界，大多数人都存在误区：当人们看到同行业的大咖、大品牌，就会觉得自己没有人家专业，于是开始投入全部时间、精力恶补专业，可是越学越发现要学的实在太多，一下子几年时间过去了，你已经可以像你当年的模仿对象一样专业了，可发现依然追赶不上，原因是什么呢？

我们可以从新能源汽车上找到启发：一辆续航400公里的车，30分钟可以充80%电量，但从80%到100%，需要再充30分钟，因为越往上充对电压的要求越高。如果你每次必须充满再起步，那些只充到80%的司机已经开出去半小时了，按照国道最高限速计算，一个回合就被拉开了60公里的距离，几轮下来，人家从北京到上海了，你还在京沪高速某个服务区充电呢。

高手总在追求80分法则——用1/2时间把专业能力提高到80分，再用1/2时间研究系

统，寻找能力嵌入点和展现个人魅力，这样的精力分配方式催生了新型人才，比如“技术圈首席演讲师”“摄影圈里最会写作的”“设计界最懂文案的”……高优势的定位就这么成型了。

想想李小龙吧，跟着晚年的叶问学了几年拳，绝对算不上最出色的咏春弟子；到了美国，耳濡目染对电影算是有了点感觉，勉强能到80分，结果怎样？他成为那个年代电影界最耀眼的功夫明星，使截拳道的影响远播全球。

单项专家做到100分的时间，半专家在两个方面做到80分，可以成为160分的选手，这之间1.6倍的差距，使后者实现第一次成长加速。

电影《地心引力》描述了一个很有画面感的规律：飞行器依靠燃料在地球表面贴地前行，突破第一宇宙速度后，靠地球引力惯性就能飞行，燃料不再作为动力，只用来调整方向，这样飞得更快，而且更节能。

个人发展就像在宇宙中穿行的飞船，一开始靠努力（燃料）获得起步动力，然后靠定位形成的势能差（第一宇宙速度）突破个人能力的限制，最后借助平台和系统的力量（地心引力）飞得更远。

说到这里，专家型思维的人会觉得，我比一般人更努力，用双倍的时间把一件事做到200分，一样可以提速、实现突破啊。

其实，他们赶不上了，因为他们只看到了自我，却忽视了宏观环境的变化——**高价值系统必然会伴随高膨胀**：

2000年，中国GDP是12.7万亿元，2020年是多少？100万亿元！膨胀了将近10倍；20年前腾讯用户有100万，今天有11亿，膨胀了100多倍；世纪之初，阿里只有“十八罗汉”、百度只有“七剑客”，今天都是拥有几万人的大厂，多少倍都算不过来了。

刚起步的时候，整个系统只有1000分，一个人做100分，价值占比是十分之一；可是你提升到200分的这段时间里，系统到十万分了，个人价值就会弱化、同质化，直到可以忽略不计，直到你情绪油箱里那点匠心和激情燃烧殆尽。

你要相信一点，系统永远比你跑得快。真正的高手，都不会局限于小我，而是通过系统适配，建立势能差、时间差上的优势，即使这种优势在刚起步时很微弱，但在接下来的每一个关键节点上，都将会不断被无限放大，最终跑赢大盘，撬动成百上千倍的价值。

第二次突变，元素重组——从石墨变金刚石

在BAT历史上，涌现过很多青年才俊，其中不乏30岁之前就跃居高位的。他们不是关系户，没什么深厚背景，不少都是从基层实习生起步的，他们到底踩准了什么关键节点，才获得了远超同龄人的成绩呢？

来看一个真实的故事：

一个二级部门的实习生（以下简称“菜鸟”），想要加入副总裁直属的尖端部门。这样不仅能迅速转正，而且未来能拿到3倍薪水。

可是菜鸟学历上不占优势，只是一所普通大学的毕业生，拼不过那些985、211的研究生，走正规流程内部转岗肯定没戏。况且这位副总裁刚刚从海外归来，找不到任何中间人推荐。

最后只剩下一条路——直接往副总裁的邮箱发邮件毛遂自荐，不过，说什么呢？

几经辗转，这个菜鸟发现，副总裁最新发表了一篇学术论文，可以从中找点沟通素材。结果，打开一看，蒙了，一大堆最新的理论、术语、模型，根本看不懂，于是各种狂翻书、狂查资料，提炼了几个问题，弄了个一知半解。但自己这点认知，不一定跟人家对得上脉啊。

他脑洞一开，决定去找一位同部门的技术大牛，请人家中午到食堂吃饭：“大牛啊，我最近想做点技术研究，在学习这篇论文，有几个问题不理解，你给我讲讲呗。”

接过论文，大牛虎躯一震，暗暗称赞：“这小子可以啊，居然在研究这么高精尖的课题。”赶紧定了定神，恢复了气场，举重若轻地说：“行，我今天还有个会，明天下午老地方见。”

当天晚上，大牛彻夜未眠，刻苦研读了一整晚。

第二天下午，大牛把论文通透地讲解一遍，为了立住人设，还补充道：“这篇论文有一些见地还没办法论证……”菜鸟毕恭毕敬、虔诚地记下来。干吗？当然是发给副总裁啦。

可又遇到了新问题，副总裁往来邮件用的都是英文，菜鸟的英语水平很露怯，用翻译软件吧，表辞达意未必能保证得了，赶快找了一位英语六级的同学，连夜翻译完，发送，睡觉。

尊敬的副总裁，我是××部门的一名普通实习生，拜读您的论文，折服于您深厚的专业功底和深入浅出的解读（合理、具体的恭维），受益匪浅，有一些不成熟的见解，希望有机会向您讨教……（翻译过的大牛语录）

很快，收到了回复邮件，想必副总裁看到邮件心花怒放："一个小小实习生，能达到这个思考层次实在难得。"他以为是俞伯牙碰上了钟子期，立刻回信，附上自己的点评和私人微信。

这次，菜鸟拉上几个同学和产品经理，把大牛的见解、副总裁的点评和自己的理解综合起来，搞出来一份思维导图，根据思维导图整理出一套高品质的讲解PPT，扭头再发微信。隔了一天，菜鸟顺利收到了副总裁部门的Offer（录用通知），顺利入职。

不过，这种现学现卖的功夫，真的可以应对接下来的项目管理工作吗?

完全可以的，菜鸟无意间开启了最高效的被动技能——元素重组。在几次沟通中，菜鸟不断调用自己、他人和书本的认知资源，把散落各处的价值，通过一个具体目标聚合在一起，而且通过频繁的问题-解答的循环，逐步形成了自己对该领域的深厚洞见。

这个故事有些离奇，却并非个例——在科技园的食堂餐桌间、篮球场上、健身房里，不同部门、不同职位的校友在一起娱乐、闲聊，有了情感连接就会频繁交换意见，有时兴起，还会在餐巾纸上写写画画。如果目标一致、有人牵头，他们可以迅速组成一个小团队，集中贡献力量，这种现象在一个高自由度的集群里十分普遍，前面提到的大咖很多也都是这么过来的。整个过程类似阿米巴模式里说的联邦分权制[1]。

故事还有第二幕：入职后，菜鸟获得了组建团队的权力，他把之前帮过自己的大牛、同学、产品经理一并招进部门，很快连升数级。三年后，菜鸟羽翼丰满，决定创业，团队里的元老成了他的合伙人，副总裁则做了项目的天使投资人。比项目更重要的是彼此积累的信任——菜鸟重组人际关系的职业素养和回馈他人的品质，千金难买。

其实，**在很多行业，价值的显现都是重新组合的结果**。有一次，我和方文山的经纪人Kevin陈聚餐，饭桌上他对我说："周杰伦的每一首歌都是天才的杰作——在一些风和日丽的午后，气贯长虹就写出来啦。哈哈，我在跟你开玩笑，别被骗了。真相是，方文山在不固定的时间摘录、润色一些词语、句子，再集中时间，把一堆看起来不相干的

1 联邦分权制指一个公司由若干自治性的小单位组成。每个单位都对自己的工作绩效和成果负责。

元素组合起来，逐步调整顺序，周杰伦再结合意境匹配合适的曲风，才有了《青花瓷》《东风破》《烟花易冷》这些经典传唱。”

我们都有化学常识，知道石墨和金刚石互为“同素异形体”——它们的构成元素相同，都是碳单质。但原子排列方式不同：石墨是蜂窝状，金刚石是骨架状。

石墨的结构和外观　　金刚石的结构和外观

这点区别，反映在观感上，一个灰黑不透明，另一个纯净剔透；反映在硬度上，是5000倍的差距；反映在价格上，那是云泥之别。

人也一样，那些外表相似、年龄相仿的，有的还在苦苦摸索，有的却能率先发现底层规律，快速组合价值，正是这点区别，造就了今天同龄人迥异的气质和悬殊的地位，造就了历史上无数**“同生异命体”**（类似的生长环境下，命运不同的个体）。

1200多年前，“欧洲秦始皇”查理大帝统一了西欧（玩过扑克牌吧，红桃K上画着的那个人就是他）。

史料记载，他在20多岁时，率兵攻打伦巴德王国的都城帕维亚。国王坚守顽抗，查理见城墙坚固，易守难攻，没有着急，而是微笑着吩咐手下，在城门外修筑一座礼拜堂。

随军工匠们接到命令立马行动，收集建材、砌外墙、装内饰……

第二天破晓，国王登上城楼，瞬间傻眼了——昨天落日前，城门外还是一块平地，现在却屹立起一座十五米高、有格子天花板和壁画等装饰的天主礼拜堂。

伦巴德国王立刻明白，查理是个顶级的组合高手，自己万万不是他的对手，当即跪服、举国投降。

元素重组、序列重排加速了新生代的崛起，这是确定性的科学，也是可能性的艺术——理解了科学的奥妙，每个人都能迎来突飞猛进的成长；领会了艺术的灵动，每个人都将发现未知而强悍的自己。

第三次突变，能力迁移——游向高价值水域

未知的自己？有人可能会说，这不就是现代版的得陇望蜀吗？

可是，得陇望蜀也要专业对口才行啊。比方说那个菜鸟，要不是专业匹配，进了互联网大厂，能发生后面的事吗？

如果你也是这样想的，恭喜你，成功扼杀了可能性。

事实上，在牛人圈子里，比专业对口更常见的，是跨专业。

不信？咱们来看几个例子。

- 钟鼎创投的合伙人李叫兽（李靖），起步于管理咨询公司，实习生时代主要工作是做PPT；
- 香港第一自媒体人Spenser（陈立飞），第一份工作是在老家宁波的普通高中做英语老师；
- 《朋友圈里的尖子生》作者、罗辑思维营销顾问小马宋，毕业后被分配到炼油厂烧锅炉；
- 在纳斯达克敲过四次钟的汉庭创始人季琦，学的是机械工程，毕业后一天专业没干过；
- 乔布斯上大学一年就休学了，辍学后的他把大量时间投入到社区大学的英文书法课；
- 再往远了说，莱特兄弟在发明飞机之前，哥哥在杂志社做编辑，弟弟则负责出版印刷。

奇怪了，不是说隔行如隔山吗？为什么这些人能够轻松跨越行业间的壁垒，从贫瘠之地跳到丰饶之地呢？

答案是，他们都掌握了一门神秘技能——**能力迁移。**

- 李叫兽后来开公司、写公众号、募资，最常用的还是实习生时期训练的PPT能力；
- Spenser开讲座、做课程，当汉语表意模糊时，英文式的叙事技巧帮了不少忙；
- 季琦开酒店，小马宋做营销，最突出的是市场分析，这种能力得益于他们的理工科思维；
- 乔布斯推出的第一款产品——麦金塔电脑，其中的字体排版，基础来自当初的书法课；
- 莱特兄弟飞机图纸的原型，借鉴了大量科学家的专访内容和报刊中的科学文章。

在《知识大迁移》一书中，威廉·庞德斯德说："未来的竞争都是跨界的，你无法预知对手从哪个行业跳过来。"你看拍《屌丝男士》的大鹏，从互联网公司员工做起，跳到综艺主播，再从主播转到演员，接着从演员跳到院线导演，一圈下来，互联网思维有了，演技磨炼出来了，制片水准上来了，综合能力比专业学院出来的一部分正牌军强太多了。

人们感慨隔行如隔山，那是没观察到行业间的相通之处，困在认知峡谷里，不知道山与山之间有山根连接，火山之间还有熔岩连通。当一个人掌握了能力迁移的技术，就能走出山谷，逐肥美水草而居。

对于现代人来说，找到知识和现实应用的联结点比掌握知识本身更重要。过去，知识是在老师要求下学的，工作是在老板交代下做的；今天，知识和职业可以靠外部供给，联结能力却需要内在转化。

我大学读的是园林专业，在毕业8年的同学聚会上，有人问我在干什么，我说在做"企业战略咨询"，他们捂着肚子笑得喷饭，还模仿小品里的段子调侃："一个园丁，不看苗圃，看上兵法了。"想必他们不认为我有做战略的能力。

后来，我所在的团队被百度亿元收购，转型人工智能，这件事在当时成为热点，媒体深扒细节，把团队合影贴在网上，同学们用微信转发给我，附带留言："你看照片上这个人长得像不像你？"想必他们觉得AI和我，八竿子也打不着。一个人如果只从专业出发，我现在应该是工程监理或预算员，还是待在山谷里比较安全，起码天敌少啊。

我亲爱的同学们并不知道，我从大一开始就审视了自己的专业——如果只把专业当成谋生技能，太容易被替代了。如果我一直待在里面，收入和能力值再难向上发展，它让我看到10年、20年后的自己，我的耳边响起了佩索纳的话："你是活了一万多天，还是只活了一天，却重复了一万多次？"不由得背脊发凉。

不过，现在回头看过去，我在专业上搭建了底层能力——我理解了动植物的适应和进化机制，后来职业生涯中好多次遇到瓶颈，都是凭着这份理解突破的；再说人工智能，说到底是仿生科技的一部分；包括你现在看到的本章内容，其核心解读也是基于生物学：

有三种物质左右着物种进化：DNA、蛋白质和ATP。

DNA片段嵌入碱基，更改遗传信息；蛋白质通过重组氨基酸，建立新秩序；ATP充当能量转换平台——个体成长的Bug，在微观世界里找到了补丁。

纵观历史，能力迁移的故事并不新鲜，很多行业的开创者都是转行来的：奢侈品鼻祖Gucci的创始人Guccio出身酒店行李员；肯德基的创始人山德士上校以前是开加油站的。

只是，在他们那个时代，人们信奉"嘴上没毛，办事不牢"，Guccio直到42岁才开起第一家小店，山德士上校62岁才创立肯德基——没有网络，寻找系统切口，以及与陌生人协作相当困难，从白手起家到小有成就的道路相当漫长，这种转变迁移的过程不能叫突变，更贴切的叫法应该是"缓慢蜕变"。

跟这些人比起来，今天的年轻人幸运多了：

- 平台无限开源，展示自我的机会人人平等；
- 社会越发包容，为每个人都提供了平层连接、向上连接的机会，前提是多交流，别怯场；
- 行业频繁交融，过去，一技之长是手中的剑。今天，能力转化是心中的剑。有一天，你参透了其中的奥妙，能摘花御敌、飞叶成戈，也就明白了为什么扫地僧才是高手中的高手。

郑渊洁在《大人也能看的童话》里描写了这样一个场景：

校花早已知道同班同学中出了一个世界首富，她曾无数次捶胸顿足，咒骂自己有眼无珠，没看出那个形容猥琐的眼镜男的潜力。她看中的白马王子，如今只是个平庸得不能再平庸的工薪族小职员，每天最爱干的事就是观察家里电表上水平转盘的运转速度。

童话有点荒诞，却也是现实的写照——你身边，有没有当初不起眼，如今却让你刮目相看的同学、少时玩伴？当你看到与你成长环境相似、智力相当的同龄人，如今取得远超预期的成就，一定会感叹造化弄人。其实不是造化弄人，无非是系统的显现——命运早已埋好了伏笔，蛮力奔跑vs.多核驱动，谁强谁弱一目了然。

马克·吐温说：“人的生命有两次，第一次是出生，第二次是知道要做什么的那一天。”

看懂飞轮，真就不比看水表转盘复杂多少；如果你也是飞轮俱乐部的一员，登上通往未来的航班，品味着优势和激情的咖啡，望着窗外闪过的一座座里程碑，这又何尝不是成人世界的美妙童话呢？

贫穷的并发症

有个人出身豪门世家，可是到了他这一代，早已门庭衰败了。

他跑去问祖母：“奶奶，听说您小时候家里很有钱，有不少传家宝，怎么全都见不到了？”

祖母说：“本来是有些古董、字画的，可为了养活你爸爸和你叔叔、姑姑他们，都换成粮食了。”

他接着问：“那么珍贵的藏品，肯定换了不少粮食吧？”

祖母叹了口气：“哪有那么容易，还不够嘞，有时还得借钱过活；人呀，不图大富大贵，但求问心无愧。”

如果你觉得祖母很值得同情，那么当你为了养家糊口，不得不忍受乱枪打鸟式的指令，将精力投入苦差事中，还要用“但行好事，莫问前程”来宽慰自己的时候，除了这个世界的一丝怜悯，就再也得不到别的东西了。

千万不要相信“财富不重要”这类鬼话，就连孟子都说过：“民之为道也，有恒产者有恒心。”小平同志也曾点拨我们：“发展才是硬道理。”

针对贫富的话题，其实早有定论：真正的财富高手，是能识别价值的长期主义者。食物是短期价值，文化是长期价值；KPI是短期价值，品牌是长期价值；利润是短期的，信任是长期的。

从长远看，陡然而富很困难，但维持富裕并不算一件难事——如果一个家庭定投到长期增值的事情上，每年收益率是15%，50年后会翻1000多倍（$1.15^{50}\approx1083.65$）。剔除通货膨胀的影响，这笔钱也足够任何一个家庭保持富裕生活了。

这个策略听起来很接地气，可为什么多数家庭都没能实现呢？

因为心态。

《你好，李焕英》热映时，网上有个段子火了。

看完电影，我气得把家里电视都砸了。穿越到1981年，竟然第一件事是去买电视？

当时用买电视的钱去买深圳郊区的地，到20世纪90年代末能翻上千倍，然后用卖地的钱投资腾讯的原始股，十几年之后又会赚几千倍……

真是一手好牌，被贾玲打得稀巴烂！

由于长期的物质紧缺，穷人自然会把满足当下需求放在首位，优先想到的是物质满足，是如何满足口腹之欲，根本没时间思考长远发展的问题。

那些赚到第一桶金的暴发户，想得最多的是尽快享受生活，补偿自己因努力赚钱而错过的青春；当他们听到“再不疯狂，我们就老了”的口号时，很容易引起共鸣，哪还有额外的注意力投在教育、品牌、生产资料这些短期变化不明显但长期回报率可观的事情上。

如果从社会范围回归到我们周围的人和环境，你会发现，**贫富差距不仅反映在账户的数字上，更是“心态健康度”的投射**——心态越健康，越有雅兴去优化资产配置；相反，越是受过物质紧缺的洗礼，就越难想到5～10年后的事，越不去想，就越容易陷入劳而无获、小起大落的生活，加剧物质的紧缺。

既然财富不只是一个数字，而是一种健康的心态，那么保持富裕就不能靠抓住某个风口、掌握某种套路，而是先剔除导致健康失衡的因子，**从“短期救济”转到“结构转变”上来。**

贫穷心态和大多数慢性病一样——主疾病伴随并发症，主疾病往往不致命，患者多半死于并发症。

并发症一：应激敏感症

出一道题，考考你的判断力。

A市一家酒店预订火爆，到了晚上只剩一间空房，却同时来了三名散客；老板告知三人可以同住一室，但要付全额房费，每人200元；三人无奈只好交钱入住。

过了一会儿，老板动了恻隐之心："出门在外不容易，退他们100元吧。"吩咐服务生给他们拿过去。

服务生拿着钱，心想："100元三个人分不均啊。"于是抽出40元装进自己口袋，退了每人20元，一个顾客实缴180元。

问题来了，每位客人付了180元，三人一共是540元，服务生私吞了40元，加一起是580元。可一开始明明是600元，剩下的20元钱跑哪去了？

刚接触这道题，90%的人是懵的。为什么？

因为眼球都被故事桥段带跑了——在这次交易中，酒店的收入应该算上老板和服务员一共收的钱，本来就是540（600-100+40）元，这与客人们交的钱数是一致的。

这个故事暴露了人类的原始弱点——我们的进化并不完美，至今还保留着爬行动物阶段的脑成分——爬行脑（又叫原始脑）。爬行脑2.5亿年前就停止了进化，它没有学会思考，但支配着人的"第一反应"——在事件发生刹那的应激决策。

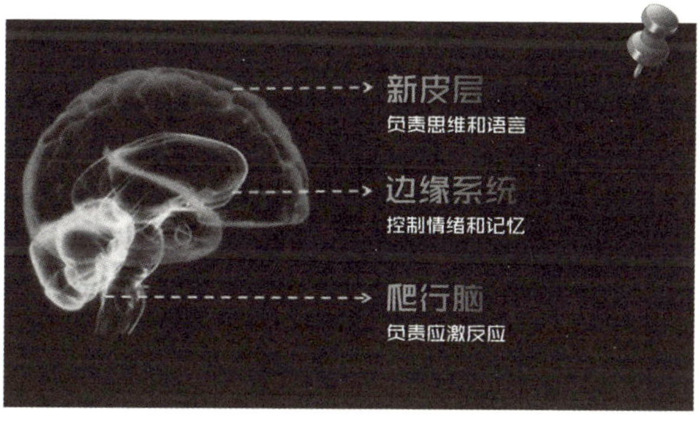

被爬行脑支配的个体，由于过分相信直觉，观察外界时就会失焦，丢掉重要的线索。长久下去，就会陷入财务混乱、工作凌乱、情绪紊乱的状态。

一代武学宗师叶问用10个字总结了咏春的奥义："追影不追手，重心不重眼"——高手对决，佯攻、诱敌频繁切换，你出招不能跟着肉眼走，而是要观察攻防距离，判断对手的意图，否则你以为的机会，很可能是对手故意卖的破绽。

当你面临择偶、考学、投资这些人生选择时，等同于在跟这个时代过招。因为一次误判（看错人、入错行、选错项目），你落了下风，这时你越想弥补失误来扭转局面，就越容易依赖爬行脑，本来只有一点劣势，却被一步步放大了。

并发症二：资讯浅薄症

相声《梦中婚》中，刻画了一个市井小民形象。

逗哏：等我有钱了，也得像大人物一样，过上挥金如土的日子。

捧哏：怎么叫挥金如土？

逗哏：顿顿鸭架子熬白菜，驴肉火烧，拉面要大碗宽条的加两块钱肉，存自行车我也不划价了……

捧哏：这能挥霍到哪去啊！

逗哏：对，这么有钱了应该买好车，买40辆奥拓，拿铁丝摽上，开起来跟火车一样，我就了不起啦。

这个段子听着荒诞，但也有现实意义，当你喝着"自律让我自由""比你成功的人比你还勤奋"的鸡汤时，其实也挺荒诞的。成功者更自律是一种错觉，勤奋和成功的关系，其实也没你想的那么绝对。

不久前，一篇题为"华为200万年薪招募天才少年"的文章在朋友圈刷屏，网友纷纷感叹：该有多努力才能赢在起跑线上啊。随之引爆的还有一张作息表。四名入围者之一左鹏飞的在校日常：

早上8点起床，8点半开始看书、做实验，11点半吃中午饭，下午2点到5点半做实验，晚上6点半到10点在实验室，每天学习、研究10小时，五年如一日。

如果仅仅凭勤奋就能取得成功，小编们去写一篇快递小哥的日常，肯定更催泪：

早上6点起床，7点到物流中心取快递，7点半开始配送，12点吃中午饭，下午1点送快递，直到晚上9点才吃晚饭，11点收工，日复一日，年节无休，风雨无阻。

快递小哥值得敬佩，他们坚守岗位，勤奋耕耘，但勤奋是快递小哥和华为少年的硬核区别吗？

必然不是。

华为少年的选择优在：读什么书？选哪个研究方向？做什么实验？如何应用研究成果？背后是有框架的——输入（信息）、加工（元素）、输出（组件），这跟勤奋关系不大。**小市民和低水平勤奋者，困在“平移思维”——处境限制了认知，还以为层次高的人和他们一样。**

观察世界的方式决定了人的境遇，而构建你我世界观的，一方面是资讯，另一方面是我们对讯息的归因方式。

人们常把“要么不做，要做就要做到行业最好”当成口头禅，实际上他们可能既没看过什么是最好的，也没见到行业全貌，此为“资讯浅”；把贫穷单纯归结于懒惰、富裕归结于勤奋，像孟德尔的蜜蜂那样寻求勤劳奖赏一样，就像被女神发“好人卡”的男生，总觉得自己不高不帅，此为“归因薄”——浅薄是一个人获取高回报的最大阻碍。

并发症三：观念分裂症

十几年前一个高温破纪录的酷夏，我出差回北京，在路边拦了一辆出租车（那时还没有网约车）。钻进后座的那一刻，我抓狂了——大热天儿，车上居然没开空调，我让司机先开会儿冷风再上车。5分钟后，我的情绪和舱温同步降了下来，车子才缓缓开上二环。接下来是一段魔幻的对白。

我问：师傅，最近生意怎么样？活儿好拉吗？

司机回答：前段还成，一入夏就差点意思了。

我追问道：你车上这么热，乘客肯定不愿意坐啊，像我这样甘心等着的能有几个？

他连忙解释：你说得对，可空调费油啊，本来就没活，再开不就不值当了嘛。

听到这，我在心里画了一个捂脸表情，因为实在不想抬杠，就终止了话题。

司机也很识趣地另起话头，从反垄断法聊到台海风云、从金融危机聊到英国脱欧，北京出租车司机侃大山的精神，他贯彻得相当彻底。

我十分纳闷，这位大哥讲起国际大事来头头是道，怎么却在眼前儿的小事上犯糊涂。

多年以后，我的这种困惑以另一种方式被解开了。接下来的岁月里，我接触了不少理论狂热分子，比如我身边有一类人，我们叫他小瑜吧。

小瑜订阅过很多专栏，脑子里装着很多模型，我的每一篇文章，他都会踊跃点评，还能附上一大堆理论，什么红桃皇后理论、鲶鱼效应、第一原理性、非连续性创新……一连串高大上的概念地毯式轰炸，让我“不明觉厉”。我想，干脆拉小瑜来做运营算了，可一打听他自己做了5年自媒体，阅读量最高不到300（流量高的未必是好的自媒体，可几年来一直没流量，肯定是卡在了操作环节）。

移动互联网时代，信息得来得太容易了，人们最常犯的错误就是拿来主义，把听来的信息当弓箭，看什么都像靶子：你天天听大佬们的言论，一套套宏观理论、国际形势、方法论……听得你心潮澎湃。当说话的佐料挺好，可对于化解你当下的困局，没有任何好处。

今天，**每个人都是自己的投资人，想在任何一个领域获取回报，都必须经历一个投入—产出的过程**——你投入训练，产出能力；投入娱乐，产出情绪；投入情感，产出人际。只不过，每一笔良性投入，都必须经过时间的发酵。

假如出租车司机空车开空调，接单率不会马上改善，但只要再等一等，电力上的投入就会换来收入的显著增长。可惜他不敢尝试投入，更没耐心等待产出。

因为射不中靶子，乱发一箭，然后围绕它画个圆圈，宣布自己射中了十环。做这个动作时，会出现“百发百中”的幻觉，正是这种幻觉带着很多人走向了平庸。

在一个你暂时触碰不到、无法测量投产比的地带，你听来的全是结果，根本看不到演化过程——人家投入了什么方案？应用了哪项技术？整合了哪些资源？为结果守候了多少个日夜？这些你统统看不到；事件爆发了、理论成型了，再去品头论足，仿佛人人都是神射手。

医学上有一种双相障碍病，叫作躁郁症，患者发病期间时而狂喜，时而沮丧。高谈阔论时觉得无所不能，回归生活又感到自己一无所长；狂热者的另一面，就是玻璃心，小瑜每隔一段时间，都会信心冰封雪崩，怀疑一切。

信息时代的主要矛盾，是人们日益增长的智商和渐渐失衡的心态之间的矛盾。我揭示这些并不是想要抨击谁，而是我们可以**靶向治疗——用时代的血清，方能克服时代的病原。**

接下来我们聊几个关键话题，谈谈高手如何稳定心态，从而克服时代的浮躁。

- 如何果断而不鲁莽？看准机会，建立优势。
- 如何理智而不消极？高水平勤奋，事半功倍。
- 如何老练而不世故？做自己，还能与世界和谐相处。

先胜而后战

李光耀：先胜而后战

李光耀，新加坡国父。在他任总理的31年间（1959—1990年），新加坡逐渐成为亚洲经济最发达的国家之一。

新加坡只有一个城市，但每当人们谈起，总会围绕着几个关键词：亚洲四小龙之一、国际金融中心、花园城市、官员廉洁。

可如果我们把时间倒回到1959年，却是另一番景象：污水横流、垃圾满地、住宅短缺，失业率更是高达21%。关键是这里自然资源稀缺，发展中的生产资料统统没有，连饮用水都要依靠旁边的柔佛州。

为了自救，新加坡只得申请加入马来西亚联邦政府，可就在1965年，马来西亚因觉得这是个鸡肋，将新加坡驱逐，史称“新马分家”。

李光耀在《风雨独立路》中说道："新加坡是个小岛，退潮时，只有214平方英里，曾是东南亚的心脏地带，随着新马分家，它变成了一个没有躯体的心脏。"

那么，李光耀依靠什么带领新加坡崛起呢？

总结起来就一句话——先胜而后战。

自古胜负都是兵家难料之事，有时候，一个不起眼的决策就能决定一场战局的走势。聪明如武侯诸葛，六出祁山北伐曹魏，每一次都因意外中止，无奈星落五丈原。"弹丸小国"新加坡和执掌国印的李光耀，何来的先胜而后战呢？

1988年新加坡国庆日，李光耀的献词是："我们需要的是果断，**如果出击时只需要一掌，就不要用上两掌。"**

这句话的背后，是他对于战略的深刻洞察——新加坡毗邻的马六甲海峡，在海上贸易繁荣的时代，是连接印度洋和太平洋的重要港埠。这个关口每年货物吞吐量是苏伊士运河的3倍、巴拿马运河的5倍。过去，这条海峡由马来西亚和印度尼西亚共同管辖，如今失去马来西亚庇护的新加坡，也同时失去了躺赚的特权。

这就需要重新调整战略——大力发展制造业，转型劳动密集型产业。于是，新加坡的战略目标定为全力吸引跨国机构。向全世界企业提供优厚政策，并通过淡马锡公司招揽各国工厂落户于此。可谓是"一支穿云箭，千军万马来相见"。用李光耀自己的话说："新加坡没有腹地，但却可以成为全世界的腹地。"

李光耀的这一掌，犹如金庸笔下的天下第一武功——降龙十八掌。单看每一掌，平平无奇，没有虚虚实实的精妙技法，用的都是实劲，但专克各种花里胡哨的功夫。从第一掌"亢龙有悔"到最后一掌"神龙摆尾"，把十八掌的力道集合，就能爆发出无敌的洪荒之力。李光耀气运丹田，内力加外力、自然之力加人为之力，集于一点，合力打出这一掌，也就无往而不胜了。

专注：一个阶段只能有唯一目标

如果只看外在条件，人与人之间的差距并不大，特别突出的人和极差的人都是少数。就拿身高来说，全世界最高的成年人叫瓦德罗，身高2.72米；最矮的人叫唐吉，身高0.54米。大部分人都在这两者之间。全世界男性平均身高最高的国家是荷兰，1.82米；排名倒数的越南也有1.62米，只差了11%。一般人的智商、情商、寿命也不会有200%的差距。

如果说你的时间和精力是你的兵力，那么你的智商和情商就是你的武器。

即使你再聪明，精力是别人的两倍，智商是别人的两倍，这够威武了吧。可一旦分兵三个目标，你马上就会被3个能力不如自己的选手击败。

这是给聪明人施加的诅咒——贪婪而不专注。

越是聪明人，反应越快，面临的机会越多、可能性越大。一做就能小有所成，轻松歼灭低段位选手，更加觉得自己无所不能，注意力就越分散。时代赐予我们无限的机会，却只留给我们有限的时间和才华。

可是，集中兵力、单点突破的力量，依然容易被低估。

李光耀深知专注和目标独立的重要性，他把新加坡规划为每十年一届——60年代劳动密集、70年代经济密集、80年代金融资本密集、90年代科技密集、21世纪知识密集。每个阶段都只专注一个目标，然后老老实实地攒人、攒力量，把篱笆扎得牢牢的。

成功往往是聪明人守拙的结果，所谓绝招，就是把简单的招式练到极致。

曾国藩：当时不杂，过往不恋

《孙子兵法》里说：**“胜兵先胜而后求战，败兵先战而后求胜。”**李光耀践行了前半句话，而清末名臣曾国藩从反方向诠释了后半句话——如果没有稳胜的把握，就不要开战。

李光耀是聪明人，曾国藩则是出了名的“笨人”。他信奉的哲学是“天下之至拙，能胜天下之至巧。”

曾国藩第一个“笨”，体现在早年求学的时候。先生说他读书速度很慢，反应比一般人慢半拍，先生没说错，他秀才考了九年才及第。就连他后来的学生李鸿章都用两个字评价他：“儒缓”。他父亲曾麟书更夸张，考了17次才勉强中了秀才。看来，曾国藩的笨是从基因里带来的。

曾国藩第二个“笨”，体现在人际关系处理上。李鸿章刚接任总理大臣时，曾国藩问他：“你打算用什么办法跟洋人打交道？”李鸿章回他：“我跟他们打痞子腔，跟他们耍无赖。”曾国藩严词制止：“不好，你要厚道。不管哪国人，都是人，是人就能讲道理。

你讲道理他就不会欺负你，即使挨了欺负，也只是实力差距带来的正常结果。”

曾国藩最“笨”的地方是在用兵上。他文人出身，不懂兵法，更不会四两拨千斤的诡道，他率领湘军对抗太平天国时，只有六字心法：“结硬寨，打呆仗。”

什么叫“结硬寨”？

好比湘军接到老佛爷懿旨：奉天承运，太后诏曰，命汝统兵十万，速速攻下天京城！接到懿旨的湘军跑到敌军城下，不发动攻势，先安营扎寨；然后无论寒风、骤雨或雾霾，都要修筑城墙，挖掘战壕。壕深两米、墙高八尺，墙外还要再挖一道沟，以防敌人的马步军轻松突破防线。

曾国藩打仗，动不动就挖几十里的战壕；很多时候，一道沟不够，通常是六道，就像北京城的环路，从二环修到六环。

左宗棠说他“用兵顿滞”，人家打仗讲究机动性，你曾国藩倒好，生生把攻坚战转成了防御战。相比之下，湘军简直不像一支作战部队，反倒像一支庞大的施工队。

对面的太平天国呢？说起来，洪秀全从金田起兵到建都金陵，仅仅用了两年时间。一路势如破竹，逼得湖北巡抚自尽、两江总督阵亡，鼎盛时期拥兵50万。可是，战斗力如此强悍的太平军，面对“结硬寨”却是一筹莫展。

你这气势汹汹准备决一死战，一看人家湘军，压根儿就没想跟你拼命，一轮火炮轰过去，没动静，对方继续挖坑。英明神武的洪秀全先扛不住了，战又不战，退又不退，是何道理？搞得洪秀全无所事事，索性舒舒服服享受帝王待遇吧。

这边，曾国藩和太平军缠斗了13年，终于熬到对方内部瓦解，先有东王杨秀清受猜忌被自己人斩杀，后有翼王石达开孤立无援被俘，等到时机的湘军于1863年一举攻破天京城。在最小伤亡的前提下，获得战争的最大胜利，靠的是后三个字“打呆仗”。

打呆仗的底层逻辑其实是专注于当下。曾国藩还有一句名言：**“未来不迎，当时不杂，过往不恋。”**意思是，未来将要发生的事，不需要你主动去迎接；眼前的事做好就行了，不要有杂念；一旦事情过去了，也就没什么可留恋的了。这才是真正的“活在当下”。

曾国藩“活在当下”的优势在于，**先让自己处于不败的地位，然后慢慢巩固优势，日拱一卒，最后准赢**。这和李光耀不谋而合。“笨人”和聪明人，采取的策略竟然惊人地一致。

库里：最准的投篮不靠手感

看篮球的人都知道斯蒂芬·库里。他是NBA季后赛历史上的三分王，保持着单赛季402个命中三分记录。身材瘦弱的库里，凭借一手无解的投篮技术，带队拿下了三座总冠军。他甚至间接改变了整个联盟的球风。总之，库里是一位划时代的球员、一等一的高手。

一次，有记者问道："你的手感为什么这么好？"库里沉吟半晌说："我投篮从来不靠手感。"

"历史最佳投手，投篮不靠手感，这太不可思议了吧！"记者一脸错愕地看着库里。

"投篮的秘诀是保持身体平衡。"库里继续说。保持身体平衡，就这么简单？记者更茫然了。

为什么历史级的投手，偏偏不靠手感？

综合命中率高出1%，够赢了

在高水平的篮球联赛里，高胜率球队和乐透区球队之间，输赢也只有几个球而已。一场比赛往往胜负差在两三分之内，上百个回合的攻防，最后还得看谁投进一个绝杀球。库里最让对手犯怵的，恰恰就是总能投进关键球。一场球拼下来难解难分——读秒阶段被绝杀，太让人崩溃了。

投进绝杀球的，难道不是手感最佳的球员吗？

不是，库里最准的那个赛季，整体命中率是50.4%，排在全联盟的第58位。2020—2021赛季三分命中率是42.1%，只能排第19位。

这份数据是有迷惑性的。库里虽然不是最准的那一个，但却是最稳定的，别人偶尔数据激升，他常年保持一个样——连续10个赛季季后赛命中率都超过40%；总决赛历史投中100记三分的，只有他一人。越到关键时刻，他越稳定，综合命中率往往只比对手高出一点点。

好手感是投手梦寐以求的东西，但换个角度看，却是个陷阱。人追求小概率成功的时候，正是自己状态最起伏的时候，成功了难免自我膨胀，失败了则心智摇摆，长久看，这样的人最容易生涯跳崖。大音之后，必然希声；大象之后，必归无形。

反而是保持身体平衡，长期比大部分对手高1%的命中率，用平常心投入关键球，胜率最高。至于那些偶尔神准的投手，别管他们。

好手感不可复制

库里解惑道："每个人的出手手型、姿势和速率都不相同，哪怕是同一个球员，在不同年龄、不同防守压力、不同位置出手点都不相同。"一个手感爆棚的球员，可以在一场比赛轰进7、8记三分，可一旦其他条件变了，他在最佳状态下的手感就可能是错的——**灵光乍现将成为一个人最大的障碍。**

因为好手感不可复制，无法迭代更新，所以灵光乍现，带有强烈的自我欺骗性。

很多创作型歌手的第一张专辑很惊艳，之后就再无佳作；很多品牌第一次搞活动创意十足，之后就泯然众矣；几乎人人都有偶尔冒出金句、好段子的才气，有当"半句话亚里士多德"的智慧，但只有很少人能写出好文章，更少人能写好一本书。

其实，无论是投三分，还是搞创作，无论是做饭、盖房、运营，还是投资、管理，背后都有一道道工序，你都无法仅凭一时灵感就能保持基业长青。郭德纲说，相声不讲才气，而是一门手艺；同仁堂说，炮制虽繁必不敢省人工，品味虽贵必不敢减物力，讲的都是打磨的工序。

反观有些艺术家，不惜吸毒找灵感，其实是不愿承认工艺不全、手艺不精。灵感无法复制，只好强行给自己找个辙。

从篮下1米位置投起

网上流传着很多库里的视频，很多都在展示他的变态级训练。有的是协调性训练，有的是敏捷训练，要求一秒内做出8次以上反应；其中最常规的还是三分训练。有一次，央视记者到美国奥克兰做了一次专访，库里展示了他的三分绝技，在三分弧顶、左右45度、左右底角投出100记三分，命中了94个。

但我印象最深的，是"从篮下1米位置投起"。

每场赛前热身，库里都会在合理冲撞区（距离篮筐约4英尺≈1.2米）内开始投篮训练，接着三秒区内（约3.6米）、罚球线（4.22米）、三分弧顶（7.25米）、LOGO区（9米以上）、中场线（12.8米）。他给自己定的规则是，如果一个球没进，就在投丢的位置继续投，直到投进才可以跑到较远区域。

为什么“从篮下1米位置投起”如此重要？库里自己的总结是：

1. 无论比赛当天手感好坏，这都能让自己保持信心；
2. 逐渐升级难度，可以测试自己的平衡感和发力的稳定性；
3. 无论比赛中有什么变数，你都能回忆起最基本的要领，及时调整回来。

好手感的欺骗性一方面是让你遗失核心技能包；另一方面是扰乱你的信心和预期，你带着侥幸心理进入比赛，一旦失去准星，就很难调整回正常状态。

要充分意识到，**好手感是成为高手的最大路障，反复咀嚼原始能力才是成为高手的坦途。**

纵观体育历史，那些常胜高手，统统遵循这条规律。“高尔夫第一人”泰格·伍兹，参加美巡赛，在自己没有比赛时，会在果岭练上五六小时3尺推杆；“台球皇帝”亨得利，只选择最简单的围球方式。

荷兰“足球教父”克鲁伊夫在运动员生涯拿过两次世界杯亚军，被誉为“无冕之王”，2016年他的传记《我的转身》出版。书中提道，他认为自己一生的辉煌旅程，源于一次小小的过人转身动作。

他把一个转身磨炼到至臻化境，随后，这一点点优势逐渐扩大，推动他成为一名历史级别的足球巨星。退役后，克鲁伊夫做教练带出了巴萨“梦之队”，做经理人打造了拉玛西亚青训，培养出梅西、法布雷加斯、哈维等足坛巨星。

高手明白，**所有的大获全胜，都是微弱优势不断放大的结果。**

先发射子弹，再发射炮弹

如果我们把视角从体育扩大到整个社会，应该也能看出一些端倪。

美国管理学家吉姆·柯林斯在他的著作《基业长青》里，探讨了一个问题：什么样的公司能够基业长青，他们有哪些不同于常规公司的特质？

柯林斯从过往30年兴替的20400家公司中，筛选出18家长盛不衰的公司，后来又优中选优，把视线聚焦到7家。这7家公司过去15年的市值增长，是同行的10倍以上，他希望从中提炼出10倍速公司的特质。最后柯林斯得出结论，并做了一个有趣的比喻，10倍速公司往往是“先发射子弹，再发射炮弹”。这与库里的“从篮下1米位置投起”和“克鲁伊夫转身”异曲同工。

“先发射子弹”，示意我们**“不贪胜”**，即当你看到模棱两可的时机时，要禁得住诱惑，回到你最具优势的区域，守住稳赢的局面；“后发射炮弹”，提醒我们**“不恋战”**，当你在一个区域做到命中率高出大部分人1%时，就需要沿着优势线路，发射新一波能力。

“不贪胜，不恋战”是一条极易被低估的原则。各行各业的高手屡试不爽，但因为太普通，反而没有得到足够的重视——新手总抱怨状态不佳，谋求一局翻盘，高手玩的都是持续迭代。

因为**新手找手感，败者博胜负，高手看概率。**

极致的手感，就是识破了手感的迷惑，从容地投出平凡的一球。一个明确自己在迭代什么的人，就不会被小概率的胜负观牵绊。赢多少不重要，重要的是在长期较量中始终领先1%。

小国领袖李光耀、“笨人”曾国藩、瘦弱的库里和克鲁伊夫，肯定都理解了这件事——进入顶端以后，就专注于核心目标，把优势能力砸瓷实。“不贪胜”让你无敌，“不恋战”让你精进。除非哪天你自己频频浪投，否则没有力量能让你失去顶端位置。

就像一颗小石子从高处落下，初始动能虽然不大，但在重力场的加持下，会产生可观的加速度，最后产生的动量也是惊人的。我们无法创造加速度，但却可以借助规律助推自己——在优势地带，静静等待那多出来的1%。

外挂清单

- 今天的世界，选择变多，成功概率却在变小。面对时代考题，低分考生选择题海战术，尖子生只做少量题型。
- 资源越丰富，机会越稀缺，在今天这个信息过剩的时代，“找好事做”比“把事做好”重要。
- M型社会的最大特征是资源分配的频率加快了，这意味着只要我们了解资源分配的规律，就能一次次撬动杠杆，穿越阶层。
- 顶端优势=高价值×高优势；识别行业的关键竞争地带，进入自己的顶端。
- 目标：努力做高价值领域的高差异个体，不要在低价值区寻求个性和差异。
- 敢为天下后：在资源和能力一般的时候，追求后发优势。
- 成长飞轮：高速成长的三要素是嵌入系统、元素重组和能力迁移。不要做死读书的专家型人才。
- 精神富裕先于物质富裕。贫穷是贫穷的结果，也是导致更拮据的原因。即使我们身处陋室，也该仰望星空。
- 胜兵先求胜而后战，败兵先求战而后胜。

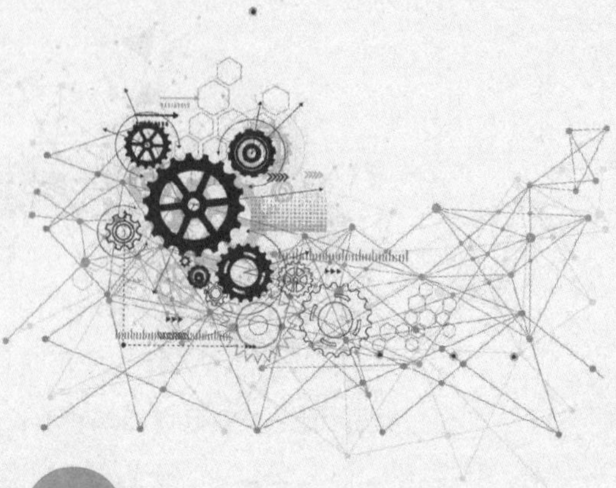

03

高手的眼界

用系统之眼，看见未来

在信息时代，每个人获取信息的机会是公平的，但认知的差距并没有因此缩小，反而越来越大，根本原因是眼界的差距——新手用肉眼看现象，高手用系统之眼看规律，便可制造现象，预订未来。

看世界：开源 · 通透 · 有梯度

在前面两章，我们提到了高手的外挂和选择。我继续延展，为什么这些在过去很多个世纪很少有人提出来？如今却成了个人崛起的常识？

到底是什么给这个时代带来前所未有的转变？是移动互联网还是人工智能？是个人品牌还是社交电商？这一切的内在动力是什么？

答案已经浮出水面，是“开源”。

因为知识源头的开放，跃升阶层变得容易，过去隔离的学科、毫无关联的人，不再泾渭分明，向上连接越来越简单，“站位好”和“很努力”的差距越拉越大。

因为技术源头的开放，我们不再封闭自己，不再较真儿地独自思考，而是挑选和模拟已经成功的路径、调用成熟的技术。

因为社交的连接开放，人们的命运缠绕在一起，也让这个世界变得越发包容，我们的角色和性格也不再是单一的，而是兼容了多元的品质。

世界越来越大，越来越缤纷多姿，个人也越来越自由，我们分批次地淘汰了顾影自怜的心态和狭隘的是非观，孵化出更加成熟的强弱观，变得越来越强大。

这是一个注定属于更加开放者的“大气层时代”。

过去的世界是二维的，就像在陆地上，山川会挡住视线，河流会阻断脚步，平行的人不会有交集；今天的世界是多维的，就像在平流层，重力的作用很小，你可以向四面八方移动。过去的职业，只需要关注一条线上的人和事；今天，你每扇动一下翅膀，都会搅动气流，扰动四面八方的人。

苏轼说“不识庐山真面目，只缘身在此山中”，指的是那些身处其中却不识系统的人。如果你看不见系统，就不能理解世界运转的规律，即使你沉浸在一个行业多年，依然是个“棒槌”。

我们被时代养育，可时代已不是你初见它时的模样。我们需要用全新的视野，重新认识这个时代。

系统：在变化中见到永恒

两位友人相约逛街，准时赶到约定地点，却谁也找不到对方，于是开始打电话。

甲：“我都到了，你在哪？我怎么没看见你啊？”甲边说边往前走。

乙原地转了一圈：“我早到了，也没看见你。”乙举着手机扎进人堆儿。

甲：“你开位置共享，我过去找你。”

乙：“我开了，我过去找你。”

我在西单图书大厦买书，走到顶层窗边时向楼下望了一眼，偶然捕捉到了广场上的这一幕：目测两个人相距不到20米，愣是10分钟没碰上头。因为双方都在动，当其中一个人走到另一个人刚才站的位置时，对方已经不在那了。

今天，是一个变化更快、干扰更多的时代，越来越多的人找不准方向，现代人的焦虑多半来源于此。因为他们只能看见现象、看不见本质，只见树木、不见森林；跳不出底端环境，你就见不到广场上的参照物，见不到系统。

那么，究竟什么是系统?

系统就是变化现象中那一股恒定的力量；系统就是复杂世界中那简单而有效的举措。

面对复杂世界，人们常说的两句话是，水无常形、存在即合理，其实都只说对了一半。

有机会去观察一下瀑布：奔涌的水流冲击水面的石头，石头的四周形成波浪，一层层地扩散开。这个波浪是变化的，还是不变的——构成波浪的水滴，每一刻都会被新水滴替换，是变化的，但是波浪的整体形状是不变的。

钱学森说，**系统是由相互作用、相互依赖的部分组成的具有特定功能的整体。一个系统最少要有三个参与者：元素、元素间的相互作用，以及特定的功能。**

在瀑布这个系统中，水流和石头都是元素，波浪是功能；波浪的形状取决于水流冲击石头的角度，是彼此之间的相互作用。瀑布展现了系统的特征：元素间的相互作用比元素更重要，换一颗石头，只要角度不变，波浪形状就不变，瀑布的功能也不变。存在即合理，其实还有后半句，只有合理才会存在。存在是因为暗合了系统规律，也会有一天因违背规律而消亡。

整个社会也一样。婚姻、职场、商业，如果相互作用没有改变，即使换人、换平台、换行业，也会掉进同一个坑里；封建社会只要制度没变，无论兴替多少个朝代、登基多少个皇帝，这个轮回都不会改变。

反过来，在组织中，一个人通过优化心智模式，迭代与平台的关系（比如从雇佣关系到合伙人关系），角度和相互作用一变，功能和价值也会随之改变。

人类总是先有感受，再有洞察。在洞察到系统之前，其实你已经感受过无处不在的系统了。

海洋里的每一滴水都是流动的，四大洋的形状是稳定的；人体的细胞每2~3年就会更新一遍，骨骼每10年代谢一遍，可我们的身体结构是稳定的；职业球队每隔几年就会换一批队员，但球队的技战术体系和名声是稳定的。

同样的道理，在一个市场中，商家和消费者是动态的，但需求是永恒存在的。

1983年，摩托罗拉DynaTAC 8000X上市，这是历史上的第一部手机，俗称“大哥大”。39年来，我们经历了大哥大时代，诺基亚时代，黑莓、三星、索爱、多普达、山寨机混战时代，苹果时代，以及如今的“华米OV”四大安卓厂商时代，手机的外观、操作系统经历了无数次更迭，早已不是当初的模样，但我们对于通信设备的渴望，从始至终未曾改变。

只要主体功能不变，即使替换所有元素，系统依然是恒定的。

假如有一天，可口可乐的员工全部离职，生产线全部拆除了，只要品牌还在，即使替换所有生产线，依然可以迅速重建。换句话说，没有哪个人、哪种材料是不可替代的。

《人类简史》揭示了一个真相，人类是这颗星球上唯一相信不可见系统的生物，正是这些不可见的东西让人类主宰了地球——信仰和精神不可见，却凝聚了人心，形成了国家和民族；市场和品牌不可见，却可以让世界见证一个民族的崛起；金融体系不可见，却紧密联系着每个国民的命运。

那些更早看懂系统的时代领袖，我们称之为高手。高手并非创造了历史，而是历史在他们身上显现；他们只是系统规律的肉身，不是他们，也会有别人出现。

通透：优先解决不可见层问题

众所周知，人类的视力可以看见七彩世界——这些颜色是太阳光照在物体上反射出来的光粒子。

那么，是否还有被物体吸收，没有反射出来的光呢？

顺延这个思路，1801年，英国天文学家威廉·赫歇尔做出预测，在七色光之外，一定还有什么其他东西。为了验证预测，他做了一个实验。

让阳光透过三棱镜，折射出七彩光谱，准备9支温度计，7支放在七色光区域，另两支分别放在红光区以外和紫光区以外。结果显示，红光外较近区域的温度比七色光区还要高，这说明即使在肉眼看不到的地方，热辐射仍然存在，而且更强烈。这就是红外线的发现过程。

科学总是对称的，1801年，德国人里克通过氯化银实验，成功监测到紫外线。沿着赫歇尔和里克的轨道，科学家们又陆续发现了微波、无线电波、X射线和伽马（γ）射线——统称为不可见光。

不可见光的发现和应用，解决了许多过去无解的问题，随之而来的是航天、医疗、通信、能源等领域的连接也取得了重大突破。

很多伟大的企业，也是从不可见的地方入手，理想之光才得以照进现实。

1968年，英特尔公司依靠存储器业务起家，迅速成为行业巨头。可好景不长，70年代末，日本五大公司联手开发存储器，挑战英特尔公司的地位。英特尔公司逐渐失去市场，连年败退。

时间来到1985年，彼时的英特尔公司已退无可退。一天，总裁安迪·格鲁夫走进CEO戈登·摩尔的办公室，问道："如果我们下台了，你觉得新CEO会怎么做？"摩尔迟疑了一下，回答说："他会放弃存储器生意。"格鲁夫把热切的目光投向摩尔，说道："那我俩何不走出这个门，再进来，就按你刚才说的做。"

1986年，英特尔公司转变方向，专攻微型计算机的心脏部件——中央处理器，并重新定位：英特尔，微处理公司。

在这个20世纪最经典的转型故事里，格鲁夫口中的那位新CEO并没有上任，但他的这种假设，帮助英特尔公司转换视角，看到了以前自我视角中的盲区，切换几次视角，其中一个往往可以触发奇效。

最擅长此道的人，是高水平的台球选手员。一般台球选手在击打一个复杂球之前，往往会绕着球台走一圈观察球型；而高手即使站在原地，也能在脑子里勾勒出每个角度上球与球的位置关系，迅速找到最优的解球思路。

如果你也想拥有这项能力，一个行之有效的方法就是，**当你束手无策时，先建立一个假设——我的所见所闻不等于全世界，在我听到的信息、掌握的知识以外，一定还有更好的解决方案。**

超声波的发现就是一个很好的例子。18世纪意大利科学家斯帕拉捷发现，失去视力和嗅觉的蝙蝠依然可以自在地飞翔和捕食。原来，蝙蝠可以通过声音定位，它发出的声波，触碰在物体上返回来，可以为飞行导航。而这种声音人类听不到，我们的听觉只能感应20~20000Hz的声波，超出20000Hz的声波就是超声波，低于20Hz的声波叫作次声波。现代仿生科技利用超声波制造的"探路仪"，可以帮助盲人像健全人一样行走。

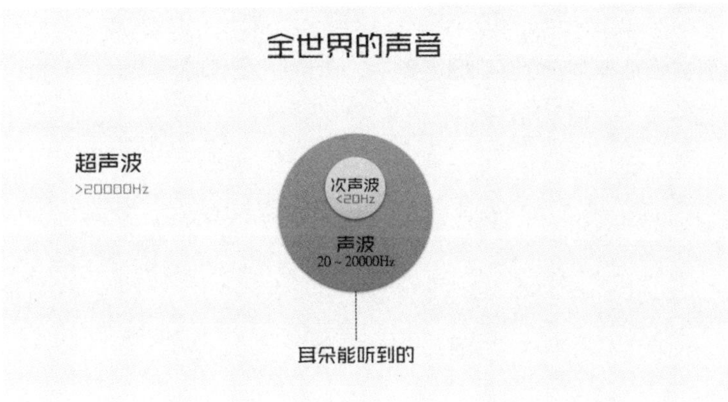

人类感官的局限决定了，只有我们不过分依赖直觉，才能真正“看见”“听见”全世界。

我最真实地“看见”世界，是在2019年6月。那一年，新商业IP峰会在深圳举办，组委会邀请我出席，希望我讲一讲IP的价值。

想要搞定这个主题，需要先搞清楚，什么才算得上IP？

我查阅了相关资料后发现，对IP的常规解读有三种：

- 第一种，IP就是知识产权，比如小说、剧本、音频、视频；
- 第二种，IP等于虚拟形象，诸如哪吒、皮卡丘、熊本熊；
- 第三种，IP可以是企业创始人自我代言，像陈欧、雷军、罗振宇，都算。

显然，这些现象人人都看得到，这些解读各有道理，但又都相当笼统。

IP与受众的关系是什么？相互作用是什么？功能是什么？

我继续发问，我写了五年公众号，那我到底算不算一个IP呢？长时间的困惑，让我感到愤怒，在搞明白之前，我决定无限期停更自己的公众号。

人们往往会低估一个未知领域的专业度，为了避免这种错误，我打算结识更专业的人。幸运的是，这次峰会的另一位演讲嘉宾——同道大叔的联合创始人李晗，恰恰是这方面的专家。

他告诉我：“专业的IP团队一般有两种模式，一种是授权模式，这个领域有代表性的是同道大叔、魔鬼猫、长草颜团子，他们通过卡通形象授权，与产品分享影响力。”李晗边说边向我展示了一张图，图中对授权范围进行了划分，有900多个细分品类，远远超出了我的认知。接下来，在众多细分品类中，IP团队往往会选择其中一个自己做产品，这就形成了第二种模式——产品专属IP。

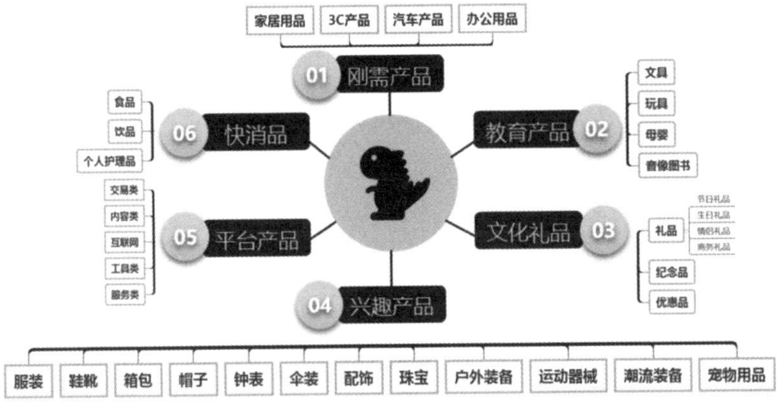

IP授权品类图

比如三只松鼠，IP和产品牢牢绑定：除了印刷在干果包装上，松鼠的形象还被制作成公仔，陈列在线下店；甚至出品动画片、表情包和图书，实现品牌的多渠道展示传播。

至此，答案揭晓，**一个真正的IP至少要满足三个条件：**

- 首先，它必须为产品和用户服务（元素）；
- 其次，它必须协助产品扩大影响力，降低用户识别成本、促进用户间的沟通（相互作用）；
- 最关键的，它可以跨越平台展示，无缝衔接线下、电商、媒体和社交场景（功能）。

我从这段经历领悟到，如果不能看到全貌，即使你做着和别人一模一样的事，也很难取得同等成就。

其实，我们的老祖宗早就悟到了这一点，并把它体现在了汉字里——“尖”字怎么写？它的结构，底下是一个“大”，上头是一个“小”。**一个人只关注行业内部已经不够用了，还得了解并行和交叉的领域，先扩大视野、再聚焦细分领域，才算高精尖。**系统学告诉我们，在做一次出色的决策前，你要先去认知圈以外，看到足够多的选项，才能做出最优选。

2015年，做了10年二级市场投资的高瓴资本，突然宣布要创业——进军养老产业。

可养老行业那么大，到底该从何做起呢？合伙人们纷纷提出设想，支持率最高的是开养老院。总裁张磊认为，国内不同于欧美，养老院模式不太符合国情，居家养老才是趋势，而居家老人最大的需求是陪伴——宠物将是未来的刚需。

于是，张磊力排众议，重仓宠物行业，整合上下游产业链，经过7年的布局，如今，宠物零售、食品、美容、医疗等环节，到处都有高瓴资本的影子。张磊能有如此洞察力，是因为在以往的投资中获取了大量的行业微观数据，又在数据对比中发现了最优切入点。

“不谋全局者，不足以谋一域”。遗憾的是，大多数人没给自己选择的空间，更无法识局，他们往往看到一个地方有利可图，就着急入场，只是出于一种“再不进入就来不及了”或者“捞一把就走”的盲目。但以盲目作序，终究会以潦草收尾，然后换个赛道还是一个熊样。就像《百年孤独》里刻画的那样，布恩迪亚家族的每一代人都做了很多事，却在一个个形式不同、本质相同的小循环里兜圈子。

很多时候，现实比小说还要魔幻，无数个人和企业经常会陷入“因为别人都在做，所以我们也要做”的可见思维中——个人IP很火，就学着别人开公众号、视频号，开发App，实在忍不住就自己动手写文案，满世界上台推销自己；大部分传统咨询公司依仗行业大数据、方法论、成功案例三件法宝，屡屡击中创业者，却不能屡屡奏效，成了时灵时不灵的六脉神剑。

说它灵，是因为过去100年这种思维的确帮我们取得了巨大的成就：工业时代，内燃机、流水线、化工材料的发明都依赖这种思维；传统贸易时代，各行业发展尚处于萌芽期，老一代企业家看哪个行业宏观数据好、有成功案例，直接杀进去总能收获红利，之后总结一套方法论，往往还能收获一波崇拜。

这些滋养了成功学的沃土——如果想要成功，最简单的方式就是对标一家企业，然后做加减法。根据这种思维，如果一个方法过去有效，那么将来应该也可以；如果一个举措小范围内可行，那么扩大规模应该也不错。但这种思路，放在更复杂的网络社会中，往往会顾此失彼。

想象一下，你是一个地方的交通监管部门的负责人，面对道路两侧违章停车的乱象，你会怎么做？

最简单的措施，就是提高监控力度，增加乱停车的罚金。加重惩罚力度，确实可以在短期内减少辖区内的违停现象，但更多证据显示，这种手段并不会带来秩序，反而会引发更多混乱。

为什么呢?

罚金虽然在当时当地起到了震慑作用，但是交通队很难做到无死角地监管，90%的司机还是会钻空子，在监管放松的地点和时段，乱停车反而加剧了；其次，其他地区也会采取同样的手段，这场打击违法—逃避监管的“猫鼠游戏”，会扩大到更大范围。各扫门前雪，积雪并不会减少，疏导交通的警力会投入到无止境的监管与执法中，进一步恶化这种现象，造成整个城市更加混乱、拥堵。

20世纪90年代纽约曾面临乱停车问题，增加警力、加大惩罚力度等举措效果都不明显，后来一项简单的策略改变了这个状况，市长下令大力清除街头涂鸦。原来，满大街的涂鸦会让人觉得“城市不规范，乱停也无妨”，而减少涂鸦会强化城市规范感。执法者只看到横七竖八的私家车，却看不到涂鸦对司机心理的影响。

今天，一叶障目的思维方式依然随处可见：

- 做慈善就是捐款捐物，扶贫就是给钱；
- 工作不行，换家公司就好啦；这届员工不行，换一批就好啦；
- 能力存在短板，努力补齐这些短板，收入就会增长；
- 商场如战场，干掉竞争对手，我们就能称霸；
- 让利润增长100倍，那就从1家店开到100家店；
- 害怕风险，那就多攒钱、买入不动产。

但是面对错综复杂的世界，这些短期、线性的思维方式都逐渐失效了，现实往往是反直觉的：

- 大量的物资投入到亚非拉的贫困地区，非但没有让当地脱贫，反而引发了更多社会问题。因为贫困是心智和信息的综合结果，得到援助的地区政府会不思进取，把贫困当成特色优势，如果哪一天，有人要替他们摘掉贫困的帽子，还会招来奋力抵制。《贫穷的本质》一书指出，大部分得到资助的穷人，倾向于先来一波消费，而不是获取致富信息。
- 很多人进入一家企业，只是试图挖掘公司资源，而不是想着大家一起创造和分配新资源，抱着这种想法，你换100个工作还是底层；反过来，老板应该去想顶层架构，把视线放在洞察趋势、理解用户、研究玩法上，而不是对着专业人士指手画脚，时不时指导一下创意总监出文案、盯着产品经理做原型，你有了这种顿悟，自然会撬动一流人才。

- 很多快速发展起来的人，并不是在一味补短板，他们相信，今天遇到的问题，早就有人经历过了，人家已经找到了更好的解决办法，所要做的只是顺应趋势。比如BAT三家互联网巨头的早期业务，分别借鉴了发达国家的谷歌、亚马逊、QICQ；在“一带一路”倡议下，我们这边曾经兴旺过的产业，制造、能源、电子商务，移植到相对落后的国家还可以再做一遍。过去，我们以别人为起点学习经验；今天，我们自己成为起点，带动周边共同发展。
- 竞争对手往往是共进退的，一个行业竞争充分，大家抵御风险的能力都会变强。相反，如果行业龙头衰败了，往往预示着整个行业日落西山。
- 盲目扩张的后果是边际成本递增，蚕食利润。你不是做了一个价值100倍的生意，而是把小生意做了100遍，每一个生意都存在无数变量。为此，众多企业为盲目扩张付出了惨痛的代价，海航重组、华晨破产、方正倒闭，一个个如雷贯耳的名字，或将成为历史的粉齑。
- 应对风险的最好办法，就是去制衡它。鸭绒价格上涨冲击羽绒服市场，服装商怎么办？买入鸭绒期货，对冲风险——鸭绒涨价，期货赚钱；鸭绒下跌，主业继续赚钱。同理，疫情会冲击很多行业，也会激活一些行业，比如在线办公、远程医疗；人工智能、虚拟经济会冲击实体产业，做实体的就重仓人工智能、虚拟经济。

在下图的一系列对比中，我们可以感受到可见层思维和不可见层思维的巨大差别。

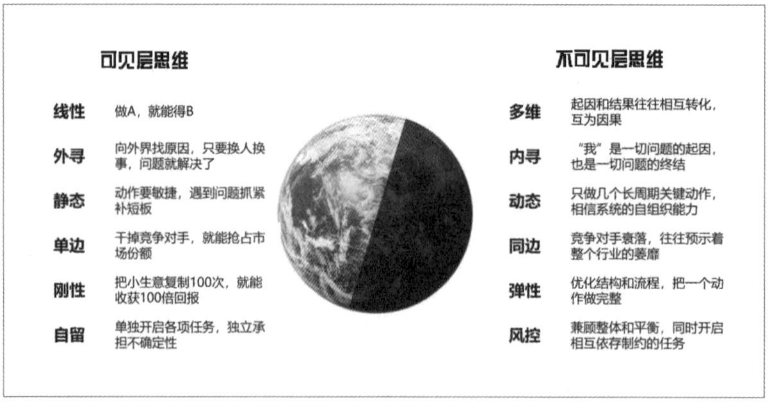

我们不能武断地宣判两种思维谁更好。在解决二维问题时，可见层思维更高效；在解决三维以上问题时，不可见层思维更省力。活在农耕时代和工业时代的人，更适应可见层思维；但在网络时代，人与人之间、人与机器之间的交互更频繁，社会问题、企业方案、人情世故背后都有着复杂的生态问题，只用可见层思维解决，局面会越来越糟糕，小问题会引发大麻烦。

底层世界的运转，往往不在你眼前发生，世界早已先你而行。如果你看不懂系统，就会被系统玩弄，永远无法理解事情的本质。不理解本质，就无法切换视角，无法调用足够的力量，你的人生就会被困在系统里。这不是能力问题，而是眼界局限。

有梯度：多生态位布局

在自然生态系统中，一般存在三个有机类群：

1. 从异体获取生存能量的**消费者**；
2. 可以自己合成能量的**生产者**；
3. 释放能量，供生产者重新利用的**分解者**。

简单说来，动物是消费者，植物是生产者，细菌、真菌是分解者；三者与无机环境相互作用，便形成了生态系统。

如果你生活的地方旁边有一处池塘，池塘里的鱼、水草和细菌微生物就组成了最简单的生态系统。每一个物种都在这个系统中扮演一个角色，提供一种特定的功能。

假如鱼群数量无限扩张，吃光了所有水草，就会出现大面积鱼类死亡，微生物就会从鱼的尸体中分解出大量无机盐，重新滋养水草，鱼类重新繁衍，最终整个系统重新回归平衡。所以，它们之间不是竞争关系，而是相互依存的关系。

真正的竞争存在于同功能的物种之间。假如某一天，你从外埠带回来几条新品种的鱼，放到这片池塘里，新鱼群和原住鱼群都从水草中获取养分，它们对整个系统而言，功能相同，两者往往是你死我活，最后只能剩下一类种群，另一类数量锐减，直至灭绝。这种现象叫作**“同生态位竞争”，即系统中功能相近的物种，为争夺同一片资源而产生的竞争。**

人类社会是一个更大的生态系统，每个人都处在自己的生态位上，政府部门、高校教授、企业高管、创业者、打工人功能不同，各有贡献。不同生态位上的人最易达成合作，反而越相近的人之间竞争越激烈。

比如当年和你报同一所大学的高中同桌，就是你当年最明确的竞争对手。如果毕业多年后，老同学重逢，对方已是大公司高管，而你是小公司创业者，你们不再处于同一生态位，竞争也就化为乌有了，接下来更可能的是合作。

生态位的概念提示我们，在自然世界中，物种只要抢占一个生态位，就可以活得很好。但在人类社会中，特别是今天这样一个多元的时代，高手往往同时布局多个生态位，他们的身份也是多元的。

过去很多人信奉个人定位，最好能用一句话形容自己的特点；今天，你会发现这件事正在变得越来越难。元璟资本的合伙人刘毅然，回忆当初投资小米公司的情景时说道："雷军当时始终说不清楚小米的定位是什么，他在半年之内提出过四五种定位，我们怀疑他没想清楚自己究竟要做什么，但多年发展下来，你会发现这些定位，小米可以全都是。"

今天，一个人可以既是创业者又是投资人，既是企业家又是大学教授，既是平台方也是用户。既有男性思维，又拥抱女性思维，很多新时代的独立女性甚至形容自己是雌雄同体。

人们越看懂这个时代，就越能理解——要适应多变的环境，生生不息，就要学会兼容，才不至于被某个跨界的对手一击即溃，死于某次物种入侵的突发事件。

清华企业家协会的监事长徐井宏，对适应生态角色有精彩的解读——江湖行动、商业思维、学者智慧、家国情怀。

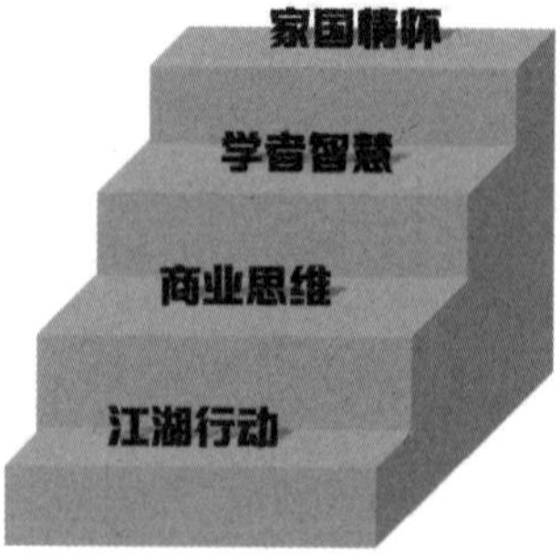

这是一个多元身份和多元处事的阶梯，正所谓“向上可与帝王同坐，向下可与乞丐同行”。这还有点像孙悟空的授业恩师菩提祖师，用佛家法号、有道家本事、行儒家做派，三教本领融会贯通，那是大才。

值得一提的是，徐井宏拿到了全国第一张“无经营范围限制”的营业执照，上面只写了三句话——法律禁止的，不得经营；有特许经营的，须取得特殊许可；除此之外，可自主经营。

当时还有人笑话他：“你到底是属于哪个行业的？建筑业？制造业？畜牧业？还是养鸡的？”今天看来，急于定义行业并不重要，重要的是你兼容了什么特质，成全了哪类人群，提供了哪种功能，达成了哪种合作。至于什么行业，还是留给后人评说吧。

这个时代，是一个信息爆炸、干扰变多、竞争跨界的时代，如果你被这些问题困扰，不妨从这三个角度重组认知，其中一个往往能推动系统性的改变。

- **开源**治愈信息爆炸，遇到问题，个人要先想“谁知道答案”，企业要先想“我要回答谁的问题”；
- **通透**解决干扰变多，见常人不能见，解常人不能解，方能得常人所不能得；
- **梯度**化解竞争跨界，警惕同生态位物种入侵，切换视角、多重定位、跨生态位合作。

看问题有穿透力无非两个方向：看得更透和看得更远。看得更透是通过系统透镜见到事物的多层级；看得更远是预见系统发展的路径，梳理过去和当下、当下和未来的关系，从容地解开缠绕。从这个角度来说，新手和高手之间的鸿沟，不是智力的差距、资源的不对等造成的，而是眼界宽窄和格局大小的结果。

所谓高手，既能见庙堂之高，也能见江湖之远。

看竞争：持枪者都是同盟军

无论军事和商业史上，同一家族成员分属不同阵营的现象屡见不鲜。

比如，三国时期的诸葛家族，诸葛亮为蜀汉丞相，他的侄子诸葛恪却是东吴的托孤之臣，担任吴国丞相；他的堂弟诸葛诞，在曹魏任征东大将军。

我猜你一定产生了疑惑："既然是一家人，干吗还要分庭抗礼，合兵一处难道不香吗？"

我想说的是，你无法在真正理解"竞争"之前，理解这个世界的运转规律。我们可以在很多历史和亲身体验中闻到硝烟味，但必须先回到最本源、最纯粹的地方——绵延千万年的生态系统，才能看清竞争的原貌。

只有竞争，才能让你更好地生存

随着大航海时代的到来，人类移居全球，许多繁衍了数百万年的大型动物，今天已经看不到了。马达加斯加的蛇雕、新西兰的孔鸟、澳大利亚的塔斯马尼亚虎……在今天的美洲、澳洲腹地，几乎没有任何大型陆生动物了。

但有个地方却是例外，那就是非洲大陆，那里被称作野生动物的天堂，成千上万的狮子、大象、角马、豹子在此栖息。

为什么澳洲大型动物在短短百年间集体灭绝，而非洲的野生动物却依然能够繁衍生息到当代？

这并不是因为非洲人更重视野生动物保护，而是非洲大陆的动物和人类共同竞争了几百万年。人类的存在，让非洲的动物不得不变得更警觉、更凶猛，以和人类争夺生存资源。相反，澳洲的动物早已适应了没有天敌的生活状态，当人类航行到此定居时，它们瞬间成了"傻白甜"，被强大的对手按在地上摩擦。

同理，在社会场景下，规避竞争的确可以为个人创造一段时间的舒适环境，贸易保护可以让企业迅速壮大，但也导致他们缺乏应对竞争的能力，一旦市场开放起来，这些貌似铜墙铁壁的个人和企业就会变成平原上的"活靶子"，任人射得千疮百孔。

在一个竞争充分的体系里，即使是尾部的参与者，也比缺少竞争的体系里的头名强。

最典型的例子出自体育界。NBA作为世界史上最成功的体育联盟，在过去30年里不断拥抱全球竞争，向全世界的优秀球员开放。反观我们的联赛，多年来一直贯彻有限竞争的方针/政策，每支球队只能签约2~3名外籍球员。

结果怎样呢?

CBA的冠军遇到NBA战绩最差的球队，正常情况下也要输几十分；即使让我们的第一名对阵人家二级联赛队伍，甚至大学球队，也难料胜负。

有人会说，还不是因为NBA起步更早，欧美人的身体素质比亚洲人更强吗?

那我们再切换到足球领域，来看看我们的邻国，与中国起步时间相近的日本、身体素质相差无几的韩国。曾经，韩、日的足球水平和中国不相上下，但最近30年间，他们在训练体系上学习德国、荷兰，在技术上学习巴西、意大利，分批次地向欧洲五大联赛输送球员，让本土球员参与最高水平的竞争。如今均已成为世界足坛一股不容小觑的力量，涌现出中村俊辅、香川真司、孙兴慜这样的世界级球员。反观我们，还在亚洲区苦苦挣扎，青训球员更是青黄不接。

“竞”是强者东风，“争”是弱者铁索

如果把“竞争”一词拆开，“竞”与“争”的目的相同，都是为了获取资源；但也有很大区别，它们的方向不同——前者看重竞技，联合其他人向外拓展；后者看重争夺，朝内部挖掘。正所谓**同向为竞，对向为争。**

作为社会的一分子，无论在学校，还是职场、商界，你肯定已经深刻体会过“争”的残酷。可若想进一步理解“竞”的微妙，就必须上升到生态的高度，设身处地想一想——现在给你一个操盘机会，成为某国单项体育协会的负责人或某个运动联盟的总裁，要让一门赛事繁荣，你会怎么办?

方案一：**本土保护**——出台硬政策：每支球队最多签约几名外援，给本土球员留出更多上场时间；每场比赛必须有23岁以下年轻球员出场。矬子里边拔将军，侏儒里边挑巨人。

方案二：**强队保护**——国家队的球员本来就不多，不如集中到一支或少数几支球队，最强球队代表国家的最高水平，所以要让他更强，最好连续拿冠军，来几波五连冠、十连冠。

方案三：**扼杀悬念**——强队赢弱队，大家心里普遍能接受，弱队胜强队可能会招

骂。这种思想也会左右裁判的潜意识，在判罚时尽量做出“能接受”的合理判罚，而不是为了延续比赛悬念。

方案四：**限制流动**——给球员出国发展设置障碍，你想啊，本来国内好球员就少，要是全跑了，不就更没人了吗？何况他在国外搞不好会丢你的脸，坚决不许出去。

强留不成就晓之以理：“你看啊，在国内顶级联赛强队当核心，怎么也比去国外弱队坐板凳好！”再不行，就利用群体的力量动之以情：“再说球迷们也舍不得你走哇！”

这些小决策会引发蝴蝶效应。

- 更高更快更强变成了更慢更弱更惨，球迷一开始带着感情看比赛，时间长了气不过，还不如去看NBA、欧冠、影视剧，起码有欣赏价值。
- 比赛还没开始就知道谁赢，赛季还没开打就猜到谁进决赛、谁拿总冠军。“年年岁岁人相似，岁岁年年一出戏”。观众越来越不爱看—转播权越来越鸡肋—赞助商投入度越来越低—一流水准的运动员越来越不爱来—整体水平越来越低。
- 比赛看似激烈，其实技巧性很低，大多是毫无技术含量的肢体侵犯。为了不经常中断，裁判不能按照国际标准吹罚，导致槽点很多。结果每支球队都觉得裁判在偏袒对方，球员动作越来越恶，老板、教练积怨越来越深，带头怒骂、殴打裁判的闹剧常常上演。
- 球员流动是双向的，出国发展难，国外球队普遍也不爱引进国内球员，太麻烦。久而久之，整体水平与国际趋势脱轨。
- 既然出不去，那就引进来吧，偶尔招募几个名头很响的外援，可要融入较差的整体，他们就不得不放弃赖以成名的优势技术和意识，引进外援也无法从根本上解决“脱轨”问题。

再做一步有趣的预测，想象一个你身边信息最闭塞、最平庸的人，如果把这个人架到同样的位置，你觉得他/她会怎么做？

想必也会出此下策吧——如果让系统里最平庸的人拍脑门决策，他也是这么想的，这些想法必然会带着整个系统走向平庸。

查理·芒格说：**“要想获得，先让自己配得上。”得不得是出自“内部争利”的视角，配不配则是出自“多维竞技”的视角。**

其实，只要切换一下视角，你就能轻松做出英明决策。

方案A：**重新定位**——第一，与其他联赛竞争。目标指向高水平竞技场，而不是本土球员练习场，不能干预球队的选才和出场计划。第二，与跨界赛事、综艺、影视剧竞争。目标是成为最优质的内容平台，设计有趣的挑战赛、完善数据体系、创建名人堂，融合各种文化资源，努力吸引观众、文化名人和优质赞助商。

方案B：**选秀大会**——每年举办一次选秀，并向全世界开放。弱队优先选择，这样弱队有机会补强，强队也不会变弱。而且，选秀权可以作为筹码，通过进行交易，强弱可能瞬间转换，球队运作会成为一大看点。

方案C：**分享版税**——联盟里的所有球队共享版权、转播分成，也共同承担裁判的薪水奖金。这样一来，球队和裁判成为利益共同体，大家都很期待比赛打得难解难分，最好来个加时赛（比赛越胶着，越有空隙插播广告，电视台越有兴趣购买转播权），更多的逆转、绝杀服务于增加比赛悬念。这样一来，即使裁判偶尔一个失误造成一方损失，也会想办法在后边的吹罚中弥补回来，大家达成共识，不会因为某次错判急赤白脸；球员间都很注意保护对手，只专注于技术层面的比拼。

方案D：**职业适配**——前、中、后期分层运营。

建立发展联盟，为年轻球员进入顶级联赛提供实战机会。

创立球员工会，为联盟里的中坚力量提供职业保障。

促进国际交流，为高水平球员提供国际流通平台。

完善职业规划，为退役球员提供转型机会、职业出路和养老保障。

- 规划1：转型教练岗，成为助教、主教。
- 规划2：转型媒体岗，成为评论解说员。
- 规划3：转型管理岗，进入球队、联盟管理层或成为工会领袖，并配以培训、投票制度。
- 规划4：养老金制度，从整体收入中抽出一部分汇入球员养老金，按效力时长和年龄发放。

别人走不走、来不来是人家的自由，你控制不了，但你的眼光和段位，却是可以持续迭代的。

当真正的迭代开始，就会形成良性循环——联盟服务于球队和球员，球队和球员服务于球迷，球迷的热情推高了商业价值，赞助商更有信心投入，转播质量提升了，青训也搞起来了；大家面朝同一个方向，每一层的竞技者都能从中受益。顶级联赛的操盘者，必然先让自己配得上“顶级”这两个字。

两种操盘思路的差别，有点像赤壁之战中曹军和孙刘联军的战略差别。曹军兵力占优，但人心不齐，争斗来自内部的水军和步军、马军——水军是收编的荆州部队，而且水军统帅蔡瑁被杀，陆军则是曹操从北方带过来的，为了照顾嫡系部队，于是搞个铁索连船；孙刘联军虽善水战，无奈兵少将寡，不得不借助天时，于是请出诸葛亮来借东风。

如果“竞”是借来的那股东风，那么“争”就是一条自缚的铁索。

把体育赛事运作的思路平移到整个社会，你一定会惊讶于很多人依然抱着“争斗心”而不是“竞技心”。在他们眼里，同行是冤家，他们恨不得马上废了竞争对手，以为那样自己就能活得更好。

可是别忘了，诸葛亮料到关羽会在华容道放曹操一马，也默许了这件事。因为诸葛亮知道，有时候**选择对手比选择盟友更为重要。**

暴风影音的前CEO冯鑫说：“当你有一身本领时，见了谁都想打一仗。”殊不知，你选择竞争对手的思路，会影响你的未来。

王晶在《十三邀》中回忆，20世纪中后期，香港电影人和台湾电影人互相视对方为劲敌，彼此都想干垮对方，独占海峡两岸市场份额。到了90年代，美国大片来袭，台湾电影业先露出疲软之势，紧接着香港电影也开始萧条，步入了漫长的调整期。

如果当初有人站在生态的维度，告诉那些了不起的导演、商人和运动员们，只要一次“国际大赛”就能把他们打回原形。他们一定会选择“比较强”，而不是“都很弱”。可悲的是，封闭的群体并不知道他们是“一起弱”，还以为是“都很强”呢。

滴滴、神州、Uber中国的高层，一定都懂这个小道理——与其窝里横，不如引入竞争；与其专拣软柿子捏，看不清自己的实力，不如各自成为一个领域的顶端，在高手过招中持续迭代变强。除非集体发挥失常，否则没有力量可以把你推下顶端。

他们理解的竞争不是毁灭对手，而是让自己进退自如——进入优势地带，主动靠近那股东风。

开放的赛场上没有输家

如果你稍微了解一点近代战争史就会知道，那些参战国，无论最终胜或败，战后的发展速度，都要远远强于绝大多数避战国。

这也很容易理解，想象一下，一个班里所有同学都在一条跑道上竞赛，有人跑得快一些，有人跑得慢一些，但总比那些呆呆地站在起跑线上不动的人强。

《战争论》的作者克劳塞维茨指出“创造明天的是今天，创造将来的是眼前”。当你痴痴地坐等将来时，机会就从你的眼前悄无声息地溜走了。克劳塞维茨在书中还写道：**“战争的终极意义，是消除战争。”**这句话在提出100多年以后得到了应验。

第二次世界大战刚结束，以美国和苏联为首的各国就展开军备竞赛、太空竞赛，他们还都想着有朝一日战场厮杀，企图一举歼灭对方，于是囤积了大量的原子弹、氢弹。根据美国科学联合会核武器专家汉斯的统计，各国核弹头加起来足以毁灭地球23次。只要其中有一个国家不冷静，拿出一小部分大规模杀伤性武器，就能隔空把对方城市夷为平地，甚至毁灭地球。

哪怕是小国，只要拥有核弹头，也足够美国这样的超级大国冒一身冷汗。如此一来，大家不得不理智一点。喝杯冰水压压惊，一想算了，没事打什么仗啊，还是把重心放在经济和科技发展上吧。

武器越强大，积极参与竞争的弱者反而越占便宜。在国家内部也是如此，当一个国家的经济、科技发展起来时，每个人都可以应用科技的武器对大型组织发起冲击，这种“便宜”越来越明显。

想想今天的谷歌、维基、知乎，不足1%的专业人士编辑各类词条、专栏，99%的门外汉都能从中获得收益，迅速拉平信息差、认知差。

在一个开放的赛场上，只要上场就没有输家。

不是说成功概率越来越小吗？现在又告诉我上场无输家？莫非作者忘记前边写了啥？

当然不是。这两个观点看似对立，实际上是同一枚硬币的两面：正面是你代表自己出场，反面是你和生态融为一体。你只代表自己就会有胜负，你做生态的代言人就永远不会败。

借着本书贯穿始终的民科气质，我本打算抓起主流理论和数据与你探讨：

- 根据遗传学的说法，生物都有繁殖过盛的倾向，通过过量繁衍来应对未来的不确定；
- 路透社一项民意调查显示，大企业纷纷建立冗余的数据库，却只有不到1‰能发挥作用；
- 个人经常照搬别人的“打法”，小企业经常复制大企业的“模式”，96%是在复制没用的那部分。

大纲已经列出来了，定一定神准备开写。还是先来听个故事吧。

故事发生在19世纪，主人公叫安德鲁·卡内基。

1881年某个阴雨绵绵的黄昏，安德鲁·卡内基在费城郊外送别了他的导师汤姆·斯科特。送葬的队伍散去，卡内基伫立在斯科特的坟墓前久久不愿离去，他的去世对卡内基是一个巨大的打击。没有斯科特，他不会有今天的一切。

12岁起，卡内基开始在匹兹堡当地的铁路公司工作，在那他遇到了公司总裁斯科特。斯科特对卡内基有知遇之恩，雇他做自己的私人助理。斯科特逐渐意识到，他是一个可塑之才，可以好好培养。于是，一路破格提拔这个年轻人。24岁时，卡内基已经成了公司总经理，负责铁路西扩项目。

美国内战后的发展堪称史诗，石油点亮了千家万户，铁路贯穿东西海岸。与此同时，铁路公司间的竞争也到了空前地步，谁的铁路能继续西扩，谁就能拥有先机。但宽1.6公里的密西西比河，却成了火车不可逾越的鸿沟。斯科特希望在匹斯堡建一条横跨河流的大桥——圣路易斯桥，用以连接两岸城市。他把这个任务交给了卡内基。

然而谁都不知道该怎么做，此前还没人有如此大手笔的操作，造出1.6公里的铁路桥。在当时，即使更短的桥梁，也有1/4的倒塌率。

卡内基既不是工程力学专家，更不是桥梁设计师，于是用大量时间走访专家。他找到了拱心石桥梁公司的詹姆斯·伊兹。两人三个月内研究了数百种方案，没有找到一种安全跨越密西西比河的材料。它们要么无法承载火车行驶的压力，要么难以抵挡密西西比河湍急的水流。

他偶然途径铁匠铺，看到炼钢的过程，找到了灵感，旋即决定用钢材建桥。但在当时，钢材制作工艺还很落后，一般只用来制作刀叉等小件物品，还从未有人尝试过用钢材建造大型建筑物。

直到他遇到亨利·贝塞麦，后者成功改进了炼钢工艺，让大规模生产钢材成为可能，有了技术保障，卡内基募集资金开工。

可谁知，由于缺乏经验和基础数据，工期一再延长，工程造价远远超出预算，卡内基债台高筑，一度欠款400万美元，资金链几近断裂。要知道，当时的美国还在实行金本位——1美元=1.5克黄金，400万美元绝对是一个天文数字。所以，即使大桥工程完工顺利通车，这笔债务也很难偿还。

卡内基失败了吗？

当然没有。他后来成了举世闻名的钢铁大亨。

全美各州纷纷效仿建桥，一时间，数千座大桥跨江、跨海而起，拥有技术优势的卡内基，成了众多桥梁的钢材供应商，1881年，他旗下公司的钢材产量占全美1/37。

由于技术的日臻成熟，卡内基又把目光投到了建筑行业，世界上第一座摩天大厦在芝加哥落成，承载薄砖墙的厚实钢架，正是由卡内基提供的。之后几年，钢铁的价格从100美元一吨锐减到12美元一吨，光芝加哥就新建了10万栋建筑。美联储前主席格林斯潘指出：许多标志性的建筑，都是在钢材成为主要材料后才建成的。2009年，福布斯公布史上15大富豪榜，卡内基以2812亿美元位列第二。

作为商人，卡内基的成功不足为道，可作为生态的搭建者，他成为一代楷模。

1901年，卡内基为炼钢工人设立了500万美元的救济和养老基金。接着，为帮助有志上进的青年，他在纽约市捐赠了68座图书馆。这个图书馆建设事业持续了16年，总共捐赠了1200万美元，兴办了3500座图书馆。他积极投身公益事业，几乎把全部财富都捐献给了社会。

如今，以他的名字命名的卡内基梅隆大学享有盛誉，该校的计算机专业排名世界第三，还培养出了13个图灵奖、20个诺贝尔奖、9个奥斯卡奖、114个艾美奖得主，以及无数个商界领军者。

先积极参与竞争，再培养后起之秀，给予新手实质的支持，同时我们仍要向伟大的对手致敬、学习。整个系统生生不息，越来越多的人成为强者，才称得上“共同富裕”。

看未来：循环·升维·可预期

跳出框架，才能看见未来

庄子在观察自然界的时候，被两种生物所吸引：一种是蘑菇，另一种是昆虫。

他发现有的蘑菇早上出生，下午就死了，活不了一个完整的昼夜；蝉只活一个夏天，不知道有四季。庄子把自己的观察写进了《逍遥游》，原文是“朝菌不知晦朔，蟪蛄不知春秋”。

庄子其实是在比喻一类人，他们受限于当下，看不到世间万物的周期性。

下次，你再遇到短视的人，千万不要动怒，要知道他可能是属夏虫的，拼命喧嚣几个月就死了。你对他描述冬天的冰雪，他没见过，讲再多他也体会不到，正所谓“夏虫不可语冰”。

今天，我们身边仍然生活着很多“夏虫人”，我尝试勾勒一下他们的轮廓。

越追热点，越被时代抛下

在很多人看来，赚钱就是追着热门行业跑。自媒体时代一来，打开手机就像打开水龙头，各种文章、有声书、短视频、漫画，就像自来水一样哗啦啦地流出来。个人创业的盛夏来了，男女老少都纷纷投身“内容创业”。

大部分人采取的方式就是蹭热点：

- 某明星黑历史被揭开，跑步入场也要点评一番；

- 某富豪登顶福布斯排行榜，立马说前任首富扛不住了；
- 某巨头企业第三季度亏损，火急火燎地写篇文章踩一脚；
- 听说新冠肺炎疫情在印度暴发，赶紧扒一扒印度的历史遗留问题。

可是，热点很多时候就像公共厕所里的卫生纸，你用我也用，很快就拽没了。有人想到了共享，拉个“内容创作者群”，抱团取暖。

我就多次被拉进这种群——成员大多是刚开始做内容或者准备注册平台账号的人，他们对写作、拍视频热情很高，还有人专门负责整理“今日热点”；刚开始“头像攒动”，嗡嗡声不绝于耳，两个星期后，一天偶尔跳出几条发言，再过一阵儿彻底沉寂了。一问才知道，95%的人更新了几次内容，发现没人看，就干不下去了。可是当下轮热点再浮现时，他们还是会义无反顾地扎进去，周而复始。

为什么追热点没用?

越忙越穷，越穷越忙

现代人被房贷、车贷、日常家庭支出压得喘不过气，怎么尽快摆脱这种生活，走向自由?

那就更努力一些吧，多加点班，响应号召支持996，再不济来一波007也行；可是工作总没个完，大脑长期高负荷地运转会断电，需要放松一下去旅个游。

但是，旅游需要钱啊，没钱赚的日子更难熬；好不容易踏上旅途，也没什么心思欣赏风景，盼着赶紧回去工作赚钱。这种生活，好像掉进漩涡里，越拼命扑腾，就陷得越深。

人在年轻时，都做过这样一个关于未来的梦——趁着青春年少努力赚钱，等赚够了钱就去享受生活。然而这个未来始终没有来，那些在职场拼杀十年以上的人，大都还在一个死亡螺旋里苦苦挣扎。

越证明自己，越得不到认可

职场中有一类人，总是着急证明自我价值，希望有朝一日，成绩和能力被赏识。但他们的做法，却又让上司很头疼。

“咱们这周的直播，准备得怎么样了？”

“没问题，我最近一直在加班，布景、调试灯光。”

“那你有拍摄经验吗？学过相关知识吗？”

“我也是第一次搞这块，咱们先完成再完美呗。”

在一番言之凿凿的自我展示和论证之后，领导也不想打消他的积极性。可执行效果很差，他自己倒还觉得挺满意的，满怀期待地等着上级嘉奖，却等不来一丝反馈。心里还在想，只要继续努力，是金子早晚会发光。于是，又投入到下一轮的努力证明中。

To B和To C，哪门生意更好做

做个人业务的公司总是羡慕做企业服务的公司：“咱们的付费用户加起来，还不如人家开一个单。”与此同时，To B公司也妒忌To C公司：“企服沟通成本太高，不如个人来得简单，流量大，容易成规模。”

一想到这，有人开始按捺不住了，抱着憧憬跳到对面阵营去，结果发现还不如原来好，大多数人兜兜转转一圈，最终又做回老本行。

在这些生活的纠结中，都蕴含着同一个冲突，我称之为“轮回冲突”。

佛教讲六道轮回，人们在轮回中无休止地循环；你今生的仇恨或善念，都是你前世的孽缘或福报，也是来世的因果、业力。我没转过世，也不知道存不存在这种轮回，但擦掉宗教的神秘色彩，轮回是人被困在小系统中的一种恰如其分的比喻。

我们在生活中常常遭遇轮回的冲突：

- 追热点—热点过气—再追—再过气……
- 缺钱—忙—没时间—更忙—更缺钱……
- 证明自我—不被认可—越证明—越没人认可……

- 追求规模—利润低—追求利润—规模小……

曾国祥导演的电影《七月与安生》，获得香港金像奖12项提名。影片刚上映的时候，我反复看了三遍，却没看懂。后来我接触了佛教的理念，才明白它其实讲了一个关于轮回的故事：两个女孩都对现状不满，同时羡慕对方的生活和秉性，她们相爱相杀，各自用了10年，终于活成了对方的样子。结果发现，即使完全变成另一个人，也不是想要的自己。

我们身边的人和事，以及长久的习惯，会渐渐形成我们的思维定式，也可以叫心智框架。你貌似在向前奔跑，却仿佛困在原地，是因为你遇到的问题，在你所处的框架里根本没有解。

除非你跳出这个框架，才能切断这种轮回。郭德纲说，大部分同行说不好相声，原因是他们只会说，不会演。“说相声”是相声演员的框架，“演相声”就是跳出这个框架。

当你把参透规律的注意力资源全放在了追踪现象上，精力耗费在循环往复的轮回问题中，就像一只宠物仓鼠，无论怎么加速冲刺，都逃不出那个疯狂旋转的圆笼，因为未来根本不在前方，而是在笼子外面。

升维：一切冲突的终极解法

夏虫看不到四季，并不是单纯的寿命短，更重要的是维度的缺失。**一个季度和一个年度之间，相差的不仅仅是时间，还有维度。**

人类社会的每一次进化，本质都是维度的提升。狩猎和游牧时代，哪里猎物多、哪里水草丰沛，人们就迁居到哪里，不用考虑四季变化，这是相对低的维度；而到了农耕时代，庄稼必须经历春播、夏长、秋收、冬藏，人类划分出了四季，总结出十二节气，这是相对高的维度。

任何冲突都有两种改变方式：一种是不改变原来框架，在低维度里折腾，这叫作**系统内改变**；另一种是上升维度，改变框架本身，这叫作**系统性改变**。

- 系统内改变：改变状态，改变感受。
- 系统性改变：对系统本身的改变，改变模式，从而改变结果。

当你陷入一场噩梦时，无论你在噩梦里怎么跑、跳、躲闪、叫喊、撕扯，都只是在系统内改变。除非你醒来，才能跳出这个噩梦，醒来就是系统性改变。

你无法仅凭梦里的动作就终止噩梦，所以如果当前采取的办法无效，就需要从系统内醒过来，通过升级模式改变自身系统。

不要追热点，要追周期价值

一个行业的红利期，往往只能维持3~5年，你高考填志愿时选的热门专业，在你走出大学校门的那一刻可能已经凉了。

但也不必过分担忧，一些行业经历一段时间的蛰伏，好日子是还会回来的。

比如动画制作行业，20世纪90年代末，国产动画片到了无人问津的地步，很多学动漫的毕业生纷纷转行，即使个别人成功入行，也只能偶尔接一点零活，做一些简单特效，拿着微薄的工资。到了21世纪，文旅产业崛起、IP兴起，动画电影票房大卖，一系列变化让这个行业井喷，一时间，专业人才供不应求，收入打着滚地往上涨。资本圈有一句话形容这种现象：利空出尽，就是利好。意思是，当所有坏消息都公布出来后，好消息就会接踵而至。正如《吕氏春秋》里说的，全则必缺，极则必反，盈则必亏。

很多人却走向了一个反面——看见高速成长的机会就跃跃欲试，撸胳膊挽袖子下场，比如看见内容行业大火，他们就着急忙慌地开始学新媒体运营、写作，激情澎湃地宣告：我开通了公众号、视频号，起了一个绝妙的名字，现在已经坚持了1个月，更新了十几期。

学习新技能固然是一件好事，可如果你的目标是希望赶上内容营销、网红IP这波热潮，可能就要掂量一下了。

当你真正开始做这件事时，就会发现你能想到的主题都已经被人家做完了，每个细分领域都有已经被封神的顶咖在那镇守。

纵观内容创业的发展史，在最近100年里经历了三次创作巅峰。

- 第一次发生在民国时期，当时国家动荡，各种思潮交叉融汇，这一时期，涌现出一大批文学巨匠，代表人物有鲁迅、巴金、矛盾、老舍、郭沫若、徐志摩、金庸、张爱玲……

- 第二次是在20世纪80年代，我们的民族在漫长的文化浩劫后，人民急切渴望充实匮乏的生活，涌现出王朔、余华、莫言、王蒙、贾平凹……有趣的是，他们中的绝大部分不是在创作高峰时期成名成腕的，而是在多年后才被公众所熟知。
- 第三次就是当下的自媒体时代，我们见证了一茬茬“当红炸子鸡”，就像韩国音乐组合一样，迅速升起，又极速过气。

只有少数大V屹立不倒，那是一群已经思考了很久和迭代了很多次的人——少年得到的董事长张泉灵，2000年是《东方时空》的主持人；《混知》的陈磊，大学时期就已经在考虑，如何用轻松的方式让大家记住枯燥的历史和科技知识；B站科技榜的UP主半佛仙人，小时候最喜欢的事就是在厕所墙上创作，毕业后进风投机构，见过很多行业数据，甚至学会了如何获取关注频率最高的标题、词汇。

这群人身上有一个共同点，他们不是在行业吹爆时才入局的，往往是在行业低位时建仓的。

他们过去在各自领域有不俗的积累，不管这个领域是泛大众的，还是小众垂直的，大都是熬死了很多人后才站上顶端的，行业爆发叠加在他们过去的优势资源上，形成了更强劲的竞争力。

无论机缘巧合，还是早已顿悟，他们都顺应了一个规律——**周期性成长。**

任何自带成长性的技能和行业，必然会经历下图中的四个阶段：种子期、成长期、成熟期和休眠期。

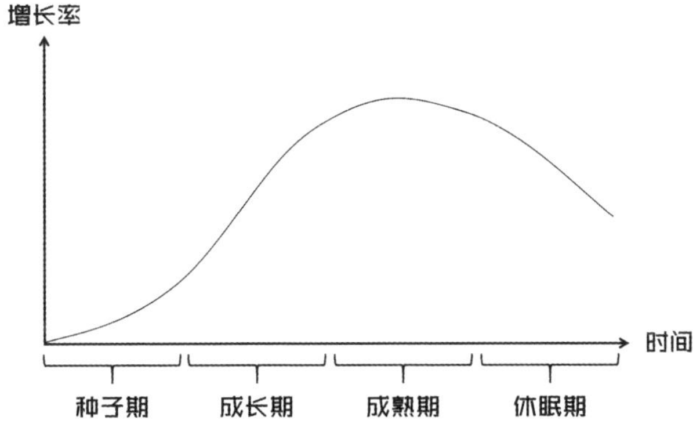

绝大多数追涨、追热门的人，都是在成熟期的尾声才看到行业机会的；可想而知，

这些人除了坐一把过山车，获得不了什么真正价值，再往前走，等待他们的是断崖式下滑。

王石说："我绝不追求超过25%利润的生意，既不是出于道德准则，也不是受过严苛的经济学训练，而是在这条路上栽过跟头。20世纪90年代做录像机生意，利润最高时达到300%，可最后一算总账却是亏损的。"

一个过渡型行业利润达到峰值时，往往意味着即将被新产业替代，你此时进去，是争着去点"行业冥灯"的。

很多媒体会列出今日热搜榜，建议你去借势，可时事影响不过三天，但基于系统规律的价值却可以保持很多年。**所谓大时代，就是所有元素叠加在系统上的循环游戏。**

一条永不过时的价值路线是，**突破今天的框架，等待明天的发展，庆祝后天的成功，**听起来像是老生常谈——种子期需要超过正常值很多倍的热情和智力浇灌，土壤上层很长时间都没反应，这时必须耐心等待幼芽跃出地表；成长期是借着突破临近点的力量，增速最快但也最易夭折的阶段；成熟期是达到巅峰之后增速放缓，趋于稳定的阶段；接下来，整个行业可能迎来漫长的回调，甚至是集体休眠，你要懂得蛰伏或者去埋新种子。刚开始这样做的时候，反而会耽误你赚快钱。

不是时间问题，而是模式问题

再来看大多数人面临的忙乱问题，我想先聊聊八小时工作制的由来。

我们今天能享受双休日和八小时工作制，并不是源于政府意识到劳动者需要保护，也不是工人运动、游行示威换来的，而是由工作模式改变而引发的系统性变革。为世界带来这种改变的人，是现代汽车鼻祖亨利·福特。

福特之前，汽车生产是手工作坊式的，每装配一辆车需要花728小时。直到1913年，福特T型车第一次采用了流水线作业方式，完成组装的时间缩短到12.5小时。在此之后流水线不断精细化，到了1914年，生产一辆车的时间已经缩短到93分钟。如此一来，工人的劳动时间被大幅度节约，福特成为全世界第一家把每天工作八小时写进章程的企业，在随后的几十年里，各行各业纷纷效仿这一举措。

忙乱的人想不到，或者说不敢面对更高层面的问题，于是反反复复在工作和娱乐之间纠结，用系统内改变代替系统性改变，一味改变节奏，其实是为了心智模式不用改变。

毛主席有一句名言："一切反动派都是纸老虎。"我斗胆改编一下他老人家的话：**"一切对抗更优模式的行为，都是纸老虎。"**

一个有望带给你精神和财务自由的工作，绝不会仅仅让你出卖时间获得报酬，而是通过流程和模式优化，获得超出过去很多倍的效率。对个人而言，真正决定几年以后不同的，恰恰是那些你旅行的路上仍然在积累、精进的东西。

如果意识不到这一点，其实就是一场场没有终点的轮回。

不是完成和完美的问题，而是专业问题

至于那位要完成不要完美的同事，其实他既不知道什么叫真正的完成，更没见过什么是完美。

当他开始自我证明时，只是为了掩盖自己——听不到指令、分不出主次、划不清边界。

越是有价值的工作，遇到问题越有可能是新的，新问题的更优解往往在我们专业以外，这些专业技能可能是别人读了4年大学、在多年实战中摸爬滚打才得来的经验。比如在直播中，机位摆设、演员走位、灯光、配乐、布景、脚本，每一点都够一个导演专业的本科生修一门课的了。对于第一次接触这个领域的人来说，几乎没有短时间内抹平专业差的可能。这时最好就是去连接，去找专业的人咨询，或者直接请来当顾问。

如果意识不到这个问题，你就会因为不够完美，索性先完成，又会因为完成度太差、质量太低而迷茫，陷入更加急于自我证明的死循环。

更可怕的是，这种求认同的方式会让人上瘾。毕竟，宣告"我能行"很容易，而推翻自己承认"我不够专业"太难了。《菩提心论》说，"一切烦恼的根源，都是因为我执"。执念会让你与团队、市场等外部目标渐行渐远。

其实，只要用更大系统的标准，重新定义完成和完美，每个人都能打破死循环。反过来，看不到系统性改变，你会永远重复系统内改变。更何况，很多时候系统内改变会

妨碍我们的系统性改变。

面对这种局面，“圣雄”甘地说：**欲变世界，先变自己。**其实是在提醒我们，只有改变自我的心智模式，才能看到周围世界的变化。

不是利润和规模的冲突，而是没有激活市场

To B和To C谁更好的话题，创业圈已经争论好多年了。如果我们升维来看，腾讯、阿里、百度这些公司，如果不是微信、淘宝、百度搜索积累的大量个人用户，背后的广点通、蚂蚁金服和百度推广也就没办法施展。你很难说清楚它们到底是To C的还是To B的。

企业面临的困境不是选择难题，而是无论他们选择哪个业务，都不懂得如何激活市场。

我身边有一位朋友，10年前做地产租赁（C端生意），7年前转型做LED显示屏加工（B端生意），2019年，他想到把两件事结合一下，切入安防行业——做楼宇门禁智能屏广告。现在已经在10万栋楼安装了自己品牌的屏幕。虽然投放成本很低，而且可以锁定小区分时段投放，但投放广告的人却寥寥无几。他提出一个想法——和小区周边的商户挨个谈合作，赠送推广位。

我劝他不要这么做，理由是现在大家对你产品的功能缺乏认知，盲目谈合作无济于事。这就好比你无法在结冰的湖面钓鱼。要想有所收获，必须先解冻——你可以等待春暖花开，湖冰天然融解，当然也可以自己在湖面上凿个洞。前者类似2003年的阿里巴巴，一场非典让很多外商无法来华，不得不选择网上交易，马云因祸得福——这是**天然化冰**；后者类似1996年的腾讯，当时大部分人不知道QQ是什么、有什么用，马化腾给它起了个“网络寻呼机”的名字——这是**人为化冰**。

化冰的方式是从用户的共性需求出发。先去做调研，看看人们有哪些过去容易做、特殊时期不能做的事，然后跟产品功能连接起来。

后来发现，疫情期间很多人没法正常约会，受影响最大的就是恋爱和即将结婚的青年男女。如果能包下整个小区一个时段的所有屏幕——远程求婚，既浪漫又能发挥产品的独特功能。与其把机会给那些不知所谓的商户，不如提供给真正需要的人。这样一

来，首饰、服装、旅拍、鲜花、伴手礼等婚恋周边市场就都被激活了。至于其他人群，暂时不要管，市场自会筛选。

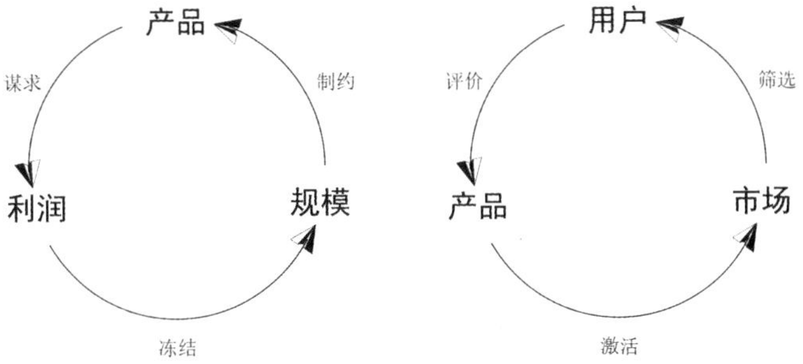

以产品为导向的循环　　以用户为导向的循环

如果你进入一个人尽皆知的行业，比如地产业、制造业、建筑业，不需要你去激活，这件事已经有人做过了。但如果你想要实现梦想，缔造出一个新型市场，那这一步就不可或缺。

事实上，很多人早已习惯了步他人后尘，而当杀进来的人越来越多，市场逐渐饱和、过剩时，他们不得不转型。可他们又偏偏缺乏一种视野——没见过一个市场是如何从萌芽到兴起再到成熟的全周期的——无法冷启动。

如果不能意识到这个问题，选哪个行业都不会好。所谓的转型，不过是在系统内瞎折腾。犹如《盗梦空间》里描述的那样，**你以为自己已经从梦里醒来，其实只不过是进入了另一重梦境。**

很多人在选专业、选工作、选行业的时候走向了一种轮回，要么A，要么B，要么二者都想要，产品、营销两门儿抱，其实都没什么本质区别。不断地试错—重选—再试错，正在变成一条顽固的调节回路，套住一匹狂奔的巨象，狠命往回拉。

对于轮回的破解，系统内改变是远远不够的，要改变系统本身。所谓**开挂的人生，就是我们的头脑在一次次打破小系统，奔向更大系统的途中得以升级；所谓高手，就是一次次冲破小时代，到大时代去看风景的人。**

《毛泽东文集》中写道：

所谓预见，不是指某种东西已经大量地普遍地在世界上出现了，在眼前出现了，这时才预见；而常常是要求看得更远，就是说在地平线上刚冒出来一点的时候，刚露出一点头的时候，还是小量的不普遍的时候，就能看见，就能看到它的将来的普遍意义。

未来藏在肉眼看不到的大系统和大时代里，未来属于能看懂它的人，此时此刻，只是彼时彼刻的一个影子。知识不会改变命运，除非它带来行动；行动也不会改变命运，除非它指向未来。

外挂清单

- 人与人的差距，是视野的差距。
- 造成视野差距的，是观测设备的不同。普通选手用肉眼观测世界，高手懂得用系统之眼看世界。
- 一个问题的答案，往往在视觉、听觉无法直观感受的地带。高手总是在直觉以外观测世界，寻找答案。
- 系统：由元素、元素间的相互作用和特定的功能三部分组成。功能比元素更值得关注。
- 竞争：“竞”和“争”，是两件事，同向为竞，异向为争。竞技可以让系统中的每一分子都变强，争夺会削弱系统的能力。
- “竞”是强者借来的东风，“争”是弱者自缚的铁索。
- 过去、当下和未来，组成了一个时间大系统，叫作周期。高手都是能感受到时代的节奏，周期性成长的人。
- 开挂：就是打破小系统，奔向大系统；未来：就是冲破小时代，看见大时代。

04

高手的装备

软硬实力，同步升级

在开放竞争的时代，软实力决定一个人的上限，硬实力决定下限；上乘的武功需要过硬的装备加成。

系统化能力：提供绵延不断的力量

大约3年前，我去高碑店红木街淘换家具，同时看上两张八仙桌——外观、材质几乎一模一样，标价竟然相差10倍。

“这锚定游戏玩得也太玄乎了吧！”，有心理学常识的我有点不屑。

店家仿佛看穿了我的心思，主动走过来说：“两张桌子的使用寿命差很多，所以价格也差很多。”

木材遇到冷热干湿的空气会变形，左边桌子（简称A桌）是一棵树上的整料做的，会整体收缩、膨胀，所以用上几十年甚至上百年都不成问题，能传世；右边桌子（简称B桌）是拼接的，如果局部变形，整张桌子可能就废了，用不了几年。”

如果让现代人选择增强自身的一个能力，在“优势突出”和“没有短板”之间二选一，我想大多数人会选择“没有短板”。

毕竟，木桶原理告诉我们，木桶的容水量取决于最短的那块板，你的上限也由你的短板决定，所以不要偏科、各方面能力均衡是最好的。

这种思路直接决定了，很多个人和企业一旦发现自己某些方面存在不足，最先想到的就是赶紧补课、学习新技能。

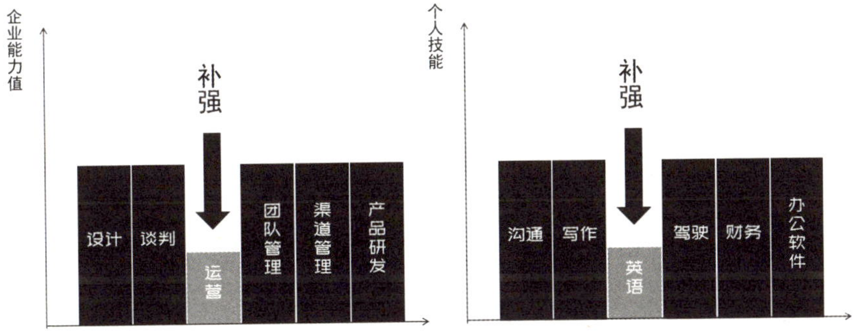

对木桶原理的传统理解

然而，这些所谓的新技能存在两个问题：

1. **时效不统一**——有些是长期能力，有些是短期能力，这可能导致你在一项即将过时的技能上花费很长时间，或者在眼前用不上的知识和能力上投入过多；
2. **技能之间不同源**——不是出自一块整料。不同源的能力会产生对抗，你今天听这个老师讲得有道理，明天又觉得别人的操作水平不错，可以模仿一下。这样一来，几种互相冲突的思想就会在你的头脑里打架。

你看这个路径像不像B桌的打造过程，拼拼凑凑，零敲碎打，看似热火朝天，实则没几年就得淘汰。这种狗尾续貂的策略，除了耗费心神，得不到什么实际收益，还很可能引发长期价值的崩塌。

而对于大多数人来说，**能力没有显现的原因并不是技能不够多、短板太明显，而是没有一项足够系统化的能力。**

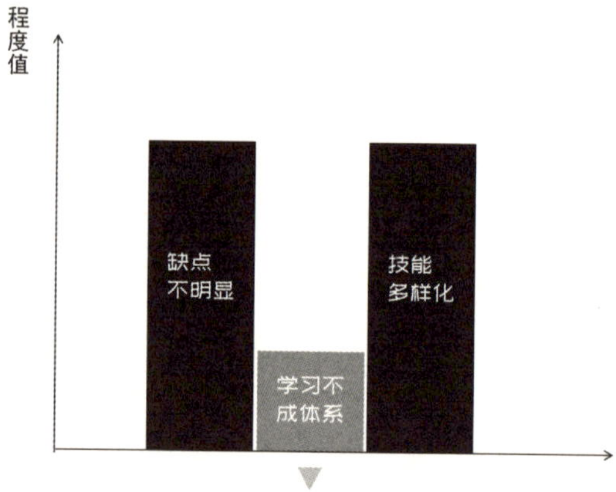

对木桶原理的现代理解

缺乏系统化能力的人，就像《笑傲江湖》里的令狐冲1.0版，武功平平却喜欢结交三教九流的朋友，被桃谷六仙打入六道真气后，由于内力不足，无法融合真气，结果求生不得，求死不能。

直到后来任盈盈带他到少林寺，求来方正大师的《易筋经》，进化出令狐冲2.0版，从此以后，他不管学什么武功都既快又好，还不会内力反噬。

世界上有且只有两种武功，一种叫**主动技能**（其他武功），另一种叫**被动技能**（《易筋经》）——它不是任何招式、技能，而是一种底层逻辑，通过疏通筋络，达到自然融合的境界。一旦掌握了被动技能，它就会提供绵延不断的力量，让你不必主动开启，却能触类旁通。

木桶原理是美国管理学家劳伦斯·彼得提出的理论模型，用来象征企业和个人的整体实力和竞争力的相对关系。如果想要进化出2.0版的自己，木桶显然帮不上忙，系统化能力有其他形状。

系统分层：上层结构决定下层资源

解决问题的本质就是在事物的多个层级施加影响，你看到的层级越多，世界对于你来说就越简单，你能解决哪个层级的问题，就是你的真实能力值的体现。

比如红木桌的生产过程，就是一个典型的多层级系统。选材—工艺—器型，层层调用。如果选材不佳，即使匠人的工艺再好，塑造的器型再典雅，仍然难成精品。

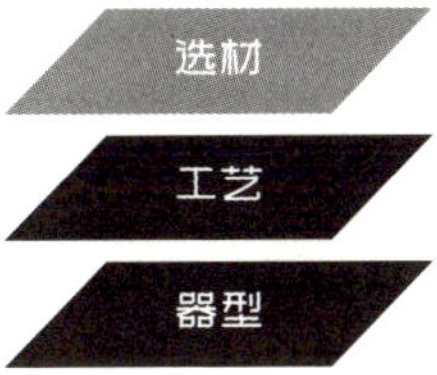

英文里有一个词组“Make Sense”，戏曲界有句行话“合窑性”，其实两者表达的是同一个意思，即**每个层级都在调用下一层级的资源，同时又被上一层级调用，**达到层层契合的状态。“合窑性”更有画面感——瓷器烧制的过程要经过选瓷泥→拉坯→上釉→烧制，只有与窑口严丝合缝，才有成大器的可能。中央美术学院的梅建鹰教授曾说过，陶瓷生产原料是基础，成型是保证，烧成是关键。

我们讲高手的外挂，实际上讲的是个人发展的多层级系统。一个人外在的成功，是**趋势—站位—努力**多层级系统的综合显现，如果你努力很久仍然没有效果，这时就要向上层思考趋势和站位的问题。

如果不能识别多层级系统，你就很容易一脚踩进“低层级努力”的坑。低层级努力看似容易把控，但其实是失控的导火索，因为答案根本就不在当前层级。

很多人常常纠结到底是多学习还是趁早赚钱，于是就在“读书万岁”和“读书无用”

两个阵营里站队。因为他们没有意识到知识和价值间的多层级关系，这是一个由**信息—资源—场景—价值**组成的多层级系统。

金钱的本质是一种信息，信息的渗透率取决于你是把信息当作谈资，还是调用资源去匹配它；信息的利用率取决于你在什么场景下使用，最后呈现出来的就是你的收益和一件事本身的价值。

归根结底，如果一个层级的问题无解，就应该去别的层级寻找答案。

我在写作的时候，一不小心就会掉入低层级努力的陷阱，用战术上的勤奋掩盖战略上的懒惰。写作是一个**措辞—句式—大纲—主旨**的多层级系统，有时我在思考文章主旨和大纲时，常常因为太烧脑，转而翻阅各种资料摘抄金句（句式层），反反复复修改区别不大的字面意思（措辞层），结果往往是折腾一整天，却没有一丁点进展。

当我回归到写这本书的意义（主旨层）与每一章节的逻辑关系（大纲层）时，我身边发生过的人和事、当下看到的现象和背后的原理、未来将要发生的关系，都会涌向我。连接过去、现在和未来，文字就有了灵魂，似乎全世界的信息都能为我所用。

所谓**战略勤奋，其实是改变目标和手段间的时空关系**——你能看到一件事的多层级系统，在下层无解时向上跃一层，改变的是空间关系；一旦你进入更高的层级，调用资源的效率就会成倍地增长，你就敢少做事，进而改变你与时间的关系。

最高级的能力，是获取能力的能力

回到开篇的例子，你愿意做A桌，还是B桌?

你愿意成为一个整体价值很高的人，还是频繁弥补局部短板的人？两者的差异在于，在遇到各种不可抗力时，前者拥有恢复原状的弹性，而后者不得不面临一次次的外力摧毁和自我重建。

从短期来看，赚钱并不算一件难事，只需学习一些应时应景的技能就行。比如我身边有一类人，就非常擅长此道，我们叫他小强吧。

几年前，App大火，小强告诉我，他正在学Java，挑战几万月薪的后台架构师；后来公众号起来了，他就转型学习新媒体运营、社群运营；人工智能火了，他又去学Python；直播兴起，他又添了新技能——手机摄影和剪辑。

可是，小强的核心价值在哪里？直观来看，他拥有很多技能，但正是因为会的太多，反而说明他缺乏核心竞争力——没有解决高层级问题的能力。他的薪资是以行业来定的，而不是根据个人能力量体裁衣的。

玩过大型网络游戏的人都知道，如果你一直在打野怪，而不去交任务，就无法快速涨经验，升级就会变得极其困难。现实和游戏一样，一味地追逐潮流，执着于频繁学习新技能，就相当于只知道打野，是成不了高级玩家的。

相反，游戏高手会看到多层级系统，**英雄—属性—装备—荣誉**。游戏开场，你要选择一个初始英雄，不同职业的英雄属性不同，相同职业也可以匹配差异化的属性。这时大家在同一起跑线，谁的优势都不明显。下一步，你要去获取高能装备，以增强自身的能力值，最好的装备一定是套装。

当你拥有了一身紫色套装，战斗力提升上来，就会得到联盟公会的重视。随着公会荣誉点的积攒，你的声望越来越高，逐渐成长为公会领袖，进而获得支配更多战斗力的资格。正应了当下的一句话：最高级的能力，不是你自身无比强大，而是获取能力的能力。

游戏的难点在于，玩家打落装备所需的碎片和组合装备是有一定概率的，组装失败就得从头再来。现实中反而更简单，只要我们具备系统观，有意识地为自己配置高级套装，组合成功的概率还是很大的。

所以，如果你想要实力进阶，行业特性和职业属性帮不到你，那就从重组一套多层级的新装备开始吧！

信息压缩包：学得更少，获得更好

识别信息的含金量

一辆私家车撞倒了路边的指示牌，交警赶到车祸现场质问司机：

“你是怎么开的车，懂不懂交规？公路指示牌上，明明写着驾驶注意事项，足足有30条，你没看见吗？”

“你开车的时候在干吗？”警察问。

“在看指示牌，警察叔叔。”司机回答。

我们身边有很多“冗长却没用的指示牌”——微博、朋友圈及社群里充斥着各种信息，公众号里的文章、书架上的图书，华丽丽的内容讲不清楚一点破事儿。

面对世界的复杂路况，这类信息起到了催眠的作用，让你握不住方向盘；为了让你上瘾，有时还会加入“鸡精”“调味剂”，如夸张的标题、Gif动图和视频来刺激你的感官，撩拨你的神经。

偶尔看一下也没什么，一旦你沉迷其中，终有一天会乏味，即使加大剂量也体会不到什么快感。

其实不只是你，早在一百多年前，大文豪马克·吐温就深受“超限表达”之害。

有一次，马克·吐温去参加教堂的募捐活动，很快被牧师的演讲打动了，听了5分钟就准备捐一大笔钱。10分钟后，牧师还在讲，他有些不耐烦了，只想捐一些零钱。20分钟过去了，牧师还没讲完，马克·吐温觉得自己的脑仁快炸了，最后一分钱也没有捐。

生活中，很多人喜欢喋喋不休，当然也有真知灼见，但大多数都说不到点上，只是在秀智商和掩盖言辞的空洞。这是因为他们无法识别信息的纯度，只能周而复始地跳进信息沼泽，不断翻炒大同小异的废话。

相声界有句祖训：十年学说话，一生学闭嘴。在合适的场合用合适的表达方式讲给合适的人听，这样传递信息才有意义，否则害人也害己。

智者总能享受到时代的红利，对他们而言最合时宜的，就是那些可以提高认知效率、及时解决问题的高纯度信息。

高纯度信息：构建价值的底层逻辑

徐新，今日资本创始人，素有风投女王之称，曾一手捧出两届中国首富（宗庆后和丁磊），因为成功战例多，跨度大，被《福布斯》评为2015年度亚洲最具影响力女性商界领袖50人之一。

在一次采访中，徐新说，她有今天的眼界，要感谢桥水（Bridge Water）基金创始人雷·达里奥（Ray Dalio）。

徐新从他身上学到了一条底层逻辑——**极度求真和极度透明**。投资人的主要工作是做决策，唯有信息及时同步且真实透明，才能不干扰决策——**这是高纯度信息**。

毛金信息：站在信息源头，忠实地还原事件

2004年，徐新在一次午餐会上，听了腾讯的IPO路演，虽然当时腾讯的付费用户很少，马化腾的话更少，但正是通过这次会议，徐新洞悉到这家公司蕴藏着的潜力，毅然买进腾讯股票。在此后的16年间，徐新不断加仓，最终收获了 500多倍的投资回报。

2020年，在腾讯创立22周年之际，徐新再现了这段往事，并分享到了朋友圈——没有注水稀释，没有过多渲染，可追溯、可量化，信息源自亲历者自述。

朱熹说："问渠那得清如许，唯有源头活水来。"找到信息的源头，你就永远有新知。

不过，你只能参考别人的过程，若想复制类似的结果，还需要提炼和变通，这就是毛金[1]信息。

掺水信息：为了博眼球，断章取义的内容

在徐新的早期投资战例中，除了腾讯，代表作还有网易、京东、娃哈哈、真功夫、大众点评、中华英才网，等等。随后又陆续投资了知乎、携程和三只松鼠等。

1 毛金：从黄金矿石中提炼的钝金，纯度在20%～95%。

按照八卦新闻的逻辑："一个女人，事业做到这份儿上，必定有背景，要么就是有猫腻、潜规则。"还别说，不扒不知道，网友们发现，徐新的父亲毕业于吉林工业大学，是老牌大学生，曾是一家汽车制造厂厂长。这背景，妥妥的学霸二代加富二代啊。

2014年，在母校南京大学的毕业典礼上，徐新说："我的人生是由一系列重大的选择组成的。"她自述出生于四川的一个小镇，小时候家境一般，而且是个学渣，初中上的是厂办学校。那所学校高中部的升学率为零，毕业后上技校，几乎成了学生们唯一的出路。这时她做了人生第一个重要选择，考上别的高中……

徐新的第二次改变命运的选择，是大学毕业后，她被分配到中国银行做柜员，干了三年登记、复印、盖章的机械式工作。后来她决定考注册会计师，进入普华永道工作，自此开始接触财务、金融和投资相关的知识。

出身决定下限，选择决定上限。2019年，徐新的自传《风投女王》出版，也重复了这个观点。

反观前面的那些言论，从边缘信息里断章取义，为了自圆其说强行"脑补"，都是掺水信息。

杂质信息：充满个人情绪的极端化表达

2015年5月5日，公众号"乱翻书"推送了一篇文章，题为《腾讯没有梦想》，一夜间扩散全网，作者指责腾讯正在变得功利和短视。为了证明自己的观点，文章末尾提到，从年初到昨日（2015年5月4日），腾讯的股价跌幅超过20%。三个月的时间跌没了一个百度。

用股价短期的涨跌这样一个功利的论据，来论证企业没有梦想，从一个极端走向另一个极端，我们很难从中获取智慧，只能体会到不满和焦躁。况且，这种言论，还是在腾讯的微信生态下自由扩散的（就像参加比赛，还骂人家赛事垃圾的选手）。

时至2020年11月，腾讯控股的市值首次突破6万亿港元，而这家自媒体和这位作者早已被人们遗忘。

无数成功学大师基于自己的片面经验，无数媒体基于某些动机，通过碰瓷大事件、煽动公众情绪来推销自己。他们添油加醋的把戏，使得很多人被蛊惑。

好信息是干净的，不自我对抗

其实，只要你有过一次正面经历就能体验到，高纯度信息会大幅节约你的时间和大脑运算量，并维持你愉快的心情。不过，要先过滤杂质。

所谓“真传一句话，假传万卷书”，说的就是识别和过滤信息的差距。

信息雷达：如何探测信息纯度

高纯度信息是站在人类认知的临近点附近，提出假设、收集证据和得出结论的。有些是尚未加工的真实数据；有些则是聚类研究和思想实验的结论，发表在学术期刊上；还有一些经历了漫长的验证轨迹，像诺贝尔奖获得者的最新研究发现。

纯度90%以上

第一种，如前面提到的行业顶端人士的沟通和思考，这类信息往往具有延时性。

第二种，新鲜出炉的行业数据，比如笔者常用的数据库有以下几类：

- 【社会类】中国统计局官网人口、生产、教育宏观数据；新华社全球经济指数。
- 【经济类】彭博、FactSet实时金融市场数据；世界银行官网的采集数据。
- 【企业类】EDGAR、巨潮资讯、百度指数、微信指数等行业画像、细分数据。
- 【互联网】CNNIC披露的中国网络使用数据、Net Market Share主流软件份额数据。
- 【商业类】阿里指数查询、站长工具。
- 【前沿类】国内外各大图书馆、知名学府的电子藏书、信息库等。
- 【版权类】公有领域版权知识共享官方FAQ页。

纯度大于60%

- 《经济学人》《市场部网》等截取的最新学术文章。
- 艾瑞网、Z世代等第三方行业提供的调研报告。

- 探索本质的图书和文章，如《思想本质》《生活中的自我呈现》《餐巾纸的背面》等。
- 各行业大咖发布的深度思考文章、视频，一些没有被商业化染指的私密空间或者私信聊天，比如：知乎创始人周源的专栏和个人公众号、张佳玮的专栏和个人公众号、插座学院创始人何川、冯仑风马牛、吴声的喧嚣，以及RSS阅读器上的经典文章。

纯度介于30%和0之间

网络小说、畅销书、标题党、学习笔记，价值浓度普遍很低，大部分是在占领感官、撩拨情绪，讲一个离奇故事，然后总结一个标题。公众号、视频号、信息流、听书软件上的大部分内容都属于此类，无限搅动稀释你的心智。

今天，信息爆炸已经势不可挡，根据国际权威机构Statista的统计，全球数据量已经超过50万亿GB。百度首页每天产生的数据超过5PB，如果把它们打印出来，足足有5000页A4纸。

但是仍然有很多人不受干扰，可见信息过载的原因并不是信息过多，而是我们头脑里的过滤器、雷达损坏了，或是太久没有升级。所以，在明知道信息一定会越变越多的情况下，当务之急是修好或重新加载装置。

社会引力波：提高单位时间里的价值

2017年，三位科学家成功探测到了引力波，如愿分享了那一届的诺贝尔物理学奖。

这项壮举有多伟大？还要从100多年前说起。1905年，爱因斯坦提出广义相对论，他断言引力是由质量引发的时空扭曲。

什么意思？

做个通俗的比喻：宇宙好像一张纸，星体好像一颗铁球，我们把铁球放在纸上，原本平平展展的纸会扭曲变形，因为铁球的坠入而形成凹陷；这样一来，旁边体重较轻的星体站不稳了，顺着凹陷溜过来，在大星体周围做环绕运动，这就是引力作用。

当两颗体重超大的星体相撞时，产生的震动会一波波散开，这就是引力波的传播。就像水波扭曲了水，声波扭曲了空气，引力波扭曲的是空间和时间。就像电影《星际穿越》中描述的那样，飞船在大质量的星球附近运动时，时间流逝的速度要比别处慢得多。

人类社会是个小宇宙，注意力、价值和资源会被势能更强的个体吸引，当势能相当的人碰撞时，产生的能量一波波扩散，我把它称作**“社会引力波”**。

社会引力波也可以扭转时空。

常理上，时间是公平的，任何人的一天都是24小时，可是每个人创造的价值却有巨大差距。

巴菲特、贝索斯也许比你勤奋，但不至于勤奋上百万倍吧？你每天工作8小时，他们就算不眠不休24小时工作，也才是你的3倍而已。

高手并不是投入了更多的时间，而是在单位时间里效率更高——时间在他们那过得更慢。

如果一群效率高的人碰撞，这股能量会影响大众的生活。比如，每年一届的乌镇互联网大会，大佬们酒席宴间开的几句玩笑，就有可能改变我们的生活方式：在购物、社交、出行、医疗……这些场景下会养成新的习惯——我们的生活空间会发生扭转。

引力波的释放者未必体积很大，但一定密度超大，比如中子星——每立方厘米重8^{14}~8^{15}克（超过10亿吨），就算史上所有举重世界冠军一起发力，也举不起一粒尘埃。如果把地球压缩成跟中子星一样的密度，直径就只剩下22米——还没有东方明珠塔上方的那颗球大。

总之，论身高，中子星是宇宙里的矮子；若论体格，它是纯肌肉棒子。

只要你学过高中物理就会知道：组成一般物质的最小单元是原子，原子就像一个空心球，内部是原子核和核外空间。在中子星的演变过程中，核外空间坍塌进原子核——它早已没了空心，全是内核，所以极为密实。

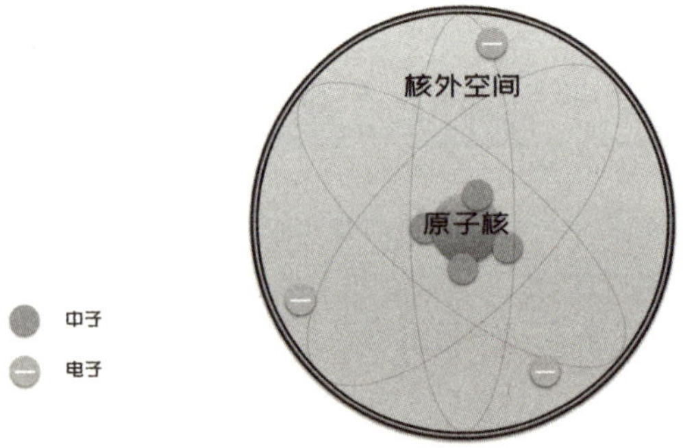

原子结构示意

回到我做这个类比的初衷，我想指出的是：在宇宙中引力决定地位，密度高的天体决定了其他天体的运行轨迹；在人类社会中英雄造时势，大部分人追随价值的轨迹，也是由认知密度高的人决定的。

中子化认知

你肯定已经觉察到了，识别信息很重要，但在今天这样一个素人崛起的时代，光会识别已经远远不够了，还要内化有价值的信息。

我在一次峰会上，见到一位中年妇女激动地拉着某位讲师的手说："老师，您知道吗，10年前我听了某某理论，改变了我的一生。"讲师回答："是吗，这个理论真不错。"中年妇女诧异了："咦，您怎么忘了？这不是您当年提出来的吗？"

你可能见过，有的创业者或演说家，带着酷炫的PPT、密密麻麻的提示稿，站在很大的舞台上旁征博引、侃侃而谈，可是一旦脱稿，他就脑门冒汗、语无伦次。这时你提几个针对性问题，他很可能会答非所问、逻辑断电。

要是你把他逼急了，他还会甩出一句："这些都不重要，你只要记住……"他们是信息鹦鹉，压根儿没理解过自己所讲的话。

相反，一些领域的达人，比如方文山，他在“西塘汉服文化周”上讲中国传统文化，不需要特别准备、全程脱稿，还无比流畅，有理有据让人信服。

牛人貌似博览群书，如果你有机会深入了解，一定会观察到，他们花在读书上的时间，其实没你想得那么多。同样都是每天24小时，为什么会有如此大的差距？

时常有人问我，你每天花多少时间读书？

其实这不是一个时间管理的问题，而是一个目标管理的问题。

你身边一定有这种人，逢人便说自己一年读几十本甚至上百本书。咱们给他起个外号，就叫“别人家的熊孩子”吧。你要问“别人家的熊孩子”读这些有什么用？他答不上来，却很傲慢：反正读书总没坏处。

“别人家的熊孩子”无关紧要，要紧的是家长们羡慕啊！中国的父母普遍想要个“熊宝宝”。我们从小听到最多的是：“你怎么就知道玩，看看谁谁家小谁，人家怎么总在看书？”而只要你坐下来，摆出读书的样子，这种声音就消失了；取而代之的是无微不至的VIP级服务：零食、营养餐、口服液……走马灯似地蹿上你的书桌。

这种思想，扎根在我们的成长环境中，逐渐形成固化的观念：甭管学什么，多读书总没错。

我不赞成这种观念。高效的学习是投入有限的时间精力，获得更高的认知收益。要先搞清楚学习的目的，再决定用哪种方法学，最后才是选择学习的素材（图书不是唯一的）；没明确方向就广泛涉猎，你会越学越迷糊，竞争力反而会越来越弱。

不止我，在两千多年前的秦朝，就已经有人意识到了这一点，这个人就是西楚霸王项羽。

项羽早年丧父，自幼跟随伯父项梁。

伯父让他读书，没几天他就不学了。后来又让他学剑法，项羽学了一半就弃了。

项梁很生气，项羽却说：读书写字，能识文断字就够了；剑法再高，无非单打独斗厉害；我要学，就学抵挡万人的本事。于是项梁开始亲自教项羽兵法。

在一般的家长看来，项羽是个不学无术的孩子，其实他的思路非常超前——比起“学就好了”（Just Do）的平面思维，项羽显得更立体：他脑子里装着的是一个从“为什么学”到“怎么学”再到“学什么”的认知圆塔（也可以叫霸王圆塔）：越靠近塔座，学得越多，越低效。他选择靠近塔尖，这样耗能更少，效率更高。

2014年，西蒙·斯涅克的演讲《从“为什么”开始》，刷新了TED点击记录，他在视频中提出“黄金圈法则”（Why-How-What），跟项羽不谋而合。

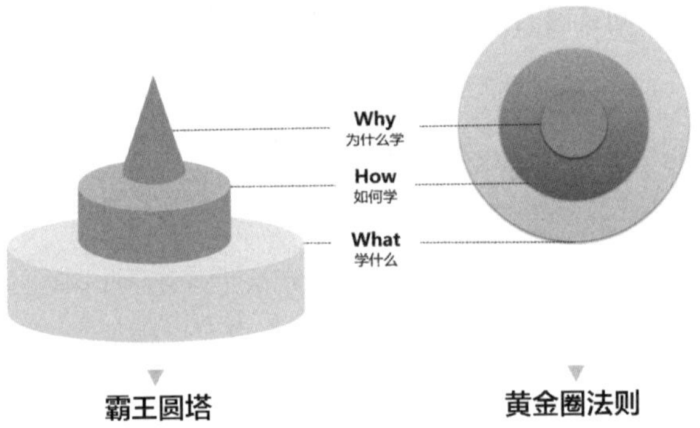

“黄金圈法则”有点庸俗，而且概括不够得当，我更愿意称这套方法为“中子化认知”。

所以，我们应该极有目标地少读书。

千万不要被“只有多读书，才能成大器”的言论误导，更不要被所谓“超强记忆力”的课程忽悠。这些言论和课程的错误在于，他们认为大脑是用来记忆的，人与人的差距是由记忆能力的不同导致的，高手的大脑应该像电脑一样过目不忘。

殊不知，虽然人类的大脑和计算机都可以处理信息，却有着巨大的差异。

- 人类的大脑只有1GB左右的存储空间，平均运算功率低于5瓦，工作时最多只能记住5~9个条目，而且在传输数据时容易失误、遗忘；我们没有办法同时专注在几件事上。
- 很多计算机都有超过1TB（1024GB）的内存，计算机的平均运算功率可达800万瓦，可以多线程下载高清电影、音乐，并且传输数据极其精准。

但是，人类的大脑却有计算机无法比拟的能力：我们可以不费吹灰之力，在几毫秒内识别一个人的相貌、体态特征，就算是最强大的人脸识别机器人，也要处理1~1.5s才能做到。研究表明，人类的大脑由5300亿个神经元组成，比全世界互联网的节点加在一起还要复杂。

2012年，IBM用超级计算机“红杉”模拟人类的大脑功能，结果，模拟大脑1秒的活动，红杉耗时1500秒。

低配置、低能耗的大脑，为什么有如此高的性能呢？

因为它有“恐怖”的压缩能力。用计算机压缩图片，压缩20倍已经很厉害了；但人类的大脑可以把上千万像素的图片压缩成几KB，当我们想要回忆的时候，再还原当时的情景——声音、温度、味道等感受。

人类大脑的优势不是记住信息，而是压缩和调用。所以，并不是我们的大脑不够强大，而是大多数人都用错了。

“宇宙”一词的英文是Cosmos，来源于希腊语，原意是“秩序”，指宇宙是一个有序、有层次的系统。以我们生存的地球为视角，地球是地月系的一部分，地月系的上一层是太阳系，太阳系又被银河系包裹，银河系是总星系的子系统。根据目前的宇宙探索，总星系的尺度至少100亿光年——没有人能亲眼看全整个宇宙，甚至连它的万亿分之一都看不见。

但这并不意味着我们无法了解它。宇宙的秩序，体现在它的整体、局部一致上——如果最大限度地压缩整个宇宙的结构和运行方式，那么宇宙与一颗原子一模一样：核外是带电粒子和真空，只有极小体积的内核（质子和中子）有料。

知识的宇宙也是如此，你无法阅遍所有出版物，也没这个必要。最佳的学习策略是**只在最核心、最精华的内容上，在超级节点上，投入高出别人很多倍的生物电和行动力资源。**

一个人什么时候认知效率最高？

就是目标和资源匹配的时候，即你手头的工具恰好可以解决你当下面临的问题。在《游戏改变世界》一书中，未来学家简·麦戈尼格尔提出：现实和游戏有三个共性——**具**

体目标、实时反馈和内在奖励。简单来说就是有目标、能见效、可持续。

为什么有的人学了十几年英语、背了成千上万个单词，依然不会说？为什么他们在一岁多、没什么词汇量时，就会说汉语？

因为目标不同。

应试的目标是顺利通过考试，你要逼自己死记硬背；而用母语交流是刚需（具体目标），汉语你每天都会用到（实时反馈），父母对幼儿的发音和表达很宽容，即使出错也付之一笑（内在奖励）。三个条件同时奏效，连贯性高，学得就快。

顺延这个逻辑，你就能理解为什么你“刷遍”大咖的书单，也没什么帮助，啃下《修炼领导力：成就一生的领导者》，也未必能成为卓越的管理者。因为那不是你的目标，解决的不是你当下面临的问题，缺乏应用环境和持续激励。

有些“打鸡血”的文章，比如《30岁之前没赚到100万元，别谈理想》，更是捏造出一个目标真空。你认真想一下，30岁和100万元，那是你的目标吗？

在一些科研领域，30岁刚刚成才，而运动员到30岁时则该考虑退役了。有的行业100万元是天花板，而有的行业100万元只是个零头。仅用一个拍脑门的数字，就定性整个年龄段的人，实在是荒谬。

这种东西看得越多，你越迷茫。假如这类文章换一种表达方式，你很可能还是会陷进去：《40岁之前没赚到1000万元，别谈诗和远方》《85后还没做到管理层的，正在被抛弃》……迷茫氛围下，大家都在跟风，要学的东西越来越多：外语、管理、财务、设计、营销、产品、编程……似乎每门都是必修课，又似乎哪门都没有解决本质问题。

目标混乱的人，就像一艘寻找宇宙边界的飞船，一旦出发就再也回不来了。最有可能的结果是，有一天你回过神来，想要返程，发现燃料几近耗光，只能永久地迷失在无边的虚空里。

其实，只要花点时间梳理一下，将刚才的话题拆解为：优先选择一个高价值、高复利的行业（**目标**）；然后考虑怎样入门（**方法**），是通过学历考试、专业考试，还是贵人相助；最后才是调用资源（**元素**），你要迈入行业顶端，可以读专业书、看行业数据，向高手取经，或者干脆找服务商替你做。这样一来，要学的东西就变少了，解决了知识学不完的冲突。

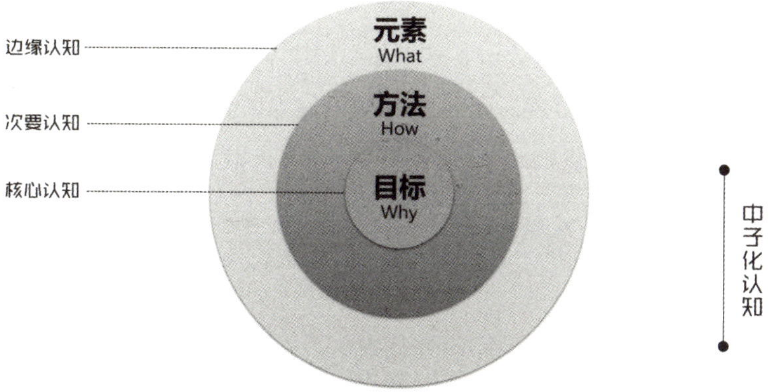

至于在多少岁之前赚多少钱，往往是不可预期的。就像乔丹后仰跳投时，才不会管进不进，更不会预想夺冠后有多少种庆祝方式。

找准篮筐位置（核心的）、练好力量和基本功（次要的）、合理调用手眼四肢（边缘的），命中率自然会提高。

四种认知中子

所谓认知中子，就是先贤们经过无数次过滤、提纯、浓缩而成的智慧结晶。其实，每个人都见过认知中子，比如星座。

谁也记不住满天的繁星，古人把相距几千光年的孤星浓缩归类，再赋予每个星座拟人的故事。只要对照星座表或托勒密的星盘，你就能认出夜空中的大熊座、猎户座、半人马座……

信息的浓缩度决定了你的专业水准；我的朋友李叫兽（李靖），就是这方面的高手。凭着这手绝活，在校期间已经是3小时10万元咨询费的营销专家了，可以让很多久经沙场的企业家“秒服”；更在26岁时成为BAT史上最年轻的副总裁，靠的就是满脑子的认知中子。

举个例子：

企业里常常存在两种人，一种人指哪打哪、动作麻利但价值不大；另一种人看问题很透彻但执行力不强。怎么办？答案众说纷纭。

李叫兽望着窗外，其实是在头脑里搜寻中子："这个问题很像《麦肯锡工作法》里讲过的两个概念'议题度'和'解答质'——有些方案很有讨论的必要（议题度高），但没什么可行性，另一些马上就能做（解答质高），但解决不了当下的问题。"

这两个概念太晦涩，可以翻译成"本质性"和"可操作性"，解决问题就是在本质性和可操作性之间寻求平衡。

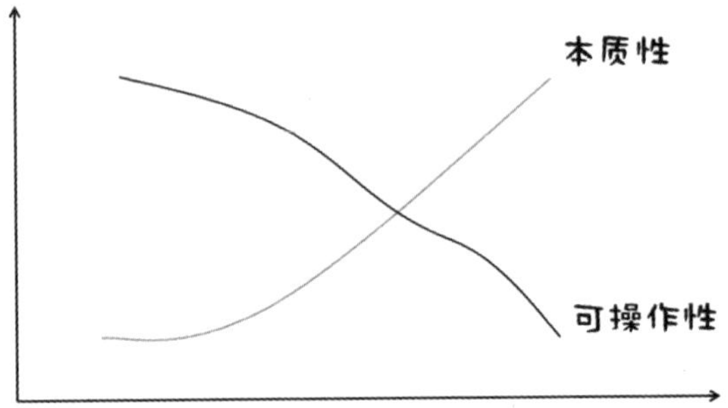

你看，一撇一捺就解决了困扰无数企业多年的难题。

后来我们一起踢足球，我对他说，不要传给离你最近的队友，也不要传给离你最远的队友。作为初学者，他立马领悟：传近球空间拉不开，战略意义（本质性）不强，传远球不好掌握（可操作性），容易失误；有了这种认知，他的足球水平提升得非常快。

你看，同一个信息，工作、娱乐多场合共用，浓缩度高不高？

所以，知识量不是关键，能否提炼精华才是要点；**认知中子，就是你合上书，不必逐字背诵，仍然可以复述和复用；**如果你看过很多知识，可遇到事情时不知道用哪个，那说明你脑子里没有中子，全是真空。

接下来，介绍四种常见的认知中子。

并列、包含、因果、辩证，我用几个英文单词来表意：And、Belong、Cause、Dialectical，进一步压缩，你可以称它们为"ABCD模型"。

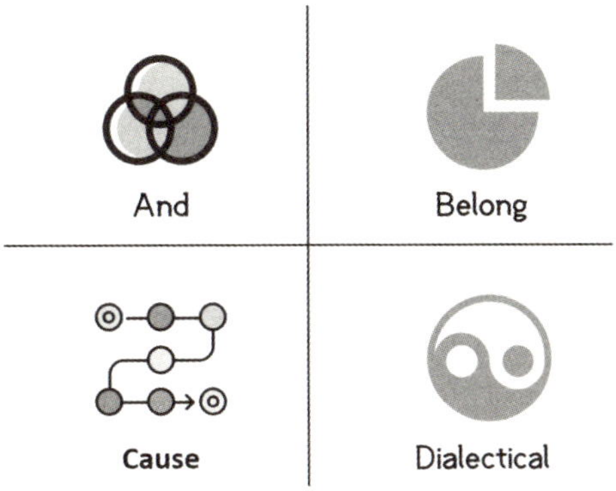

四种认知中子

要界定同级关系时，可以用【A】。

展现整体和局部时，可以用【B】。

梳理趋势和因果时，可以用【C】。

要展示辩证关系时，可以用【D】。

【A】相邻或重叠

界定关系是所有决策的第一步，也是最重要的一环。

领土界定不清会引发国家间的冲突，市场界定不清会造成企业盲目扩张，权责界定不清会引起合作伙伴的纠缠。2017年，管理学大师詹姆斯·马奇在著作《经验的疆界》（*The Ambiguities of Experience*）中界定了经验和应变的范围。

最常见的界定工具就是地图，打开按照比例尺缩放的导航地图，你就能精准定位，还能了解国家与国家、省市与省市的相距和相邻关系。

波士顿矩阵也是一种典型的界定工具，比如，它应用于标准普尔资产配置图——在家庭需求的“重要—紧急”两个维度上，划分出四种资产用途。

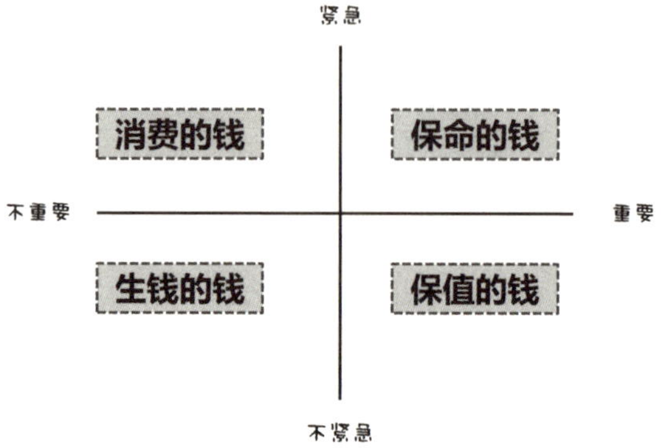

标准普尔资产配置矩阵

我用一张图展现了三个范围的重叠关系。

理想职业分布图

除了图形，公式也可以展现元素间的关系，比如$m=\rho\cdot v$，展现的是质量、密度和体积的关系。

商业上，品牌=行业×定位×卖点；利润=流量×转化×单价–成本。

【B】整体和局部

最具代表性的，是芭芭拉·明托的金字塔结构，表达了整体和部分的层级关系，上层是对下层的归纳，下层是对上层的演绎。

比如，有些女司机方向感不强，常常被副驾驶位上的男同伴排斥。如果你听说过进化心理学，就能让他闭嘴。

男女心理差异是遗传下来的，是由千万年前的职能分工决定的——远古时期，男性负责外出打猎，认路是男性的常规优势；女性则是在部落附近采集，因此更擅长感知他人情绪、协调社交关系和抽象洞察。

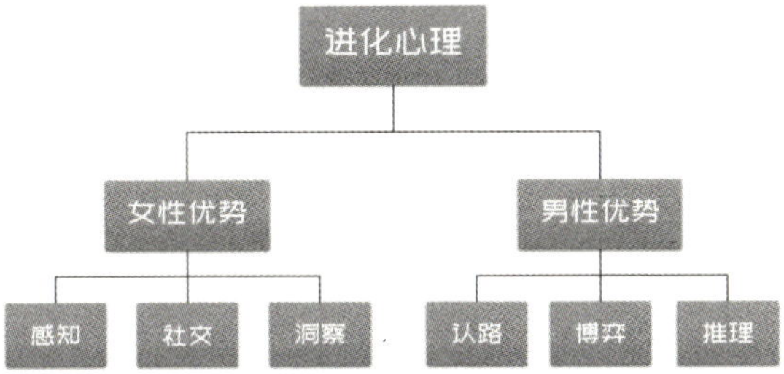

金字塔结构

【C】趋势和因果

第三种认知中子是展现事物的先后顺序、发展趋势和前因后果，体现的是演绎逻辑。

医院里的就诊指南（挂号→问诊→划价→开药）、股市的量价指数、RPG的游戏攻略都属于这一款。

我第一次深刻认识到因果，是学习打高尔夫球：站位、握杆、转肩、起杆、下腰、落杆、随摆、绕头，一次击打要从头到尾做完整，无论哪个动作出现偏差，都要向前一个动作找原因。

这样的体验最真实，也最全面。

【D】依存和转化

最后一种认知中子反映的是事物之间最微妙的辩证关系。

比如大自然里的捕猎者和猎物，表面上是单纯的竞争关系，可又谁也离不开谁，彼此互相促进。假如消灭其中一个，则生态就会失衡，另一个也会随之灭绝。

再比如，心理学家F.海德提出的“平衡理论”，展现了三种元素辩证关系。

想象一下，你得到一次公开展示的机会（演讲或面试），可你有社交恐惧症，当众讲话容易紧张。你该怎么办？

这时，有且只有三种选择：

- 选择一：克服紧张，才能演讲。
- 选择二：无法克服紧张，放弃这次机会。
- 选择三：情绪波动是正常的，享受情绪，紧张的时候也能演讲。

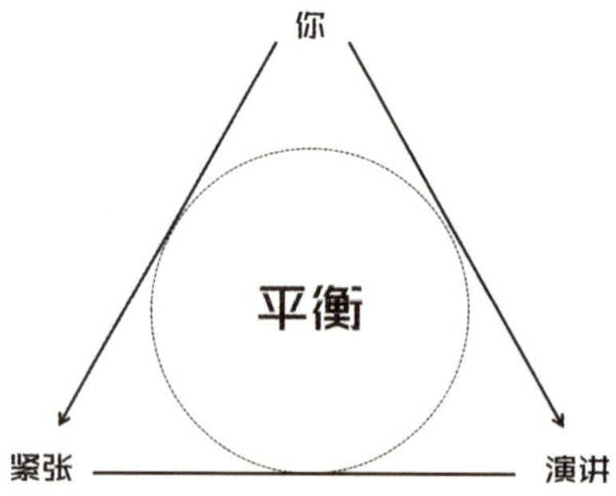

三角关系

显然，第三种选择更为理想，当你不再对抗情绪时，它就会转换为积极的力量，你能因此收获内在的平衡和外在的稳定；反之，越回避某种情绪，这种情绪对你的负面影响就越大。

据说，有位知名演员在艺考之前，因为太紧张想放弃，之后买了一本叫作《享受紧张》的书，看过之后就顺利过关了。

再比如，道家思想里的阴阳五行更是精妙：八卦图上的阴阳黑白看似对立，却相互依存、相互转化；金木水火土两两相克又两两相生，对方是转化的起因，也指引了转化的方向。

正如本书前文所提到的，竞争的最佳去处是合作，只有看到更多选择，才能更专注于眼前，看似窄的门反而越走越宽，底层逻辑就是事物相互依存和转化的辩证关系。

知识解压缩

现在，你已经知道高纯度信息的成因（Why），以及提高信息利用率的方法（How），此时你还要知道什么时候（When）在哪里（Where）用。

为什么很努力学习，却还是摆脱不了初学者的标签?

你看我这首词刻画的对不对?

《如梦令·叹学痴》

书中自有金屋，事到眼前含糊；人家一提示，顿时恍然大悟。

叹服，叹服，下回一样糊涂。

我遇到过一个创业的哥们儿，时不时向我展示他的藏书，经史典籍足足装了三个大书柜；无论我说什么，他全知道。一天，我提到信息的忠实和透明，他说这是协作的基本原则，说完还把我拉进团队微信群。

一观摩不要紧，在我进群的一个多月里，只看到三条互动；与之形成鲜明反差的，是团队成员间私聊火热，一个个单线联络。因为人为造成的信息不透明，导致很多突发情况来不及处理，成员间互相抱怨，没过多久，这个项目就烂尾了。我不禁感叹，这哥们儿的藏书就是摆设，他亲手酿造了一起守着金矿被饿死的悲剧。

知识财富就像余额宝，你存得再多，如果无法提款，就会余额不足。除非，你知道提现密码，否则知识财富只是一串串无意义的数字。

下面我们谈一谈**如何提取知识财富。**

你看谍战剧时，一定看过这样一个桥段：发报员坐在电报机前，有规律地敲着一个球型按钮；另一头，收报员头戴耳机，飞快地记录。

他们在做什么？在用电流的通断或长短传递信息，“—”代表长流，“·”代表短流，这就是摩尔斯电码（Morse Code）。

收报员并不知晓电码的具体含义，需要对照“密码本”才能破译。密码本可能是一本书、一页钢琴谱、一个打字机键盘，也可能是一套希伯来文、拉丁文字母表……

总之，找不到密码本，情报就是废纸；找到了，一横一点二元组合就可以传达世界上的所有信息。

知识也有密码本，获取它的关键在于，你是否可以提出精准而有效的问题。爱因斯坦曾说过，如果我有1小时来解决问题，那么我会花55分钟思考问题，再用5分钟思考解决方案。

今天，串联大大小小知识的，不是学科，而是一个个应用场景和实际问题。所以，在开始学习之前，你要先明确到底用它来解决什么问题。

下面是东西方两位先贤整理的知识分类图，一张是西汉光禄大夫刘向的六略图，另一张是亚里士多德的人类知识图谱。仔细看一看，你能感受到什么？

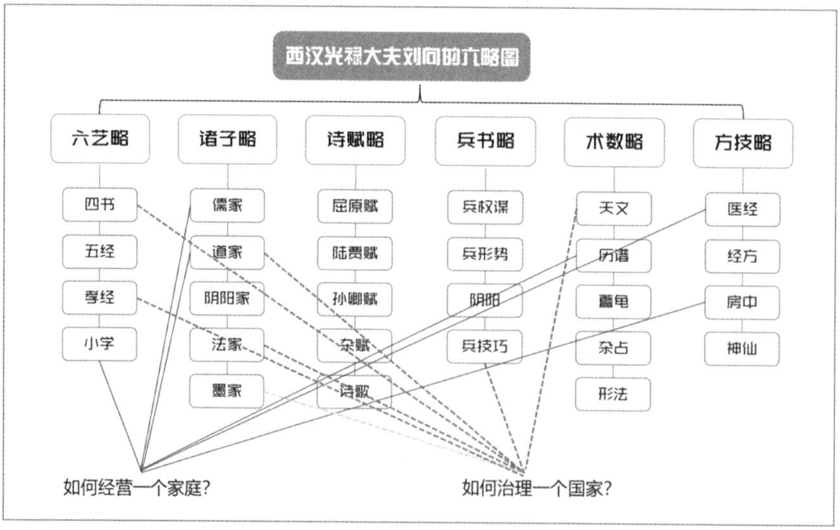

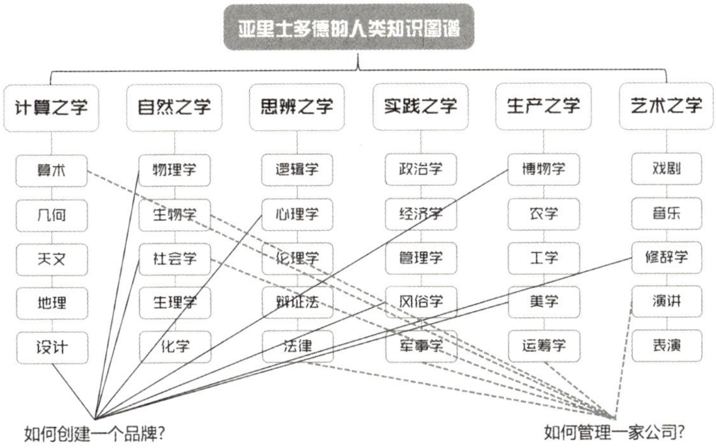

单看这些学科分类，任何一个人到死也学不完。但如果你能提出一个高价值的问题，围绕这个问题展开、调用相应的知识，你就能挖到一层层的宝藏。比如：

- 如何经营一个家庭？
- 如何治理一个国家？
- 如何创建一个品牌？
- 如何管理一家公司？

未来，专业和学科没有界限，真正的专业是你解决某种类型的问题的能力特别突出。一个真正解决问题的人，才不会管调用的知识归属于哪个学科。

真正的高手，懂得**在目标上专注，在方法和元素上多元。**

追随认知密度高的人

在希腊语中，描述“宇宙”还有另一个单词——Universe。没错，就是University（大学）的词根，它的原意是指，沿着同一方向朝同一目标共同行动的物体和人。

先说物体，当彗星、陨石运行到密度更大、引力更强的行星附近时，它们会改变自身的运行轨迹，围绕行星组成共同运转的小星系；或者干脆穿过大气层落到行星表面，成为后者的一部分。

再说人，如果你实在来不及消化前面的内容，记得追随认知密度更高的人，因为在他们身边，你会获得超过自身数倍的成长能量。如果他们还懂得保护你的自尊心和好奇心，那将是你的幸运。

在我看来，顶级的操盘手、管理者和投资家都是认知密度高的人，因为他们首先知道哪些事情看起来很好，但却不能做。

先舍再取，就是行为密度高的标志。这意味着他们已经做过筛选，已经替你走过了最艰难的取舍之路，如果他们乐于分享又恰好很善于表达，那将是你的福音。你所要做的只是站上巨人的肩膀上，和他们一起运转。

资源模拟器：把信息变成价值

成为信息超导体

身为一个北京人，每到一个城市被问及最多的问题就是“你觉得北京好，还是我们这里好”。

十几岁的时候我会天真地回答：“都挺好，各有千秋。”对方紧跟着会说：“我还是觉得我们这个地方更好，比如……”20多岁时我会回答：“你的城市很好，有很多值得留恋的地方……”对方总是按捺不住激动：“你真有眼光，我们这儿是独一无二的……”

后来我觉察到，无论我怎么回复，他们的话都差不多——表面在询问我的看法，实则在为自己寻找佐证，然后自夸一番。以后再遇到类似问题，我就一句话：“你说得全对。”

今天回想起来，这样的人大多活在认知底层，其实整座城市的繁华跟他们没半毛钱关系，既没做过突出贡献，也没赶上城市发展带来的福利。提这个问题的动机——可能是见不得别人好。

“见不得别人好”的思想，常常伴随“跟人比”的行为，通过错位比较，人们找到了优越感——跟异地的人，比较城市；同城里，比较区县；同村的，比较东西头。你经济好，我跟你比环境；你环境好，我跟你比其他；你样样比我好，我怀疑你出卖灵魂、靠关系上位。总之，无论外界和别人如何勇猛突进，他们永远有一套自圆其说的理论催眠自己。一个人如果总拿长处比人家的短处，就会封闭在自我构建的空间里，暂时求个心安理得。

时代是电流，心安是不导电的绝缘体——为了避免内心的荒芜杂草昭然天下，有的人不让阳光照进来，信息、机遇、价值全都被隔绝，心安之地散发出垂垂老矣的腐朽味。

真正有见识的人，从不做无谓的比较，只会努力让自己超级导电——你若是过得好，我会佩服你，然后虚心学习模仿；我若有一天超越了你，你再向我学习，我会很乐于分享。既不会瞧不起你，更不会藏着掖着。

一个人在哪里出生，只是祖辈迁徙中停留、定居的随机事件，并没有什么值得骄傲的。相反，它可能会形成你思维里的电阻，阻挡认知的二度迁徙。

在今天，中国的很多地方已经或正在迎来新一波的结构性增长，过去我们只知道帝都、魔都、花都……今天涌现出大数据之都贵州、MCN之都厦门、创业之都苏州。其中，最典型的是粤港澳大湾区，我就从广东朋友身上学到了很多新知。

广东有一句俚语，叫作“打要企定”，翻译成普通话是“挨打要立正”。意思是说，如果现实给了你一记重击，不要躲闪，站直了让它打。当你感觉到痛了，弱点暴露出来了，你才能看到真实的差距，然后一鼓作气，迎头赶上。

这种“你好我认，我好你学”的超导思维，深深植入人的心智。从这一点上，我们也就不难理解，地方经济领先的根本原因是什么。

人生就是一次次突破认知疆界

我初到深圳时，认识的第一位商界朋友是陈立飞。可能很多人并不知道陈立飞是谁，但以他英文名Spenser命名的公众号，却是赫赫有名的自媒体大号。

Spenser既不是传统商人，也不是纯靠知识付费起家的大V，有人问他究竟属于哪个圈，他也懒得理，无门无派倒也自得其所。如果非要下一个定义，我很愿意称他为另类代购网红——别人代购的是衣服、箱包、化妆品，他代购的是金融玩法和产品。他们之间的相同点是必须亲自用过，并且有效果才会推，这样口碑才会持续积攒。

一次，他邀我到他南山的家中做客，房子不是在普通社区，而是业主即VIP会员的酒店式公寓，酒吧、图书馆、游泳池、健身中心、疗养空间、24小时餐厅一应俱全。我俩坐在天台花园的藤椅上，能看见深圳湾公园和港珠澳大桥。

好产品难找吗？Spenser摇摇头说，寻找标的是我的专业，这是最简单的，难的是人们心智中的认知边界。

如果你能靠一个渠道吸金，为什么要传授给别人？本来是一块完好的蛋糕，现在切成无数块，吃起来还会香吗？

这种同维竞争的大脑，主导了大多数人的行为：

- 师徒关系，教会徒弟饿死师父，师父总要留一手，不然就真成了《青衣》里的筱燕秋；
- 企业招人，先签竞业条款，以防员工跳槽到竞争对手那里，挖走数据和盈利秘诀；
- 备战高考，尖子生很少教大家如何解题，还会有意识地保护自己的笔记、题集。

因为他们觉得，“你好了我就不可能好”。

过去，信息是一种私密且排他的东西，你兜里多了一块钱，意味着我兜里会少一块钱；你高考比我高一分，意味着你剥夺了我考取好学校的一份机会。

这个思路在封闭社会中非常有效，那时**生存空间狭小，无论怎么闪转腾挪，整个系统的收益和损失之和都为零**。这就直接决定了，制胜的思路就是挖掘存量价值——好渠道就那几个，你上了我就上不去啦；好学校就那几所，录取你就不录取我了；同村优秀男青年没几个，你嫁了我就失去一次机会，在这种情况下，最好的策略就是打击竞争者——只有你不好我才能好。

每个角落，都在上演着“拼命逃离”和“拼命不让别人逃离”的《大逃杀》。

但在今天，随着**万物互联、社交网络带来的生存空间扩张，共赢成为可能**——第2章提到，高度网络化会形成M型社会，导致贫富差距拉大。但另一个事实也更为明显，社会整体财富和人均收入水平都在提高；中产滑到巨人的腰部以下，可巨人也长高了。根据国家统计局公布的数据，2020年全国居民人均可支配收入已经达到32189元。《环球时报》报道，2020年全年中国GDP已突破100万亿元大关。按照这个速度，有望在2028年超越美国，成为世界第一大经济体。

顶端的人并非靠掠夺内部资源而积累财富，他们显然更善于外探资源。

今天，你会发现一种新趋势，同一家公司的两个市场部门厮杀火热，而两家竞争公司的老板却常常约饭、打球，在做重大决策之前还要先相互通个气。

在这种趋势下，信息变成了一种低成本、高周转的共享品。低成本指只要你想，情报、数据都可以随时拿到，行业之间、公司之间的秘密已经很少了。高周转指今天最劲爆的信息，过不了多久就会天下皆知。你不讲别人也会讲，现在不讲过一段时间就没人听了。与其由别人带节奏，还不如自己领跑。

再说了，很难保证每个人的认知水平都相当，所以即使你分享了，认知低的人也未必明白你在说什么，无形中帮你**过滤了有认知差的人，连接了高势能人群。这个过程也会产生新认知、新资源，甚至创造出一个全新的行业。**

面对时代的试卷，永远有两种类型的考生：**捂盘型和分享型**，于是就有了两种解题思路：

- 捂盘型考生在认知疆界内解题，他们看到一块诱人的蛋糕，为了避免他人来抢食，会切断外界联系。但事实上，即便你封锁了消息，别人也可以从其他渠道了解。
- 面对无边界时代的新题型，分享型考生有了新思路——**互通有无，一起进驻行业顶端做更大的蛋糕，然后包揽冠、亚、季军。**

年入60万元的师父和年入2000万元的徒弟

在Spenser的所有产品里，给我印象最深的要属“港股打新”——认购即将在恒生指数上市的新股票。相比A股，认购香港新股有三个优势：

- 中签率高，最近两年都在60%左右（A股的中签率为0.01%~0.06%）。
- 绩优股多，首日发行上涨比例高。
- 最重要的是，参与门槛低，对散户友好。

不过呢，开户、入金、盲打有很多“坑”，需要有专业的人指导才能操作，教人打新的课程也就应运而生了。

项目上线一年后，我询问他个人账户的收益，他轻描淡写地对我说："浮盈大概60万港币吧。"我说："以你的仓位获利也不算多。"就在我一闪念间，Spenser狡黠一笑，说："其实我7成学员的收益都比我高，最厉害的一年赚了2000万港币。不仅如此，这群学员里藏龙卧虎，有人工智能顶级架构师、迪拜首屈一指的华人房产商、深圳再生医学中心的博士……大家一起鼓捣出几十个有趣的项目，哪一个的收益都不比打新低，你觉得我还会在乎自己的这点盈亏吗？"

这个故事是时代的缩略图，但足以指明方向——当开放的心态相遇，资源以前所未有的效率流动起来以后，每个人都能从系统中受益更多。**M型社会不是零和游戏，而是联动起来的正和游戏。**

还记得电商是怎么崛起的吗？淘宝平台并非单向赚商家的钱，而是形成群落向市场要红利；平台和商家赚到钱，用户也买到了更实惠的商品，三方合力向供应链、厂商要红利；厂商更得意，订单量暴增，转头向全球贸易一体化要红利。

我用一个类比形容封闭与开放的区别：往水杯里倒一滴油，越搅拌越浑浊；如果这杯水汇入海洋，很快会被洋流大循环净化，你再舀一桶海水，依然是清澈的。

时代的洋流，不仅净化了水质，也带来了丰富的营养物质。

讲到这里，不得不佩服我们当年加入WTO的决心和远见——中国入世的艰难，世所罕见，自1986年首次申请到2001年年底多哈会议，历经15年、几十轮多边谈判，终成世贸成员国。

如今，又过去了20年，当初那个插班生疯狂学习、模拟、吸收，现在已经成为尖子生，甚至可以作为老师，还整个世界一桶水。

这35年，是时代笔下的一部史诗，洋洋洒洒都是过眼云烟，若要划重点，就一句话——**开放者一定会进入顶端，顶端的开放者一定会赢。**

一个系统中的更高层级之所以显现，是协调了原来层级的资源，开放流通是为了让协调更高效。潮水总会退去，但你在浪潮翻滚时向四周的船只招手，产生的连接一直都在。

可是，很多人为什么不愿意拥抱开放的心态？不愿意参与到大循环中去呢？

因为认知局限。我们很难接受曾经不如自己的人过得比自己好，更不愿意承认自己很差。

两种对比：

- 你月薪8000元，同事月薪10000元。
- 你月薪12000元，同学月薪100万元。

哪一个对你的刺激更大？大部分人会被后者吓到，但可能会立刻做出反应：他当年还不如我呢！

多年前，我的外祖父因工作调动，举家迁徙到河南的一个小县城，那里也是岳云鹏的老家。岳云鹏蹿红后，当地很多人最喜欢谈论的就是："我和他一个村，我们当年一个班，他那时候如何不起眼……"在他们看来，从名人过往里找存在感、优越感，远比自己当下过得好更重要。

在小系统里可以体验自己很厉害的快感，可一旦进入开放系统，就能看到很多以前完全理解不了的强人：有光速成长的人；有当年和你差距不大但现在望尘莫及的人。跟他们一比，你就像是被人拽掉了底裤一样，尴尬不已。

封闭可以拯救你的尴尬，但无法让你真正从容。你躺平，切断信息和资源的流动，也就看不到更高的层级。

面对强手，要见得人好，别总想扒人家的黑历史，总想当年他还和我一起撒尿和泥。当年是当年，人家已经坐着成长飞轮穿越阶层了，进化出2.0、3.0版本了，你能做的就是抓紧模拟人家的行为方式。对比不如你的人，要包容人家的弱点，他的不好只是暂时的，只是他还没有你的视野。你把身边的人和事变成开放系统，认知流动起来，你自然也会从流动中获益。

自然界中的水流、气流、电流，人类社会中的资源流、信息流、现金流，各自形成系统，增损补益，流入必然伴随流出，两者其实是一码事。

你会发现，身边那些擅长花钱的人，普遍不会太穷，因为消费有两种作用：

一是需求流动，在物资紧缺的时代，我们很难了解自己真正需要什么，结婚就是"八大件"，工资大部分用在基本生活上；但是今天，你上网购物能看到很多过去没见过、想不到但又一见倾心的商品，会感叹过去多么不了解自己和他人的需求。

二是价值流动，当感到认知不足时，我们会先想到去读经典，如果读书不能解决当下的问题，则会连接专业的人和事，由此获得的收益，还要想办法分享给别人。

人尽其能、物尽其用、财尽其转，你也就获得了支配精神和物质财富的盈余。

敢做徒弟的徒弟，才能做徒弟的师父

1990年2月2日，应氏杯世界职业围棋锦标赛迎来了决赛的较量，对局双方是一对师徒——师父曹薰铉和徒弟李昌镐。

来看看双方的纸面实力对比：曹薰铉，韩国第一位九段棋手，也是当时的棋坛第一人，在他参加的122次世界大赛中，拿到了108次冠军，几乎是不可战胜的；彼时的李昌镐，只是一位初出茅庐的14岁少年。

赛前所有对冠军的预测一边倒地指向曹薰铉。摄影机齐刷刷地照向师父，记者们已经写好通稿《曹薰铉兵不血刃夺冠》；甚至奖杯上刻冠军名字的工匠，已经默默在心中无数次划拉过曹薰铉三个字，恨不得马上刻上去，早早收工。

谁料，双方的对决旷日激烈，战至2:2，决胜局中少年以半目的微弱优势赢了师父。

本以为败给未成年的徒弟，师父一定会很尴尬，可当记者的镜头捕捉到曹薰铉时，他玩笑般地用手遮住了眼，轻轻笑了。回家后，师母一边抚摸着李昌镐的背一边说："昌镐现在长大了。"

曹薰铉有一种胸怀：**徒弟不必不如师，师父更不能成为徒弟的天花板。**

随后十年间，李昌镐顺利接棒，牢牢占据围棋第一人的名号，而师父仍然老而弥坚。翻看韩国棋圣战历届冠亚军，1992年以前曹薰铉霸榜，1993年到2003年，李昌镐连续10届夺冠，而其中5届的亚军都是曹薰铉。

众所周知，围棋界是一个新人辈出，新流派更迭很快的领域，师徒二人能够长期领跑，不是因为其他人都是软柿子，而是两人在一次次的巅峰对决中变强了。

2002年，在一次接受采访时，曹薰铉说：围棋和其他行业一样，没有通用的胜负法则，近10年李昌镐战绩不俗，说明他的棋风跨越了长周期。大家，包括我都应该向他学习。

如果说快速成长的第一步，是为自己寻找一位顶尖的师父，那么开放的第一步则是拆掉那层“顶”。

因为外部持续变化，操作中每一个环节都不一样，哪一天师父教你的东西用完，你的水准也就走到头了。

那些各自领域的高手，他们都有师承：巴菲特师从格雷厄姆，李小龙启蒙于叶问。一个是“华尔街教父”，一个是“咏春一代宗师”。

格雷厄姆坚持一种投资理念，叫作“捡烟蒂策略”——市场上有许多股价低于公司净值的股票，它们就像被人抽过之后扔掉的雪茄，还没有完全熄灭，此时把烟蒂捡起来还可以再吸上一口。按照师父的操作方式，巴菲特赚了很多钱，包括今天的全球第一股伯克希尔·哈撒韦（43万美元一股），也是捡来的烟蒂——1962年，它只是一家濒临破产的纺织厂，巴菲特以低价入手，本来是为了赚取剩余价值。可这一次却失策了——巴菲特通过运作避免了纺织厂倒闭，但原公司创始人并未按照约定价格回购，眼看这笔投资将以低于预期的方式收场……

李小龙开始学功夫的时候，师父叶问就已经是咏春门派里一等一的高手了。可当19岁的李小龙回到美国时，却发现自己的功夫根本不入流，既打不过唐人街众多武馆的馆主，也得不到电影圈的足够重视，眼看就要铩羽而归……

为什么师父教的招不好使了？

因为时代背景变了。

格雷厄姆的成功，基于二战后美国股市上有很多严重被低估的公司，战争的后遗症导致销售不利、库存周转缓慢，只要稍微调一下就可以扭亏为盈。可随着战争的影响慢慢减弱，这些企业又会面临产能过剩的问题，面对新型产业的冲击往往缺少护城河，价值反而一落千丈。

叶问是绝顶高手，但一个时代的高手，在进入下一个时代时未必还是高手。传统的咏春是贴身短打，主要技法有寻桥、标指、连消带打。可随着电影时代的来临，观众更加青睐大开大合的打斗场面，虽然这些小技法很实用，但并不适合在电影中施展。

是什么让巴菲特和李小龙快速适应了新时代呢？

巴菲特29岁时遇到查理·芒格，当时的芒格在加利福尼亚州做律师，在巴菲特的建议下，芒格转战投资界。芒格常常在投资之外寻找破局点，他的分析工具糅合了众多学科：历史、法律、心理、数学、生物学、物理学、统计学和经济学，最终形成了一套独特的实战理论：价值投资。多年后，巴菲特回忆这段往事时说："查理·芒格把我推向了另一个方向，而不是像格雷厄姆那样只建议买便宜货，他让我以非同寻常的速度从猩猩进化到人类，否则我会比现在贫穷得多。"

李小龙从大二开始在停车场教外国人咏春，这一举动吸引了其他门派的高手。在他早期收的学生中，有练拳击的、有练美国柔道的、有空手道冠军、有舞蹈家、也有菲律宾短棍大师，就连NBA历史得分王贾巴尔也是他的弟子。他除了教授本门功夫，还经常学习弟子们的武功。《龙争虎斗》里的腾空飞踢，是他从跆拳道黑带李俊九那里学来的；《死亡游戏》里的双截棍，借鉴了菲律宾武术家伊鲁山度；《猛龙过江》里的侧踢，是从法国腿击术里学来的。他的武学宗旨是：清空自己的杯子，方能再次注满。

巴菲特是芒格的引路人，但在彼此的思想交换中，巴菲特获得了投资理念的突变。李小龙在与各门派弟子的融合中实现了武学的精进。两人在各自的领域，共同诠释了叶圣陶的一句话：**只有做学生的学生，才能做学生的先生。**

石佛李昌镐、股神巴菲特、功夫之王李小龙肯定都懂一个小道理——**进驻顶端之后，仍要移动。**师父是一棵大树，抱紧大树可以让你获得更佳的视野，可树梢的每一条枝芽，都要徒弟自己去开枝散叶，汲取各方营养。

技艺高超的师父值得学习，那些超越师父的徒弟，是不是更值得模仿？

在今天这个多元、跨界的时代，**敢做学生的学生，反映了老师的修为；敢做现学现卖的老师，更体现了学生的聪明。**

我有一位学生，IP名叫J小姐，她把建筑学的理念融入女性变美这件事上，还写了三本书。在信息整合、企业经营方面她起步较晚，向我取经；而在出版方面她比我有经验，是我的老师。

过去，一个人把一个学科完全吃透，才有资格出来教别人，100分的老师教5分的学生。而**在网络时代，往往是30分的老师教5分的学生，偶尔学生还能教老师几招。**在传授系统知识时，前一种更扎实；而当面对新知时，后一种更高效。

以直觉为中心 vs. 以效率为中心

如果老师不再是学生的天花板，意味着一群大脑互联形成网络，你不需要理解每一件事，只需要知道谁更好就行。当一群更好的大脑互联时，会变成一个信息量无限大、理解力无限强、资源无限广的集群。这样一来，个体能力将被指数级放大。这是蚂蚁和蚁群的力量区别。

更酷的是，如果大家都有相当的认知，就可以减少大量的“重复践行”——假设一个组织有1000人，其中20%的任务是重复的，如果每个人搞定这部分平均花费20小时，一共就是4000小时，那就不如在其中找一个用时最短的人，给足回报，让他替所有人去做。要知道，这份报酬不是付给他的，而是去买那4000小时的，我们需要给时间一个估值。

按常理来说，这种方式谁都看得懂，为什么不是所有人都能信手拈来呢?

因为违背直觉。我们更愿意在事件参与中获得满足感，一件事全交给别人去做，就失去了过程体验，也就是心理学上常说的“认知失调”。

如果你正在创业，作为公司的老大，下面两种管理方式，你会选择哪一种?

1. 每天组织各种会，要求各部门负责人轮流汇报工作，制定严格的汇报-审批制度；
2. 找顶尖人才，不定期协调一下整体目标，只要没偏离轨道，就保护大家的自由度。

大部分人会拥抱前一种，因为指点江山的感觉简直太爽了，好不容易当了一把手，不参与到全过程里就太可惜啦!

不过，很多专业概念你可能听不懂，产品、运营、技术、设计、人力、财务、法务……如果听不懂该怎么审批? 为了不露怯，你就要去学习所有知识，在学习过程中进一步强化参与感。

极少人会选择后一种，毕竟，在自己不懂时相信别人的判断和做法，放弃参与体验，会引发严重的感觉-行动失衡，极度不适。

当我们发现自己的能力有短板时，最舒服的状态是关起门来学习，并给自己戴上一顶高帽：终身学习者。

很多所谓的知识大咖利用这种心理，成功找到了饭碗。一位名叫斯科特·扬的学习高手名噪一时，他10天搞定了线性代数，一年学完了麻省理工学院的四年计算机课程，他把自己的方法总结成一本书——《如何高效学习》。书中提到的快速阅读法、笔记流法很有启发性。

如果学习只是为了通过考试，那么这种技术确实值得学习，但面对未来的不确定性，我认为所谓的快速学习，无非是在你的清单上多加了一项任务，非但不能节约时间，反而会减缓你的脚步。

人类的天性决定了，我们很容易沉浸于过程而忘了目标。乔布斯老爷子曾说："公司设置了很多管理制度，很多人以为遵守制度就是工作本身。"同样地，终身学习者的最大陷阱就是可能把学习过程当作学习本身。

每个人都是认知吝啬鬼，学习和思考是一件非常耗能的事情。

所以，只有真正解决当下问题的知识，才值得学习；只有真正帮你节能的老师，才值得追随。

前提是，你要先放弃以自我第一直觉为中心，才能不被其他东西带偏了。

你的参照物，决定了你的心理年轻度

公元2世纪，托勒密提出"地心说"。在随后的1300多年里，古典天文界、神学界纷纷为他站台，让这个学说逐渐体系化，然而整个社会却陷入了长期停滞（漫长而黑暗的中世纪）。

直到16世纪，哥白尼站在所有人的反面，提出"日心说"，一举点燃了现代科学的导火索。在接下来的400多年里，牛顿发现了力学三大定律、瓦特发明了蒸汽机、艾达·拜伦写下了第一行代码、图灵设计出了计算机模型、网景发布了第一版浏览器……每隔几十年，人类社会的进度条就会迈进一大步。

这不是"托勒密"和"哥白尼"之争，而是感受与效率之争。

从两位绘制的模拟图中，我们可以对比出两种体系的差别。左边是托勒密手绘的宇宙体系图，这张图极大地尊重了人类自身的感受——我们看到日出日落，自己静止而太阳环绕，当然会觉得太阳围着地球转。但如果地球是宇宙的中心，那么周围的金木水火土五大行星运行起来，怎么是忽高忽低、忽左忽右的呢？为了不推翻中心感受，托勒密整理出了复杂的验证理论，本轮、均轮、偏心圆一大套，光是演算公式就写了足足13卷。

右边这张图是1543年哥白尼发表的天体运行图，包括地球在内的六大行星以太阳为轴，在同一圆周上公转。只要地球不再是中心，所有行星的轨迹一下子就简单清晰了。

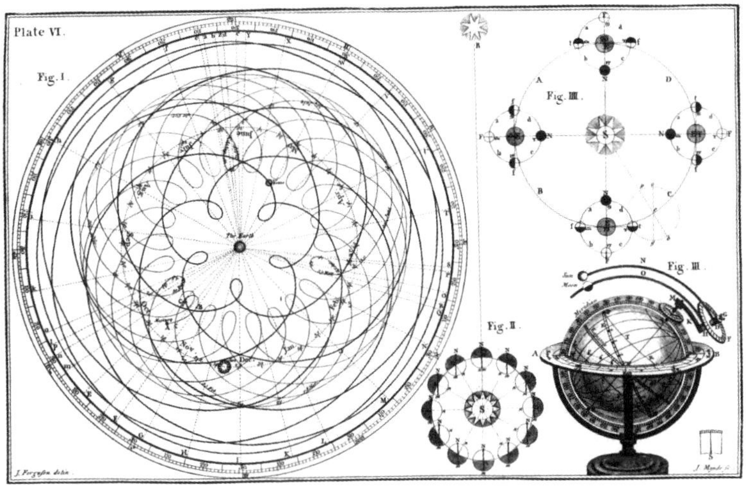

今天我们知道，“地心说”和“日心说”都有局限，但却反映了两种不同的世界观——哥白尼把我们深爱的蓝色星球往边缘拉，放在相对正确的轨道上，从宇宙的一个角落出发（认知效率更高），开放，追求通洽。托勒密把地球放在中心（自我感受最好），宁愿越搞越复杂，也要追求自我稳固。

可是，一个体系一旦追求内部稳固，必然倾向于自我证明；一旦自我证明，必然无法更新迭代，整个系统必然陷于长期的平庸。通俗点说，以自我感受为中心的世界，一定会麻烦事不断，学得越多越停滞，终其一生都在整理自己的偏见。

如果你穿越到400多年前的欧洲，走访罗马教廷和博洛尼亚大学，拿着手机和历史书告诉那些聪明的教皇、博学的教授们后来发生的事情，他们一定会选择简单、开放，而不是复杂、封闭。

不妨再大胆设想一下，如果20年后的你从未来穿越回来，把更新鲜的科技展示给今天的你，告诉今天的你未来将要发生的事，也一定会劝你：别再执着于自我证明和找存在感，跟邻居比三五斗的收成、跟同事比薪水这些破事儿了，看远一点，去追逐更适应变化、更拥抱未来的人吧。

“接受”两个字怎么写？——“接”的左边是提手旁，右边是一个“妾”；“受”上面一个“爪子头”，底下一个“又”。

很奇怪，是不是？

古代人管妻子叫正房，管小妾叫偏房、侧室（我当然不支持一夫多妻制）。笔者认为造字者是想借此隐喻，“即使你不是中心的人物，也要用手捧住、接纳这个事实；这个过程就像有一只爪子在挠你，一次又一次袭扰你，既痒又疼。”有定力的人会克制住，绝不会着急故步自封。他们知道，故步自封的大脑会枯竭，故步自封的社会会瓦解。

这个世界上就是有很多奇怪事，认知超导、挨打立正、正和游戏、开放流通、做徒弟的徒弟，这些思路和行为乍一听很奇怪，一时之间难分对错。

如果站在你的位置上分辨不出对错，那就换一个参照物，看一看更厉害的人，站在他们的星球上看世界、看自己。你会发现真正的高手只关心三件事：**目标是否清晰，线路是否简单，资源配置是否更优。**

常理与奇怪的差距，是托勒密与哥白尼的差距，也是时代与时代的差距。一个拥抱变化的时代，必然会出现很多过去看起来有些奇怪的事物和思维，在它们的背后都有其合理性。**对反直觉事实的接纳程度减去头脑中直觉的含量，就等于你的认知能力。**

相反，一味追求自我的人，无论听过多少道理，遇到多少高人，见过多少数据，仍然无法改变自己的固有思维，这个人的认知能力就趋近于0。

高明或愚笨，取决于你参照的对象；年轻或苍老，取决于你对未来和新事物的看法。这些看法，不会阻挡身体的衰老，却可以帮你实现大脑和心态的逆生长。

如果皱纹终将爬上脸庞，请不要让它钻进你的心里。

场景格式刷：摆脱心智重力

场景时代的核心能力

在前面的章节中，我提及很多这个时代的改变：竞争关系的改变、师徒关系的改变、商家与用户关系的改变，等等。那么，这些改变为什么在过去几千年都不显著，在最近10年里，却频繁地发生呢？是什么触发了这些改变？

答案很简单，因为**人类的活动场所变了**。

- 过去，通常只有在过年家庭聚会时，长辈才会给晚辈发红包；今天，即便是陌生人，也能随时随地在群里抢红包。
- 过去，你只有把知识全部装进脑子里，才算真正的学习；今天，我们有了云盘，只要把知识存进去，在需要的时候调取出来就好。
- 过去，行业和行业、虚拟和现实之间井水不犯河水；今天，跨界变得容易，许多看似不相干的人和事联系在一起，就形成了多边系统。VR和AR的出现，让虚拟和现实的界限变得模糊。

我们是一群活在场景变迁时代的人，也需要刷新对场景的认知。

然而，大部分人仍然没有意识到这一点。研究表明，人老以后，学习力和创造力下降，并不是因为智商变低和反应变慢，而是因为无法放弃旧任务，只能在特定场景下触发特定行为。

在他们的头脑中，事物的属性是唯一的，是不可更改的。比如，图书馆只能是看书的，电影院只能用来看电影。这些固化的分类方式，就像重力一样，把个体牢牢钉在原地。

我们现在看几百年前人们对建筑场所的分类逻辑，一定觉得很滑稽。

《梦溪笔谈》中对建筑场所的分类

- 王族居所
- 林子里的
- 经过防水处理的
- 有瓦的
- 卯榫结构的
- 包含在现有分类中的
- 漏雨的
- 布衣盖的
- 能喝酒的
- 其他
- 比树矮的
- 开封府以外的

站在未来看现在，我们当下所有的分类，也可能是滑稽的，亟待被打破。

还记得《肖申克的救赎》里的名场面吗？老布鲁克斯自杀后，瑞德念念叨叨："这些墙很有趣。刚入狱的时候，你痛恨周围的高墙；慢慢地，你习惯了生活在其中；最终你发现自己不得不依靠它而生存。"如果我们不去打破对事物的固化分类、对场景的刻板印象，不就等于活在了习惯的高墙里吗？

而跨越习惯高墙的方式，像极了我们写作时给文档、公众号排版的过程——如果你对之前的版面不满意，想要一个更漂亮的版面，就不能在原版上修修改改，不然会越改越乱。正确的方式是，用格式刷清掉以前残留的样式，重新排版。

同样地，只有刷掉头脑中残存的旧格式，我们才能书写人生的新篇章。

改变连接方式，而不仅仅是创造连接

分门别类的好处是，它能让我们迅速和陌生世界建立熟悉感，但坏处更加明显，就是它限制了我们的想象空间。

比如，你在约见一个陌生人之前，大脑就已经开始运作，给他分好类了："这个人是处女座，浙江人，以前是英语老师，现在是创业者。"

这种潜意识会持续延展，你对星座、城市和公司的印象叠加起来，形成了你对这个人的全部感知。除非你能在交流中清除它们的影响，具体感受对方的谈吐、品格和气质，否则你认识的就不是这个有血有肉的人，而是他身上的这些标签。关键是这些标签还都是你自己贴的。

当我们先入为主地给人和事贴标签时，就开始失去了创造力。

创造的本质是什么？是两种以上思想连接的过程。

UCLA的脑科学家罗杰·斯佩里，在做过一项研究人类创造力的实验后得出结论：以前人们认为创造力是别人的专利，现在证明这种看法是不对的。我们的右脑负责接收信号和选择，左脑负责加工，这个过程会产出多种认知工具。只要掌握了这些工具，人人都可以成为想象力大师。创造模式至少有三种：第一种是灵感迸发，第二种是厚积薄发，第三种是即兴而发。

但无论是哪一种，创造都是不断对模块进行连接，从而解决问题的过程——**灵感迸发是颅内神经元连接，厚积薄发是人际关系连接，即兴而发是场景连接。**

很多伟大的创意都是这么连接出来的。

远的有阿基米德在浴盆里悟出浮力定律，牛顿在苹果树下发现万有引力，以及莫扎特的“离谱”创作——他在一封信中写道：“我的钢琴曲大部分不是在琴房里写出来的。每当我徒步或骑车旅行时，或者一顿美餐后，思绪便似潮水，把这些思绪低声吟唱出来，就成了我的主旋律。”

较近的有斯文顿上校发明坦克。1914年，他在休养期间看到农田里的拖拉机，猛然想到如果把火炮或机枪装在拖拉机上，似乎更有战斗力。拖拉机加火炮，就是坦克的原型。斯文顿的一次即兴而发，改变了一战的战局。

还有更近的。2011年，美国两名年轻人发现，爱吃零食的人总有偏好，大部分人长年购买零食的种类不超过15种。这个习惯有点像订阅杂志——虽说纸质媒体多如牛毛，但人们只会选择自己偏好的类型。如果结合RSS和零食两种属性，做一个订阅零食的平台，会不会受欢迎呢？说干就干，二人立马成立了零食订阅品牌Nature-box，这个新品类在几个月内就席卷市场，并获得了数千万美元的融资。

无论远的还是近的，他们都是一群不受场景限制的、有创造力的人。

今天，有些企业还在想的问题是，借网红卖货、明星代言，产品就能一炮而红；有些年轻人在想的是，哪天遇到个贵人扶我一把，就能飞黄腾达；有些组织想的是，找个超强渠道或建私域流量池，把用户圈养起来，就能源源不断地挖出价值——他们虽然也在连接，但却纷纷失去了创造力，难免金玉其外，败絮其中。

失去创造力并不可怕，可怕的是一旦如此，我们就很容易陷入了无生趣和孤立无援的境地。

所以你需要搞清楚你所面临的难题，是只要短暂连接一下，在数学层面量变？还是从自己的边界里走出来，改变连接的方式，在内在层面寻求质变？

这个问题决定了你是继续在办公室熬夜，还是回去冲个澡早点睡？是继续埋头攻读，还是抽空去培养点爱好？是拉个产品交流群玩命运营，还是先和大家玩到一块儿？

一本书也可以有“首映式”

在本书即将完稿之前，出版社想让我召集200位潜在读者，开一场新书发布会。

如果我请你来做策划，要让这本书受欢迎，你会怎么做？会赞同下面这个方案吗？

【选址】在图书城或者大型商场，人流密集、气质吻合的地方开。

【曝光】同期线上直播，再搞个万人读者群，总之曝光量一定要大。

【背书】找大咖、KOL站台，联合知名读书会、知识平台同步发行。

这似乎是一个完美方案。我请教了多位策划专家，他们给出的意见无外乎上面三步。但在我看来，这三步走就像是连续摞起的三块石头。只要任何一块不稳，整体就会坍塌。

实际上，发布会的地点可能最终选在了电影院。既没有独具匠心的布景，也没有请任何大咖。在简单介绍完书的主题后，我请大家一起玩了一个游戏。

游戏规则一：如果你可以保证从此不看这本书，我自掏腰包送你一张电影票。

游戏规则二：如果你看过后能忍住三个月不分享内容，我送你十张电影票。

游戏规则三：如果做不到上述两条，请返还等额的电影票款。

游戏规则四：整个过程无人监督，全凭自觉。

我为什么要这么做呢?

首先，图书发行量是有上限的。

根据2020年度的图书开卷数据显示，新书发行破百万册的只有24种。其中，一半是少儿读物，另一半是教辅和小说。成长类图书很少有销售超过10万册的，也就是说，平均每个月几千本。而且你要知道，作者只有百分之几的版税可以拿。所以，短时间内增加曝光、找人站台、疯狂刷屏也不会改变这种现状。即使你想凭卖书赚钱，这个时代也不允许。

其次，书不是商品，而是一种连接方式。

买书并不等于会用书，就如同办健身卡并不等于拥有了马甲线。这个时代，太多人做决策只是出于一时冲动，回家之后，甚至连第一页都不会翻。

而读书和健身一样，需要练习才能增长“认知肌肉”。所以，与其说是读书，不如说是练书。这是一个由**愿景（想读书）—资源（有时间）—执行（用得到）—反馈（有收益）**组成的多层级系统。一个有使命感的作者，应该多关注最后一步——让读者获得收益，而不仅仅是利用大家的冲动。

就拿你现在看到的这本书来说吧，一共就印刷了几万册，如果读者和出版社之间只是买和卖，那么关系瞬间就结束了，双方的任务都很容易完成。

但是如果大部分人买回去既没有看，也没有受益，这就宣告了作者的失败。所以，为了不至于一败涂地，我的任务就变成了——**让每本书到达最需要它的人手里。**

而识别需求度有两个标尺:

（1）你是否愿意用看一场电影的时间来看这本书？如果不愿意，还是去看电影吧，钱我出。

（2）你是否因为书里的某个故事激发了创造力，是否在应用某个方法时获得了回报？如果有，分享和讨论是免不了的。如果没有，说明它对你缺少价值，我会10倍赔付你。

最重要的，阅读不能是苦差事，而是应该像看电影一样轻松自在。

一直以来，我都抱有一个观点:“读书应该是一种享受，而不是消耗”——轻松愉悦如欣赏电影。看的时候心潮澎湃，走出影院余音绕梁。

遗憾的是，大部分人的读书体验都恰恰相反。我们从小听到最多的一句话就是："别玩了，赶紧去读书，不然考不上好大学，长大找不到好工作。"于是，你硬着头皮翻开书，不管脑子在没在，只要闷头坐在书桌前，大人的声音就消失了。在这种逼迫下，你暗自发誓："等毕业了，我就再也不看书了。"在每一个厌恶读书的成年人背后，都有一个被按在书桌前的童年。

这种状况反过来也影响了"出品方"——大部分作者根本不在乎读者的感受。他们把一个"牛闪闪"的书名和一大堆支离破碎的概念推到你面前，仿佛在向你隔空喊话：知识点都在里面啦。什么？看不明白？你不会去"脑补"、去总结啊？还看不懂？那就是你自己的问题了。

这就好比，观众进了电影院，发现大银幕没亮，取而代之的是，每一把座椅上都摆着一沓厚厚的剧本。这时，导演从侧幕条探出半个脑袋，拿着大喇叭喊："由于经费不足，电影来不及上映，所以请大家看剧本吧。"我估计，要真有这样的导演，早被乱棍打死了。

剧本是半成品，电影才是完整的产品。本来期待看的是电影，得到的却是剧本，对于这种情况你一定无法忍受。但你却对半成品的图书习以为常，并且以为，所有的图书都应该是这副模样。

我想打破你的刻板印象，回到人类与知识的最原始关系——从浅显的故事情节里获得传承和进化的力量，并希望这些故事能像经典电影一样，层层递进，扣人心弦。

你肯定已经发现了，无论是质感，还是叙事方式，或是演绎逻辑，这本书都尽可能参照剧作标准——结合主流题材，比如都市、武侠、穿越、谍战、悬疑、星战……融入了荧幕上很难展现的题材，比如商业、运动、自然科学、现实童话……还借鉴了影视的表达手法，如蒙太奇、麦格芬、戏中戏……

总之，所有人物、情节和戏剧冲突，都是为了让底层规律淋漓尽致地展现，让晦涩的剧本轻巧地呈现在大荧幕上，每个人都能拿着自己的票根入场，捧一桶爆米花来"欣赏知识"。

我当然也希望，这股剧作气质贯穿始终，和所有院线电影一样，在放映厅来一场首映礼。

书是文字的载体，文字是思想的载体。所谓的底层逻辑，就是刷掉这些载体后剩下的东西。如果**你能重置旧载体，也就能创造新载体。**

吴声老师在《场景革命》一书中写道，互联网时代的图书不应该是书，而是一个场景。至于是什么场景，现在还没法定义，但至少它能赐予我们好奇心，重新观察这个世界的底层逻辑。

乔布斯和玩具总动员

好奇的心灵就像一台放映机，带你穿越忙乱与无常，走向希望的宁谧。

当人们谈论乔布斯给世界留下的遗产时，除苹果和那些“改变世界”的产品外，还有一个无法忽略的名字：皮克斯（Pixar）——原本只是一个隶属于“卢卡斯影业”的图形制作部门，由于长期没有盈利点，即将被母公司裁掉。

1986年，乔布斯买断皮克斯的股份，让它活了过来。要知道，当时的乔帮主，刚刚被自己亲手打造的苹果公司踢出局，郁郁不得志的他只是出于对电影行业的好奇，根本没打算通过这笔交易获得金钱和声誉的加成。可就是这样一次无心插柳，却等来了皮克斯的反哺。

1. 皮克斯1995年出品的动画电影《玩具总动员》取得了1.91亿美元票房，成为那一年美国本土票房冠军。奥斯卡史无前例地邀请了动画主演胡迪和巴斯光年站上领奖台。随后3部续集一部比一部受欢迎，全球总票房接近30亿美元。
2. 2005年，新一代iPad上市。其中最亮眼的显示功能，应用的正是皮克斯的图像渲染技术。
3. 皮克斯成功吸引了动画巨头迪士尼，后者决定将多年来的经典动漫形象授权给皮克斯制作，并把迪士尼频道开放给苹果旗下的iOS商店。

乔布斯经历过很多次失败：麦金塔被抄袭，被合伙人赶出苹果，推出PIC电脑无人问津。但**正是好奇心，把他从失败的泥潭里拉了出来，也无意间连接了商业、科技和艺术。**

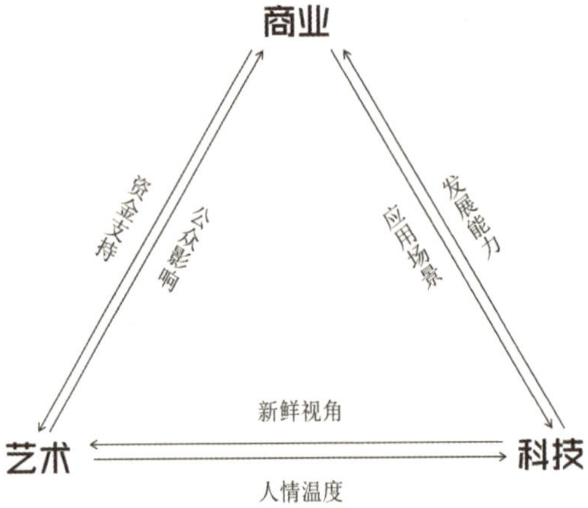

王兴的自传《九败一胜》中引用过一本书，叫作《有限和无限的游戏》。书中提出一个有趣的说法：**“世界上有两种类型的游戏，一种是有限游戏，以赢得胜利为目的；另一种是无限游戏，以延续游戏为目的。”**

有限游戏在边界里玩，无限游戏玩的就是边界。所以，成败是有限游戏，成长是无限游戏；房产是有限游戏，家是无限游戏。到了乔布斯这里，交易是有限游戏，品格是无限游戏；生命是有限游戏，使命才是无限游戏。

你理解了有限游戏外的无限游戏，就能改变连接方式，在复杂的世界里游刃有余。你也就不会太计较一时的得失，不会为一次失意或失恋而心情烦闷太久。

所谓缘分，就是在每一个有限游戏里深深入戏，又依然有跳出来找到无限游戏的勇气和智慧。

周杰伦和毕加索

最后讲一个故事，发生在周杰伦和毕加索之间的故事。

周杰伦，华语乐坛天王，他创作的音乐传遍大街小巷，在全球拥有上亿粉丝。关于周董的故事，你已经听过太多，本书就不赘述了。

我想问的是，这个世界上还有什么东西能让周董秒变小粉丝吗？如果有，那一定是历史级名家的艺术作品。

众所周知，周杰伦的妈妈叫叶惠美，年轻时是台湾林口中学的美术老师。小时候，除了练琴和学音乐，周杰伦从母亲那里听来最多的，就是毕加索的画作，还有很多艺术家的故事，马蒂斯、梵高、莫奈……这些故事对周杰伦后来的艺术创造起到了多大的作用，我们无法求证，但这些高山仰止的名字，一定会在一个少年的心里埋下种子。

话分两头说，在周杰伦出生的那一年，也就是1979年，一位女性因为与珠宝品牌Tiffany的合作，而被世界所熟知。她就是印象派大师毕加索的女儿——芭洛玛·毕加索。

一开始，毕加索非常渴望女儿能继承自己的衣钵。所以，他鼓励女儿在画布上涂抹；与别人谈论画艺或作品时，也常常把她带在身边，在他的启迪中，芭洛玛也渐渐爱上了绘画。

然而，14岁的时候，芭洛玛移情珠宝设计。虽然改了行，但仍然常常走进父亲的画室请教绘画和珠宝设计相通的知识，在另一片艺术的海洋里游弋，也成长为一代名家。

毕加索去世后，留下了很多画作，其中大部分从没在公开场合展出过。这些作品既饱含着后人对父辈的怀念，也是艺术家族的传承，当然是非卖品。但有一种情况例外，那就是当另一位有艺术造诣的人表达出想要收藏的意愿时，非卖品这个概念也许会松动。

所以，当少时的种子慢慢发芽，越发接近曾经高山仰止的名字时，奇妙的连接就悄悄发生了。

当周杰伦向芭洛玛提出想要收藏一幅毕加索的画时，后者毫不犹豫地同意了。因为她相信，一位同是艺术创作者的典范，必然懂得珍惜另一位艺术家的作品，不会毁坏、不会丢弃，能像自己一样精心保管和传承——绝世精品只会流传到值得拥有它的人手中。

2021年，作为苏富比策划人的周董，谈到自己的收藏时感慨道："有时候你要收藏一件你喜欢的东西，不见得收藏得到，你需要有一个对的时机，而我的时机是刚好遇到了芭洛玛。"

他看着自己的藏友蔡康永，说："她（芭洛玛）把毕加索的家族收藏品转交给我，这是一幅没有做过商业展览，也没有画家本人签名的画作，它只在公开场合出现过一次，那是在1973年的亚维农教皇宫。"说着，他展示出当时的影像资料："当你看到你的收藏出现在年代久远的照片里时，你会非常感动。"

我们熟悉的周董，做音乐、打篮球、玩魔术、开古董店。我们不熟悉的他，还是一位名画鉴赏家。无论熟不熟悉，这些身份都有一个共同点，就是有趣。

周杰伦这种有趣，叫作妙趣横生。仔细想想这个词，为什么不是"妙趣竖生"或者"妙趣纵生"呢？因为真正的乐趣往往不在纵向挖掘，而在于横向发现和连接。只要你懂得妙趣，任它横生，无论你取得过怎样的成绩，世界依然在你面前延伸，未来仍然可塑。

这个世界上有很多种生活，不同年龄有不同年龄的情调，不同角落有不同角落的亚文化。G大调有G大调的明朗，D小调有D小调的凝练；笑有笑的畅快，哭有哭的婉约，浪有浪的洒脱，稳有稳的正鹄——如果你只试过一种人生，你不仅活得荒凉，你还怕死，因为总觉得有遗憾——当你见过了大大小小的场面，还能回去安心做你最擅长的事，才算真正的有主见。

周董从这些横向关联的场景中获得了多少音乐创作的灵感，我不得而知。但有一点可以肯定，他总有自己的主见，从不会说自己做不到。

相反，如果一个人经常对自己说"我做不到"，那么他的能力范围就会越来越小，会成为一个无助感很强的人。但如果对自己说"我选择不做"，则是一个强化无助感的过程："我需要的时候就可以做到，只是现在不愿意。"他给自己的感觉就是："虽然没有去做，但这件事依然尽在掌握。”

但如果你问他这个月不给你发工资行不行？他一定会说不行。所以大多数人不是没主见，而是觉得没必要，有必要的时候自然会去做。可是，所谓的时机，不是说有家公司签了你，然后你觉得有必要了，于是埋头写歌、做专辑，就能一飞冲天，而是在你刷新场景，尝试一些过去没有做过的事情中，慢慢浮现出来的。

2011年，周杰伦写了一本书，名字叫《音乐＝影像≠音乐》。他认为，音乐是一种画面。篮球、魔术、收藏无不为音乐提供了画面素材。我们可以从“帘外芭蕉惹骤雨，门环惹铜绿”里听到这种画面，也能从《斗牛》《告白气球》《半岛铁盒》里看到这种画面。

教育进展国际评估组织的调查显示，中美4岁儿童的绘画能力不相上下，一个孩子每周平均会画8幅画，用来描绘自己对未来的想象。同样的调查在4～12岁的孩子中，中美比例是0.5∶6。

我们是从什么时候开始，不再描绘未来的呢？

就是我们自以为适应了这个世界的时候，就是我们对周围的场和景习以为常的时候。

创造力、好奇心、妙趣横生，这些都是我们在幼儿时就已经拥有的能力。今天，我们需要重拾这项能力，去拥抱不确定的未来。

希望多年后，当你和三两知己重逢，酌几杯小酒围炉夜话，聊起当初打破次元壁的一件酷事时，仍然会像今天一样佩服你自己。

个人IPO：让价值持续攀升

行文至此，我们已经谈了高手的三种装备，信息压缩包解决的是时间利用率的问题，场景格式刷可以提高空间利用率，资源模拟器强调的是时空运动起来后能量的产出和消耗。

顺延这个思路，只要我们修炼出能区分产能和耗能的战略性眼光，就有机会享用持续增长的价值，或者成为一个价值持续攀升的人。

要获得这种眼光，最简单的方法就是找到最精于此道的高手。这一次我们依旧把目光锁定在顶级的投资家身上。

价值增长领域最杰出的代表是彼得·林奇，作为量化策略的宗师，他掌管的富达麦哲伦基金，13年间净资产从1800万美元增至140亿美元，增长700多倍。他也因骄人成绩被《时代周刊》评为20世纪最佳基金经理，与巴菲特、索罗斯、西蒙斯齐名，并称为全世界最会投资的四个人。

彼得·林奇最令人称道的地方，是他对自己的经验从不私藏。他结合自己的经历和心得，撰写了三本书。其中，在《战胜华尔街》中，他提到自己的父亲曾是高级审计师，虽然父亲在他10岁那年就因癌症去世，家道中落的他不得不去高尔夫球场当球童，但父亲对他的影响却是终身的。

审计工作其实就是对公司的财务指标进行核对，这种工作延伸到证券市场，其实就是对公司能力的调研。这种家族遗传的能力，在彼得·林奇的基金投资中帮了大忙。

透过调研，他能看到普通投资者看不到的价值，彼得·林奇把这种特殊价值称为“无形资产”（Intangible Asset）——没有实物的非货币性资产。

比如，一家集团公司，拿着优质矿山的开采权，却多年未动工。这些未开发的财富并不会反映在账面上，但却蕴藏着巨大的升值潜力。可以想见，只要企业有大量的、类似的无形资产，剩下的事，就是静静等待价值连续爆发。

无形资产和无形成本

《早年毛泽东：传记、史料与回忆》一书记录了毛泽东鲜为人知的一面，其中有一段伟人自述：

我刚认识几个字的时候，父亲就开始要我记家账了。他要我学习打算盘。因为父亲一定要我这样做，我开始在晚间计算账目。他是一个很凶的监工，他最恨我的懒惰。如果没有账记，他便要我到田里做工。

假如毛泽东没有投身革命的话，很有可能成为一名财务专家。多年后，他用财务的理念来诠释革命，说出了一句至理名言："没有资产，就是最大的资产。"对于无产阶级革命，最大的资产是无形资产。而对于今天的人们，这个道理同样适用。

狭义上讲，品牌、美誉、专利、股权、开发权、税收优待、特许经营权是一家企业的无形资产；信用、口碑、证书、背书、人际关系是一个人的无形资产。

一个国家、一个民族的无形资产是文化。

工作之余，我最爱干的事就是逛各地的名胜古迹，在历久弥坚的穹顶立柱、古老的青石板路、绵延千年的青苔绿瓦间流连忘返。每当这时，我想象着那些伟大的名字，那些改变历史进程的人物也曾在同一块砖上驻足，建筑旁小溪里的几只鹅，也都在这里世代繁衍着，我会觉得千百年的文化就复活在身边，那种幸福感无与伦比。

这种幸福我在5、6岁的时候就已经有所觉察，那时候我的家在崇文门外的东花市，隔着崇文门东大街，对面就是明城墙和古观象台。到了八九十年代，那里只剩下一小段残垣断壁，上边长满了蓬乱的蒿草，我甚至可以轻而易举地爬到墙头上眺望北京站。即便如此，附近居民仍在纷纷撬走古墙砖，去垒自家院墙。这个时候，我才开始痛心，看着祖宗留下来的遗产，这座我深爱的城市，被她亲手养育的子孙一点一点地毁掉，我才知道北京失去了什么。

梁思成的学生、中国文物研究所所长罗哲文早已看到这一点："如果这一片的古城可以存留至今，那将是世界上唯一得以完整保留，规模最宏伟、气势最磅礴的历史文化名城，就连今日之巴黎、罗马也难以企及。"

可是今天，我们到哪里去见证中国的文化？是那些用现代吊车重盖的古城墙、小镇吗？是那些被酒吧环绕的旅游集散地吗？早在20世纪50年代，林徽因就曾呼吁保留北京的城墙：你们现在毁的是真古董，有一天，你们后悔了，想再盖，也只能是假古董了。

预言成真，2003年明城墙一期修复工程竣工，可我们现在也只能称呼它为"明城墙遗址"。

今天，每座城市都在大搞建设，拔地而起的摩天大厦、平地惊现的公路，向人们诉说着现代化进程。很多在外漂泊几年的游子回到家乡，甚至认不出幼时生活过的那条街道。

今天的小城镇与一线城市相比，外观上的区别已经不明显了。可是，绝大多数在外闯荡的人，为什么还是不愿意回乡发展？因为有太多不可见的东西，比如教育、医疗体系，以及就业、创业氛围等，人们的心态和见识依然有很大差距。

城市化只是实现繁华的一种手段，却不是繁华的终极追求。

见识得越广，就越能明白，传承和创新是一对孪生兄弟，没有对历史的尊重和对文化的传承，科技创新和经济发展等于是在流沙上起高楼。**就像假古董，表面上看起来和真的没什么区别，但却失去了魂。这个魂，叫非物质文化遗产，它还有一个别称，叫无形资产。**

为什么创业者听了定位理论，却仍然找不到自我定位？为什么大批职场人总在想自己的优势是什么、天赋是什么、价值是什么，却依然没有方向？

大家总在想自己的核心竞争力是什么，好像怎么都对，又怎么都不对。定位理论一看就懂，一用就错，正是因为他们从来没有从文化这个无形层面思索自己的优势定位。

今天，对于任何一个个体，**比财富数量更重要的，是财富质量**。衡量一个人财富质量的，不是看你名下有多少实体物资，而是看你拥有哪些可以持续增长的能力。

一个拆迁户在获得大笔拆迁款后，可以买豪车、豪宅，但你很难说他是一个真正富裕的人，事实上很多因拆迁暴富的人，很快就败光了家底。因为他们购入的其实不是资产，而是负债——车子每年会折旧，房价增长率与银行利率或GDP增速之间的差值，也是一笔负债。

真正的资产，往往是用眼睛看不见的。现在你肯定理解了，穷人之所以很难翻身，就是因为**无形资产太少，无形成本又太多**。即使他们陡然获得了大量现金，也会想方设法兑换成一笔笔负债，久而久之就演变成一笔笔高利贷，直到无力偿还。

同样的现象也发生在企业管理中。一家生产型企业因为某些偶然因素订单激增，于是着手扩建厂房、仓库，购置设备，还以为“家底”变厚了。可在市场回归理性后，这些厂房、设备就会闲置，又不得不去维护，这样一来徒增了很多成本。一家创业公司获得了大笔融资，最容易想到的就是扩建部门、大量招人，甭管用得着用不着，都先招进来。但这些人才的大部分能力其实根本用不到，一旦财政紧张，创始人又开始想如何裁员、降薪、降待遇。

彼得·圣吉在《第五项修炼》一书中提到一个概念，叫作“负担转嫁”，意思是自己造成的问题，往往要想办法让别人埋单。裁员、降薪就是很多企业主最常用的转嫁手法。但是，看似风险转给了员工和社会，其实这些负担还是会循环到自己身上——表面上精明的行为会造成口碑下滑，等你再去招人的时候，即使抛出高于市场价几倍的薪资和福利，货真价实的人才也不会为之所动，这时你用再高明的文案和管理手段也无济于事，长久下去，无形成本会高得吓人。惠普创始人帕卡德总结到，很多企业主营业务仍在盈利，最后却死于人力资源成本过高。

总而言之，**无形资产是最大的资产，无形成本是最高的成本**。提高财富质量的方法就是配置和优化无形资产，切断或抑制无形成本。

像经营一家上市公司一样经营自己

当代人最希望拥有的是什么？不用想，大部分人最想拥有的一定是有钱。靠什么呢？很多人想到的是靠交易、靠卖货。只有这样，才能获得现金流。但，这也正是大部分人困在底层的原因。其实还有另一个思路，就是让自己更值钱。

如果你有机会观察一下高明的决策者，就会发现他们普遍拥抱后一种思路。

我们知道，国家财政来源靠税收，市场交易越频繁，税收越有保障。但同时，国家又在很多城市设立了保税区，在这个区域内，企业享有免税、保税政策。

为什么国家牺牲掉唾手可得的财政收入也要保税？你去看看1992年以来国家批准设立的保税区，大连、宁波、深圳福田、盐田港、厦门象屿，哪一个不是如今的经济重镇？贸易开放，牺牲的是短期既得利益，换来的却是这些地区和周边地区产业的持久繁荣，使这些地区变得越来越值钱。

英国报业旗下的《每日邮报》是全球订阅量最高的报刊。早在2007年，日均发行量就已突破100万份。彼时的Twitter，是一款用户量只有6.6万、刚上线一年的新产品，而且没有什么明确的收入来源，可估值却达到了2.5亿美元——几乎等于《每日邮报》全年销售额的100倍（一份报纸半便士）。

从这两件事上我们可以看出什么？那就是一个地区、一项产业和一家公司的价值，只看历史和当下的收入规模是有局限性的，更多的是要判断未来的成长性。

股民们都懂得通过基本面、技术面，以及一只股票价格波动走势形成的K线，来判断一家公司的价值是被低估还是被高估了，以此决定买入和卖出的时机。

把这个思路迁移到个人身上，我们**每个人的成长又何尝不像一只股票，当别人投入时间、精力、资源与你交往时，早已在心里为你估了值。**

我们经常能听到，有人形容哪个年轻人是绩优股、成长股、潜力股——每个人都有一条随预期波动而成的隐形K线。

休伊特·海瑟曼在《怎样选择成长股》一书中，列出了成长股的特征，其中几条是这样的：

1. 没有未决诉讼；
2. 非经常性损失（三年内低于一起）；
3. 无形资产比例在合理范围内；
4. 做空比率低；
5. 收入增长率高。

如果把上面的特征类比到人身上，隐形K线上扬的人是这样的：

1. 是非争议少；
2. 情绪波动小；
3. 无形资产占比高、质量高；
4. 被很多人看好；
5. 持续成长。

如果能做到前4点，你的确没必要理会其他事情，你已经是绩优股了。那如何做到这4点呢？其实都可以对应到我们之前谈的内容：

- 重新审视竞争关系，也就能放下一时得失；
- 敢为天下后，懂得延迟满足，才不会急躁易怒；

- 站在价值链的顶端，才能发现海量的无形宝藏；
- 先胜而后战，早一步进入高价值区，并让人看到。

如果你能做到这4点，就能走上一条迅猛蜕变之路，成为一个估值很高的人。但真正的高手绝不止步于此，他们会继续精进，让自我价值呈指数级增长。

你的市盈率是多少

提起价值增长，就不得不关联一个概念——市盈率（PE）。

什么是市盈率?

它的计算公式是：**股价/每股收益=总市值/净利润**

它是衡量一只股票投资回报率的重要指标。通俗点讲，市盈率告诉你的是，多久能赚回本金。

举个例子，假如某公司总市值500元，一年能挣50元，此时该公司的市盈率为500÷50=10。这意味着，依照这个盈利能力，10年后投资者本金可以翻倍。

根据这个公式，我们可以得知，市盈率越低，本金赚回周期越短，越有投资价值。虽然短期内股价可能会受市场情绪的影响，出现暴涨或暴跌，但长期走势基本不会偏离滚动市盈率（TTM）太多。

说到这里，我似乎闻到了一丝悲观的气息。按照这种算法，对于那些盈利水平较低的公司、起步较晚的年轻人，机会是不是就不大了呢？其实不是，市场上存在很多市盈率上百的公司，它们依然有相当乐观的业绩表现，因为利润每年都在稳步增长。

由此延伸出一种新型的估值法，叫作市盈率增长率法（PEG）。

PEG=市盈率/净利润增长率

这个算法的开创者，就是我们前面提到的彼得·林奇，从1977年接管富达麦哲伦基金到1990年退休，他实现了年均复合增长率29%的佳绩。

乍一看，29%平平无奇，算不了什么。但你拿起计算器算一下，就知道这里面的惊人威力了。

这就好比母鸡孵小鸡，一年后小鸡长大也会孵小鸡，所以既要算母鸡每年新增的孵化，又要叠加小鸡长大后新增的孵化。如果你在1977年申购10万元，这笔钱在首个财务年会累积到12.9万元，依此类推，到第13年时，你的总资产会达到274万元。

对于顶级聪明的投资者而言，最难的不是抓住一次大涨的机会，而是在熊牛交替、波云诡谲的市场中持续找到那29%，在泥沙俱下时，紧抓被大众低估的金子，同时经受住无数短期内暴涨几倍、十几倍的诱惑，坚定地守住29%，这是自我投资高手屡试不爽的策略。

很多人抱怨付出和回报不成正比，但你有没有认真想过这样一件事，把你现在的收入放到10年前、20年前，也能进入顶端阵营，成为最富裕的20%的人之一。

其实，大家的财富都在增长，只是大部分人的增长率太低，跑不赢大盘。因此，不管你是打工人还是创业者，在追求理想回报之前，务必先回答两个问题：

- 如果想让人投资你，他/她能获得的回报率有多高？
- 如果你自己投资自己，能预见的回报率有多高？

所以，你要先搞清楚，你当前的市盈率是多少，它将以何种形式增长。想明白这件事，自然会遇到有实力的人帮你，因为对方也是聪明人，也在用同样的方式筛选队友，自然不甘心让你横盘太久。

增速太快，也是一种失败

很多人一听说PEG法，就去一味追求高增长率，很少思考自我的极限在哪里。如果说市盈率低会让你跑输大盘，那么增速过快会让你自我崩盘。

先来听一个故事。

由于美国人在1909年率先到达北极点，所以南极点就成了当时各国的必争之地。1911年，两位探险家的目光同时锁定在南极点这块处女地上。一位是英国的斯科特，另一位是挪威的阿森蒙。

斯科特团队的策略是，在天气好时全速前进，在天气恶劣时就躲进帐篷里休养生息。

而另一队则相反，阿森蒙一直坚持持续前进，恶劣天气时也要保持进度，而在风和日丽时也不会前行太远，以免体力透支。他的原则是让每天前进的里程维持在15~20英里。

两个月后，阿森蒙团队在南极点插上了挪威国旗，而斯科特团队的5名成员全部罹难。

为什么两支探险队的命运差别这么大？

因为持续增长比偶尔加速更可靠。

好天气带来的“暴利”，会让人存有侥幸心理。如果带着这种心态进入气候多变之地，根本没有生存的可能。

同样的道理，无论企业还是个人，增速都依存于国家经济发展的速度，即GDP增速。个体增速与GDP差值在1~2倍都算合理。哪怕是龙头企业，也不可能脱离国家经济基本盘而独自发展。

国际货币基金组织（IMF）的数据显示，多年来我国GDP增速在6%左右。1倍增速是12%，这是一线企业的平均增长水平。个别行业里的龙头企业的增速可以达到30%，但长期来看不会超出2倍，即在18%以内。很多超大型企业想要多涨1%都难比登天，就像王熙凤讲的：大有大的难处。

即使是投资界回报率巅峰的詹姆斯·西蒙斯，他旗下的大奖章基金，复合增长率也只有36%（1988—2009年），而这还得感谢20世纪90年代美国GDP的高速增长。到目前为止，这已经是人类在该领域的极限了。

虽然行业、地域、模式之间差异巨大，但有一点是确定的，对任何人而言，增长率绝不会是一个无限值。

其实，早在100多年前就已经有人意识到了这一点，这个人叫弗朗西斯·高尔顿。这个名字你可能会觉得陌生，他还有一个身份——达尔文的表弟。1875年，高尔顿提出均值回归理论，他认为一种趋势不管多迅猛或多疲软，最终还是会趋向于平均值。

均值回归理论的例子在自然系统和社会系统中比比皆是：

- 天空时而乌云密布，时而白云悠悠，但大多数时间云层内层的颜色是介于两者之间的银色；
- 一部电影出类拔萃，续集往往差一些；相反，评分较低的系列片，第二部往往会提升一些；
- 父母特别高的，孩子也高，但一般长不过父母。父母特别矮的，孩子也矮，但往往比父母高；
- 一场疫情导致一些行业发展停滞，但疫情过后它们中大部分的增长率反而会高于往年。

具体到内部系统也是如此，每个人的能力、学识、资源和财富的增长率也都符合均值回归理论。

正是由于均值回归理论的存在，专注的力量才更加凸显——如果你的成长速度很快（如2倍GDP增速），那么你完全没有必要换赛道。因为即使你再呕心沥血，上探空间也不大。最重要的是，一旦空降到一个你不了解规则、没有把握的赛场，即使偶尔大胜，最后也难免拉低均值。

正是因为事物都要回归均值，所以开放的视野才尤其重要——如果你的市盈率不高、增速很慢，那么就需要换个赛道或者重新定位了。毕竟数字直接说明了，你在原来的行业里没什么优势，如果进入新赛道，即使不能一下子站上顶端，下行空间也不大。

读到这里，我们似乎遇到了一个自相矛盾的话题，M型社会是去中间化的，可为什么又会出现趋向均值？马太效应和均值回归可以同时存在吗？

其实，它们是两种不同的比较方式——均值回归指增速上的自我比较，马太效应指收益上的群体比较。

举个例子你就明白了：

两辆同时起跑的汽车，A是超级跑车，B是普通轿车。时速从0到100公里，A用时3秒，B用时10秒；而时速从100公里到200公里，A用时7秒，B用时20秒。很明显，与自己

相比，超级跑车的加速度下降了——向均值回归了，但仍然比普通轿车快。继续行驶，两者的距离只会越拉越远——马太效应出现了。

像西蒙斯的大奖章基金，1990年的回报率是55.9%，1994年时，它的回报率达到了71%，2009年平均增速回落到36%。不过这已经够用了，21年间，大奖章基金的总收益实现了637倍增长，足以拉开和绝大多数人的距离。

真正好的战略，不会无止境地追求高增长，而是先看到极限，然后建立并保持微弱优势，等待时间的发酵优势；真正的高手都明白一个道理——**只有从太极，才能走向无极。**

假装运营一家上市公司

你想学会一门系统知识，最好的方式就是假装自己正在做的事情符合自己的终极追求。一旦你锁定了终极追求，它会倒逼着你去完成宏伟目标的拼图。

对于大部分企业来说，终极追求就是成为一家上市公司，获得向市场公开募股（IPO）的资格。既然人们把个人发展形容成一只股票，那么IPO也可以是个体的终极追求，只是发行的场所不是证券交易所。

一个具备IPO潜力的人，应该完成什么样的拼图呢？

洛桑大学的亚历山大·奥斯特瓦德教授在《商业模式新生代：一张画布重塑你的职业生涯（个人篇）》中提供了一个思路。他把商业整体分成9个模块，如下图所示。

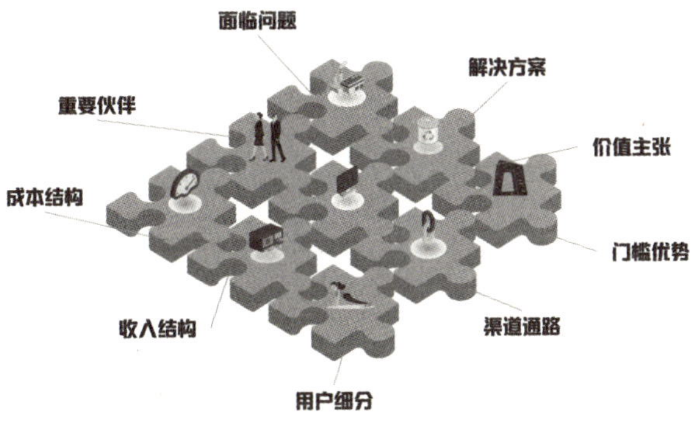

- 面临问题：高质量且有可能被解决的问题。
- 解决方案：着眼未来、适用于当下的方案。
- 价值主张：对人类、民族和行业发展的利好。
- 门槛优势：行业、模式、工艺形成的护城河。
- 渠道通路：如何规模化连接、影响和帮助他人。
- 用户细分：明确具体解决哪一类人群的问题。
- 收入结构：有形和无形、固定和动态成本的总和。
- 成本结构：固定成本、动态成本。
- 重要伙伴：拥有互相提携、互相支援的朋友。

常见的收入结构有4种，如下图所示。

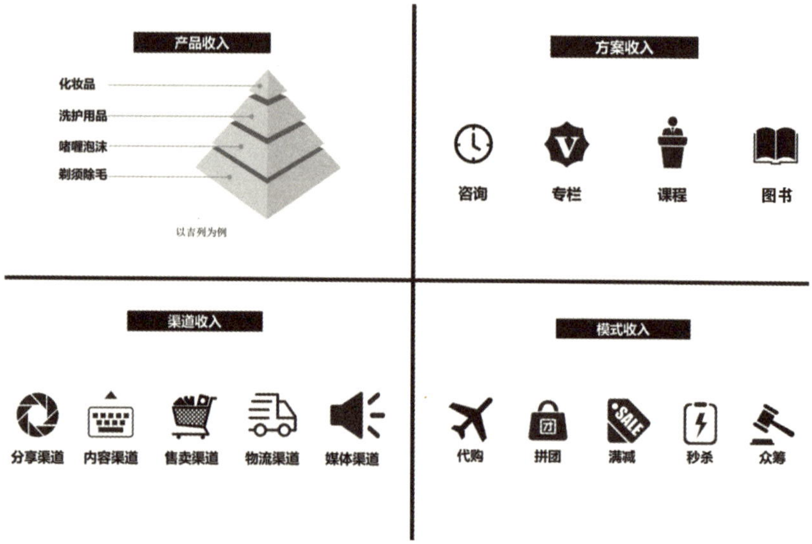

可以看出，每一个细分领域都蕴含着巨大的增量，单拿出任何一个都至少是千亿市值的市场。如果你想突围，千万别想太多，把其中某一小项做好就非常厉害了。

在你不断打磨9个模块的能力的过程中，你将逐渐成为一个竞争力强劲的人；继续反向匹配资源，去换新素材，模块间的契合度会越来越高。

接下来，打开你的管理软件，每天记录一点变化，很快你就拥有了一张“报表”，它能直观地反映你的成长速度。

正如高级会计用三张报表（资产负债表、现金流量表、利润表）来反映公司的经营状况，我们也可以形成自己的三张表：

- 【行为负债表】哪些知识还没有应用？哪些模块还没有整合？要集中时间平掉这些债务。
- 【价值流量表】资源、人脉的流通状况怎样？规模多大、质量如何？有没有接触新圈层？
- 【综合利润表】每一笔无形资产迭代、优化了多少？增值部分减去成本，还有多少盈余？

每季度或年度统计一次，你的市盈率就呈现出来了；比较前一个统计周期，你的增长率就显而易见了，我管这套方式叫“个人证券化工具”或“个人IPO”。

至此，本章已经介绍了4种工具：

1. 信息工具：信息压缩包；
2. 场景工具：场景格式刷；
3. 资源工具：资源模拟器；
4. 增涨工具：个人IPO。

由此，我们推导出高手装备的16字要诀：**信息变少、场景变多、资源变广、速率稳定。**

巧合的是，早在2500多年前，中国哲学之父老子也表达了类似的观点，而且同样用了16个字：**“大音希声，大方无隅，大象无形，大器免成。”**

我们可以这样理解：最美妙的信息是没有声音的，天籁需要用心聆听；最广袤的世界是没有边界的，我们可以活在边界之外；最壮观的景致眼睛是看不到的，需要用心感受；最大的器型不是人为打造出来的，而是浑然天成的，需要时间去雕琢。

爱因斯坦说，光既是粒子，也是波。一个人的能力也有两种属性，一种是物质的，另一种是精神的。

装备傍身是攻坚利器，融在心里就是一种哲学。

外挂清单

- 能力强不等于技能多，而是你的每项技能都足够系统。
- 能力不是木桶型的，而是漏斗型的，上层决定下层。
- 烧制瓷器的系统层级从上层到下层依次是选材—工艺—器型。选材不行，工艺再好，器型再妙，也造不出精品。自我能力培养的系统层级是趋势—站位—努力。不看趋势、不懂站位，努力很难见成效。
- 人的发展路线有两条，一是获取职业奖励，二是获取社会奖励。职业奖励靠贩卖时间和技能；社会奖励靠的是，你在某个能力型组织，而非盈利型组织中的地位，不断升级。
- 拥有一套可以反复利用的装备，是获取社会奖励的基础。
- 信息压缩包：在杂乱现象中，快速找到高含金量的信息。
- 资源模拟器：模仿高价值人群行为，把信息变成价值。
- 场景格式刷：打破次元壁，别被当前场景限制住。
- 个人IPO：假装运营一家上市公司，成为成长股。

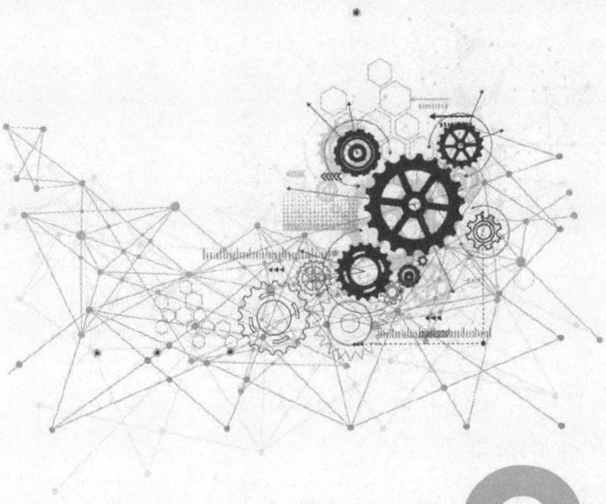

05

高手的引擎

提升人生的续航里程

真正的成长，不是逆袭或翻盘，而是可持续。你可以随时踏上高手之路，但决定你能走多远的是你的内心——内在发动机的性能。

高手的反脆弱引擎：系统升级，超长续航

我回到北京的家里，准备闭关写这本书，恰好赶上多年好友组织的一场足球赛，久未运动的我打算踢场球活动一下筋骨，二话不说应邀前往。

这一活动不要紧，在一次躲避对方抢断时，我做了一个“马赛回旋”——踩球、转身、拉球——这个我曾无数次轻松完成的潇洒动作，这一次却失败了。顷刻间我感到成吨的力量压在右膝盖上，身体不受控制地倒在草坪上——十字韧带断了。

髌骨移位、巨痛袭来，脑门的汗涔涔流下，我用手拍打着地面试图缓解，几分钟之后，我发现自己适应了这个级别的疼痛。紧接着，失落感覆盖了疼痛感，这却是难以适应的——我可能会接受手术，然后在病床上躺数周甚至几个月，这意味着我无法继续工作，写书的计划搁浅了，长久以来的付出要泡汤了。

即使做足了心理准备，现实仍然超出预料。手术后，我在医院的监护室里苏醒过来，腿上缠着3公分的石膏板和8公分的纱布，这种固定方式产生的连锁效应是，我的腰椎、脊椎完全无法移动，我不能翻身和正常坐立，吃喝拉撒都得躺着完成。更让我崩溃的是，监护室不允许探视，更不允许使用手机、电脑等电子产品——我被困在了一张1.1米×2米的窄床上。

没有炸药就不能爆破火车

身体受困，大脑还没凝固，我躺在病床上想起一个抗战时期的敌后事件。

1940年，在日本人的扶持下，汪精卫在南京建立伪政府。届时，德意日轴心国的外交使节、日军高级军官将乘坐“天马号”专列，从上海前往南京参加汪伪政府成立典礼。

我们的任务是炸毁这趟专列。时年23岁的特工顾伟临危受命，指挥这次行动。电视

剧《伪装者》中，胡歌扮演的明台奉命炸毁“樱花号”的故事，原型就来源于顾伟。

可是想要完成任务谈何容易，最大的难题是缺炸药。组织刚刚遭遇特务破坏，元气大伤，连子弹的数量都无法保证，况且江浙地区早已被日军控制，特务机构76号也有所提防，通过军火交易获得炸药几乎不可能。

拿不到炸药，就不能完成任务吗？

面对这个问题，特工的回答荡气回肠：“火车上的手雷、餐车里的油料，都可以作为炸毁火车的原材料，就算取不到炸药，我一样可以完成爆破任务。”

受到伟大战士的启发和鼓舞，我决定尝试在监护室里继续工作——先在头脑里构思框架，然后朝护士借来圆珠笔，在病历本上梳理大纲。当储备知识不够用时，我会在空白处标注缺理论、缺实例。断网让我更专注，行动不便迫使我尽量用深入浅出的方式遣词达意，只要大脑、右手还可以动，写作的任务就不受影响。

你对资源的依赖程度，决定了你能走多远

今天，人类正在变得越来越聪明，也越来越懂得趋利避害，可正是这种精致的聪明，把大多数人策反成了时代的弱者。

- 学生屏蔽了无法提高分数的课外知识，从而失去了能力跃升的机会。
- 创业者规避了短期政策不明的行业，错过了扭转长期命运的机会。
- 企业砍掉了短期现金流不足的业务线，永久地踏空了盈利上升期。
- 投资人清仓了数据不理想的项目，成功绕过了那些未来的独角兽。

人类的天性决定了，只要一有空子就会找理由——资源不足、条件欠佳、时间紧迫，任何一个都可以成为改弦易辙的绝妙借口。这也情有可原，毕竟这个世界上永远存在两种人：掌控者和机会主义者，也就有了两种人生路径。

掌控者总是把注意力投到内部可控的因素上，在他们心中，资源是这样排序的：态度>能力>投入>机遇。他们内心的声音是：

> 从设定目标到实现目标，存在多个节点，在愿景—战略—管理—执行的每个节点上，都有可能发生意外。所以，一个目标必须有两条并行任务线：一条是按照计划全力完成目标，**另一条是当计划受阻时，寻找备选方案，创造新条件。**

这样做事情，会提升评估任务难度的准确性，进而增加对未来的把握。

相反，越是机会主义者，越会预设理想状况——除非条件符合预期，否则无法开始和继续。他们的内心注意力排序是这样：机遇>投入>能力>态度。他们心中的自我对话是：

> 只要政策公平、条件满足、资源充裕，我开始投入努力是没问题的。态度和能力这种事情，等时机成熟自然就有了。

一面等待所谓的时机，一面谴责社会不公，这种人生就像押宝，把赌注压在变数极大的地带。一丁点风吹草动，就能激起内心的惊涛骇浪，从而打消曾自以为坚定的念头，或者天天念夜夜想，就是不敢行动。

掌控者与机会主义者的内在差异，也是强者与弱者的根本区别。

想象一下，假如我因为意外受伤而放弃或延迟写书，一定可以得到亲友、读者的同情和自我的谅解。但这会让我习惯一种处事方式：一旦目标受阻，就去找一个冠冕堂皇的理由宽慰自己：“没事，不是你不想干，的确是条件不允许。”长此以往，我会习惯于自我怜悯，沦为永恒的弱者。

换个角度看，极端条件往往可以孵化出新能力，当竞争的核心要素开始改变时，你带着新能力参与新竞争，往往能发挥奇效。

人类发展史也多次证明，实力值和原始资源水平往往成反比。

秦国在战国七雄中，位置最偏、耕地最少，然而就是这样一个被认为不如其他六国的国家，最终完成了华夏民族的统一大业。

犹太人几千年来没有自己的土地，过着颠沛流离的生活；直到1948年，才在约旦河流域的狭窄地域建国。然而他们却是世界上最富有、最智慧的民族，在政治、艺术、科学、经济等领域星光璀璨，诞生了共产主义开创者马克思、现代物理学之父爱因斯坦、计算机之父冯·诺依曼、原子弹之父奥本海默、通讯之王路透、好莱坞巨头华纳兄弟、艺术大师毕加索，以及摩根、罗斯柴尔德、比尔·盖茨……

西班牙、葡萄牙、英国、法国、德国、意大利，这些近代崛起的国家，均来自欧洲。从地理上讲，欧洲的自然条件并不好——南部地区属于地中海气候，冷热不同季，不适合耕种，农耕时代发展缓慢；北部靠近北极圈，太冷；中部横贯着比利牛斯山脉和阿尔卑斯山脉，割裂出多个各自为政的小国。但正是这种极端环境，激发了欧洲人的求生欲，直接催生了15世纪末的大航海时代，接下来的400年，伴随着发现新大陆、移民美洲和工业革命，“弹丸小国”纷纷跻身世界强国之列。

反观物产丰饶、地域广阔的亚洲、澳洲和美洲大陆，却没有原生出一个近现代的发达国家。同一时期，明清两朝的帝王还做着“天朝上国”的春秋大梦，最终被“弹丸小国”的坚船利炮轰开了国门。

时至今日，我们仍然会被“资源魔咒”施法。如果一个城市附近有矿产或者支柱产业，毕业生就倾向于留在家乡；如果一个家庭在当地有门路，年轻一辈就倾向于依靠父母的关系去国企、银行上班，起码安稳啊！

这些封闭的小系统十分有效，如果一直维持下去，完全没必要去看更远的世界。可惜，在今天这样一个开放连接的时代，池水一定会汇入海洋——南方的小渔村成为了国际化大都市，引发了连锁反应：原始资源对经济的影响减弱，老工业城市综合竞争力下降，国有体制改革，金融互联网化，在一波波浪潮的冲击下，这些安稳的池塘会被冲垮。

相反，高手会暂时放下资源优势，思考价值，他们相信只要方向正确，资源是可以重新积累的。

高手都有反脆弱机制

很多人认为，摆脱困境的基础，是拥有超人的意志力。无数鸡汤文章告诉你，只要怀揣梦想，坚持不懈，你就将无坚不摧，胜利终将属于你。

但仔细想想，我在监护室带伤写作、特工不辱使命、欧洲小国崛起，这些任务，真的是仅凭意志支撑下来的吗？

恰恰相反，高手不是超人，更不可能无坚不摧。他们不会陷入“幸存者偏差”，而是比一般人更早承认自己的脆弱和渺小，这样容易发现难点和能力边界，从环境波动中取得收益——这就是“反脆弱机制”。

其实，在理解反脆弱机制之前，你的身体早已从这个模型中获益了。

我们都知道，生物进化的基础是基因（Gene）——带有遗传信息的DNA片段。它像一张硬盘，负责存储人类的生命编码硬盘很脆弱，稍有不慎就会损毁或丢失。这时，如果不能及时复原，人体就可能出现病变，严重的会引发癌症。

好在，DNA是双螺旋结构，这决定了每一段编码都有一个备份。即使原来的信息不见了，只要复制双螺旋另一端的备份就可以完成修复。因此，我们大概率不会患癌——**双螺旋是人体的反脆弱机制**。

如果自然人是通过先天基因受益的，那么社会人则是通过后天基因进化的。

- 我在创业圈被“熏”了多年，见识过这个领域的众多杰出人物，我的行为里兼容了他们的一些模式，逐渐养成了自觉启用Plan B的习惯，此为**行业基因**。
- 特工在军校接受格斗、枪械、情报等方面的训练，最主要的是训练心理，并在实战中加以强化，直到可以从容应对各种突发状况，此为**职业基因**。
- 欧洲迅猛发展的前一个阶段是文艺复兴。在这一阶段，银行世家——美第奇家族的介入功不可没。作为世界上最早的“天使投资集团”，美第奇家族大力资助科学、艺术领域前沿人士，激励背后的创新思想和技术，投资对象包括达·芬奇、伽利略、米开朗基罗、拉斐尔……多元文化大放异彩，为日后综合实力的爆发埋下了种子，此为**文化基因**。

在任何情况下，基因都大于努力，如果别人还在依靠个人意志去解决问题，而你先他们一步吸收了行业、职业、文化涌现的能量，你就获得了开创一家新企业、一项新事业甚至一个新行业的机会，就获得了连绵不绝的动力。

时代是风景，我们是坐在车上看风景的人，先天基因是行车记录仪，后天基因是引擎。

行车记录仪再精确也只能反映过去，引擎才是决定你续航里程的关键，它决定了你如何看风景，以及如何通往下一站。

湖畔大学原教育长曾鸣教授也持有类似的观点：大部分个人和企业，出发点都是面向过去、面向自己和面向资源的，但战略中更重要的是如何面向未来。

所以我们读书写作、阅人阅己的目标，是不是应该从罗列、分析和总结过去，转变为引导大家向往未来，看到自身结合时代的更多可能？

这个过程中包含着从行为到认知的转变，我们势必**从追逐原始资源、短期利益的人，转变为一个自带增长基因，值得被时代奖励的人**——自能成羽翼，何必仰云梯。

“敏捷”也是一种脆弱

如果让现代人选择一个增强自身的基因，比如视线更远、肌肉更强、反应更快，我想绝大多数人都会选择反应更快。

今天一切都在变快，微型处理器每18个月增速一倍、微信通讯录平均每个月增加几十名陌生好友；如果你在短视频网站找到电影解读版，你就能3分钟看完一部两小时的影片；早晨上班，地铁里的人行色匆匆，你盯着列车进站提示牌，心里在喊：快一点，再快一点！

“快”真的是时代的通关法门吗？先来看看下面几个现象吧。

- 电影刚上映，你迫不及待地拉上恋人去看，没出影院就开始唏嘘：破片儿真“坑人”，浪费时间。
- 出去玩总要拍照发朋友圈，拍完抓紧P图，发出去着急看点赞，结果发图越多越没人看。
- 每到下班点就着急回家，7点打卡8点到家，早一个小时，6点出门居然也是8点到家。
- 证券软件下单从65毫秒提速到3毫秒，交易利润不但没有提升，反而下滑了30个百分点。

为什么会这样？

这些现象的背后隐藏着一个共同的规律：机会延迟——越复杂的系统，反馈周期越长。这时，你的反应越快，结果越失控，收益来得越慢。相反，如果你能等待一下，事情会朝好的方向发展，机会要点往往会自动浮现。

- 选片时，专挑即将下线的影片，因为等影迷的热情冷却下来，再去看评分更客观。
- 旅行时，先全身心去欣赏景色，知道哪个景观更惊艳，返程时再拍容易出精品。
- 下班时，错开高峰期，把堵在路上的时间用来干点别的，比如吃晚饭、健身，等等。
- 选股时，越紧盯上涨快的股票，越有可能高位接盘，慢下来才可能在合理价位建仓。

在《思考，快与慢》一书中，诺贝尔经济学奖得主丹尼尔·卡内曼提到两个概念：第一系统和第二系统。快思考是第一系统，带来短期感受；慢思考是第二系统，注重长远改变。显然，大家都在求“快”，“慢”下来反而会让你更有竞争力。

文艺复兴“美术三杰”之一的米开朗基罗，就深谙慢思考之道。他在绘制圣彼得教堂的圆顶天花板时，教皇、红衣主教、传教士、教徒们和其他艺术家纷纷来提建议。每到这时，他总是安安静静地坐在那里，挨个听完，就是一笔不动。教皇憋不住了，嫌进度太慢斥责他，米开朗基罗仍然不为所动，直到有一天，大家都以为他傻了，所有的声音都消失了，他才继续开工。

其实他非但不傻，反而聪明至极。他没有就着建议单独反应、修改作品，而是全部认真听完，有用的保留，类似的合并，没用的和偏激的也不去反驳，这样节省下来的时间，就能全部用在提高作品质量上。与其他艺术家相比，米开朗基罗相当高产，而且精品众多。米开朗基罗说：“天才即永恒的耐心。”

操越大的盘就越需要克制短期收益的心态，耐心等待长期价值。动物观察者发现，海狮会以一种叫作“延迟植入”的策略来应对未来，如果雌性海狮在繁殖季节交配，受精卵可以在她体内停留三个月，等到外部环境合适时再孕育胎儿。但这是出于本能，而不是思考。

在短暂的时间里，人类并不比动物占优势，可人类能成为地球的主宰者，正是我们主动寻求“更慢”的结果。

人类进化史上最重要的奇点，是“直立行走”。刚开始，这个改变带来的是痛苦——本来在四足着地时人类的速度已经输给猛兽了，两条腿不就更跑不过了吗？不过，较差的短期体验，总会带来种群的长期革命性的改变。今天我们知道，直立行走的好处有很多，比如视野更好，可以看到更远的猎物和栖息地，可以腾出双手做更精细的工作，两者又共同促进了大脑的信息处理能力，逐渐拉开了与动物的差距。

当然，快与慢是相对的。在无数个短兵相接的小系统中，追求“快”的确是个好办法。军事上，一次成功的战役指挥要满足“四快”：作战准备快、向前突进快、扩大战果快、敌溃追击快；但要在宏大的战场上取得彻底胜利，则要严守“一慢”，即发起总攻时间、收获战役果实要足够慢。

今天的我们也是如此，如果你要简单的快乐，花1分钟喝瓶可乐、用3分钟听一首口水歌就可以；可若是想要体会健康或成长的乐趣，则至少要养成21天做一件事的习惯；倘若你想要取得职业大发展或者商业成就，则至少要3~5年。极致的体验，往往不是“快乐”，而是“慢乐”。

人类是唯一能思考未来的动物，我们的优势基因不是“应变快”，而是“看得远”。只有看到更远的未来，我们才能摆脱自己动物性的部分，在一次次生存之战中一直赢下去。

任正非和任我行

从反脆弱的角度谈一个话题——哭泣，到底好不好？

普遍认为，哭是儿童的专利，年龄越大眼泪应该越少才对。而且，成年人动不动就掉眼泪，实在是一件丢人的事。达尔文甚至说：眼泪是没有意义的进化“副产品”。

进化论有它狭隘的地方。好在，现代科学体系一点一点地揭示了眼泪对人体的价值——它自带多种极佳的反脆弱机制——首先，情感性泪水中含有一种名为脑啡肽的化学物质，它可以起到止痛的作用；泪水成分中的溶菌酶、免疫球蛋白、乳铁蛋白、β-溶素有抑制细菌的作用；此外，哭一哭能促进呼吸系统、循环系统、神经系统运动，这种运动能起到减压作用，放松情绪和肌肉。

科学家推断，流泪的频率很可能和我们的寿命有关。女人一辈子流泪的次数是男人的5倍，女性更擅长用眼泪缓解精神负担，这使得她们因神经紧张患上梗塞、中风的概率远低于男性，全球大部分地区的女性都比男性更长寿。

当你感到坏事来临的时候，哭泣是最直接的宣泄，泪水里充满了痛苦、悲伤和绝望，但从生理层面来看，你可是正在经历一件大好事。

世事多如此，表面上看起来糟糕至极的事情，换个角度看，抑或是极致的美好，正如悲痛滋养了珍惜，绝望孕育了希望。

真正完整的人格，不是一门心思接受取悦自己的事情，而是在看似不堪的局面中窥见到永恒，作为系统的一分子，理解和顺应系统。徐廷柱在他的诗《自画像》中写道："二十年来，养育我的是八面的风"。

我们可以从华为总裁任正非的名字中感悟到一丝玄妙。1944年，任木生（字摩逊）的长子呱呱坠地，取名任正非，寓意是"正即是非，非即是正"。这个名字纳入了哲学理念：任何事情都有两面性，好事和坏事在适当条件下，是可以相互转化的。

《哈佛商业评论》提到，人类每一次经历大灾祸，接下来都会迎来整个社会的系统性改变。14世纪在欧洲爆发的黑死病，是文艺复兴的最大起因；2002年的非典，直接催生了互联网贸易；今天的新冠肺炎疫情，也带来了诸多商业变革的历史机遇。

至暗时刻，要多向前方看看；至明时刻，要反过来想想，我们将为之付出怎样的代价。因为任何成长都有代价。就拿直立行走来说吧，人类的代价是脊柱受力方向的改变，再也不能像四足动物那样平行分担背部压力，所以大部分现代人都会受到颈椎病的困扰。但与人类大脑的进化相比，这个代价非常值得。

当你追逐所谓的事业成功时，是不是应该先正视其背后的代价。如果因逐利牺牲革命友谊，因工作牺牲家庭亲情，因物质牺牲精神，那你就该好好考虑这些是否值得、这些代价你能否承担。

在这一点上，任我行充当了反面教材——抱着极端心态，他做了一天的武林第一，为了虚名不计代价，最终被速成吸星大法这种邪门武功反噬而亡，这个代价他很难承受。"任我行"这个名字是金庸的反讽——任由"我"的意愿行事，自由无度是有"毒"的。

英文中的"自由"有两个单词，一个是Freedom，一个是Liberty。前者指个体不受约束，随心所欲；后者指在规律下的人性解放。

随心所欲的自由并不存在。所谓人性解放，指自由选择的能力，但更多的是为自我选择承担代价的能力——你拒绝了父母为你安排的工作，自由地选择志向，就要承担选择失败的后果；你可以拒绝别人的方案，但自己先要有一个更优的方案；你要站在舞台的中央，成为一个受人尊重的人，就要禁得住诱惑、耐得住寂寞——这才算真正的自由。

神奇的莫比乌斯带

拿一张长纸条，先把其中一端翻一个身，然后把两端粘在一起，就做成了莫比乌斯带。用剪刀沿纸带的中央把它剪开，此时你会惊奇地发现，纸带不仅没有一分为二，反而嵌套在一起，形成了一个两倍长的纸圈！

1858年，德国数学家莫比乌斯发现：普通纸带有两个面（双侧曲面），一个正面，一个反面，两个面可以涂成不同的颜色；而莫比乌斯带只有一个面（单侧曲面），一只小虫可以爬遍整个曲面。

莫比乌斯带的神奇特性在于，一些在平面上难解的问题，在莫比乌斯带上可以轻松化解！

过去，动力机械的传送皮带寿命很短，因为只磨损一面，所以很快就报废了。但如果传送带是莫比乌斯带状，就可以减少磨损，寿命至少是以前的几倍；游乐园里的过山车轨道，很多也都做成了莫比乌斯带状；北京东三环边上的凤凰传媒中心，设计的灵感就来源于莫比乌斯带。

由莫比乌斯带衍生出一门学科，叫作“拓扑学”（Toplogy）。它是一门研究空间形变后，如何保持性质（连通性、紧致性）稳定的学科。

拓扑是建立计算机网络的第一步，它能反映网络节点间的立体结构，决定通信的稳定性。

今天的我们，是一群活在立体连接中的人，也需要一套**“人生拓扑”**，与世界紧密连接，同时保持内在的平和。

想要实现这一点，你需要重新看待自己，引入新的身份为自己赋能。

我相信，每一个生活在剧烈变革时代的人，都在不断问自己这样的问题：“我究竟是谁？我会变成谁？”

接下来，我们就来聊聊4种重要的身份，并且谈谈高手是如何利用这些身份杠杆撬动自己的。

- 如何迅速成为一个领域的高手？
- 如何面对复杂的人际关系？
- 如何远离负面情绪，保持内心的从容？
- 如何把生活和事业变成高端游戏？

本章的内容就针对这些问题展开。

- 与时代相处，高手拥有艺术家般的风骨。
- 与社会相处，高手拥有外交家般的坦荡。
- 与自我相处，高手调动“内在父母”接纳自我。
- 与职业相处，高手拥有趣味横生的玩家心态。

收放自如的艺术家

最近几年，有一档叫作《王牌对王牌》的综艺节目很火。在节目中，常驻艺人和嘉宾们通过游戏达到互动效果。其中一个游戏很有意思：

桌面上摆了5支绿色食品管，外观上看不出区别，其中一支装有芥末，其余全是没有味道的替代品。一组中每人吃上一口，另一组嘉宾来猜，谁吃到了芥末。

为了让游戏更好玩，那些没尝到辣味的组员，需要模仿真吃到芥末的状态。

这个动作说起来简单，准确做到却很难。不信？你下次吃饭的时候可以试试，随便夹口菜吃，想象着送进嘴里的是一口绿芥末，你能还原吃到的真实反应和表情吗？这一步操作其实是表演中最难的一环——**无实物表演**。

大多数人都吃过芥末，只是一般人从未仔细观察过这个行为，所以复刻不出来；而好的演员则会有意识地观察自我的本能反应，在下次需要的时候调用出来——**在意识和潜意识之间自如切换，在场景里回顾过去。在角色中迎接未来，这，就是艺术给懂它的人带来的福利。**

你可能觉得，艺术离自己太遥远，但你仔细想想，父母子女、丈夫妻子、上司下属，这些何尝不是社会关系和家庭关系赋予你的一个个角色呢？哪一个不需要你懂得关系处理的艺术？人与人的区别在于，有的人迅速从容地进入了新角色，而有的人则无所适从——有些人做了父亲，言行上却还是个孩子；有些人做到了管理层，却还天天想着跟下属争功；很多公司规模做大了，创始人却还是小作坊作风。

1934年，社会心理学家乔治·赫伯特·米德提出，人有两个“自我”，一个是独立自我（I），另一个是通过角色扮演实现社会中的自我（me）。1977年，另一位社会学家班杜拉做了一个实验，验证了米德的理论。

实验内容是，72名儿童（3~6岁）扮演成人社会的不同角色。那些扮演老板的儿童，展现出与身份相符的领导力，扮演员工的儿童也表现出了服从力。实验的结论是，**人天生具备适应角色的能力，只不过这种能力需要借助道具，比如服装、办公桌、成年人的行为参考……**

为什么那些继承父母职业的孩子，比没有家庭传承的孩子更加得心应手？并不是他们家里有矿，而是家庭有意无意地提供了道具，让他们提早适应了未来的角色。

但这种优势也会带来弊端，当外界环境发生变化时，他们的适应能力普遍不强，反而不如一些没有背景的人，于是出现了一种景象——富二代、星二代们拼命摆脱父辈的标签，创出一番新天地的美好愿望和薄弱的适应能力，成了他们毕生的掣肘。

在今天这个**竞争跨界、职业壁垒逐渐被打破的时代，相比与生俱来的模板，后天形成的无实物塑造角色的能力正在变得越来越重要。**

每当我们的人生开启一个新阶段，都必然要经历适应新角色的过程；如果你没有环境基础和经验，科学又不能提供指导，那该如何学习呢？答案显而易见，就是通过艺术——艺术作品中提供了比生活中更丰富、更精炼的素材，站在艺术家的视角看待生活，可以快速地提高一个人的审美、品格和能力。

王尔德说，**并非艺术模仿了生活，而是生活模仿了艺术。**

李小龙，一个在国际舞台上绽放的华人影星、功夫高手。他19岁才开始学习咏春，24岁便在唐人街打败了其他中国武术家；《时代周刊》把他评为20世纪最伟大的100人之一。

不过，我对李小龙的推崇并不是因为他高超的武功，更不是因为他取得的那些成就，而是因为他写过的一本书，一本鲜为人知的著作——《生活上的艺术家》。我有充分的理由相信，李小龙的大部分成就都是基于他对生活和艺术的深刻理解。你可能觉得我有些夸大，一起来欣赏书里的一段话，你的看法可能会有所改变。

“一旦你有了自己的性格，你便有了自己的一套僵化的套路，你的行为会变得呆板。这时，你已经丧失了一种能力，即运用你所有的资源，来自由应对世界上出现的各种情况的能力。你总是预先决定好用一种方式处理事情，也就是你的性格所包含的内容。所以，最富有、效率最高、最有创造力的人就是那种没有性格的人。”

李小龙与米德的观点如出一辙——**一个人发展最快的阶段，始于忘记“我”（I）的**

存在：你对自我的看法、多年来养成的性格，以及那些塑造你性格的环境诱因都不重要了，如何与世界同频（me）才是关键。这个过程好比在火箭升空时，吸附在箭身的助推器会逐个脱落，能量燃烧后，它们的使命就完成了。倘若助推器没有及时分离，极大概率会引发爆炸。

成年人的最大阻碍，就是性格固化，用出身、境遇给自己的人生下定论；他们的脑子里装着一条直线：只有人的社会地位、财富级别先发生改变，格局、审美才会相继被触发。

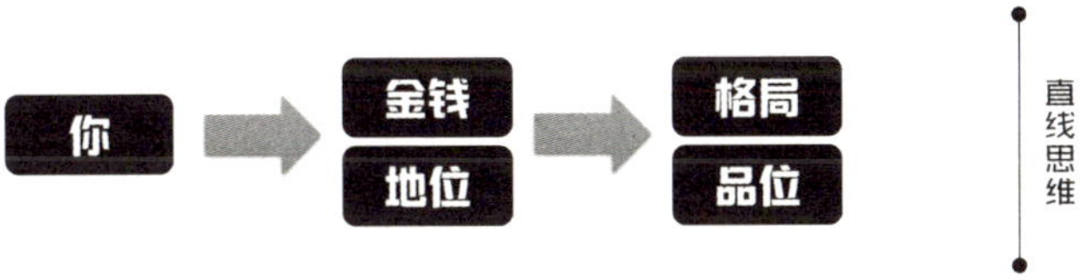

可是，如果格局和视野一直停留在过去，气质完全卡死，即使有一天突然把你架到某个高度，你也会因为无法适应新角色而狠狠地摔下来。真相是，**内在角色转变和境遇的改变，往往是同步发生的。**

系统多棱镜：两点之间直线最慢

女孩莉丝的母亲酗酒、吸毒，患有间歇性精神病，还染上了艾滋病；父亲是一个多次进入收容所的流浪汉。不得已，女孩只能靠乞讨和捡垃圾养活自己和母亲。

15岁的一天，莉丝对一起捡垃圾的朋友说："我想要考哈佛大学。"这对于早早辍学的莉丝来说，简直是天方夜谭，朋友半嘲笑地回应她："那个地方不属于我们这样的人，你应该想的是多捡点垃圾换钱，才不会饿着。"莉丝回答道："为什么我不能是这种人，他们有什么特别之处？是因为他们的出身？我现在离那层膜很近，触手可及。"

接下来的岁月里，莉丝边打工边复习，用两年时间完成了高中4年的课程，最终以优异的成绩考入了哈佛大学。

莉丝的故事被好莱坞导演Peter levi拍成了电影，名为《风雨哈佛路》，该片在第55

届艾美奖获得3项提名，影片原型莉丝·默里后来成为心理学博士、演说家。美国总统、英国首相都抢着接见她，她的人生被彻底改变了。

这个故事叙述了一个事实：**两点之间直线最慢**——人的成长路径好比光的运行，光在均匀的空气中走的是直线，因为直线最快；如果光从空气射入水或玻璃中，就会发生偏转，这时，折线最快。起点和目标之间，存在多个介质，当个体在介质间穿梭时，并不是直线最快，而是阻力最小的那条线最快。

人生是一部多幕剧，每一层幕布后的布景、机位都不同，在不同阶段如果你一味在直线上苦等，那么光可能永远都照不到你——在**多层级系统中，直线会失效，需要根据介质的特性调节射入点，呈现出的成功路径，是一条折线或曲线。**

考上名校不能马上让莉丝填饱肚子，却可以让她接触专业领域的高端人才，看到更多成功的参考对象，人生的各种可能性会一点点浮现出来。

同理：

- 接受高等教育的并不等同于高素质人才，但会帮你争取到更好的教育资源。
- 学历证书也许不能反映你的真实能力，但至少证明你有稳定的学习态度。
- 逻辑能力并不能体现在试卷分数上，但会减少你因看不透世界而产生的迷茫。
- 用别人喜欢的方式沟通未必最舒服，但至少对方能准确接收到你释放的信号。

面对人生的多幕剧，你的**切入方式不一定是最笔直的，但务必要阻力最小。**

化解阻力的“潜沟通”

一位表演系导师在上台示范前，徒弟提醒他鞋带松了。

导师点头致谢，蹲下来仔细系好。可徒弟一转身，他又把鞋带松开了。

场务看到了，不解地问：“先生何故系了又松？”

导师答道：“我饰演一个长途跋涉的旅行者，这个细节可以体现角色的疲惫憔悴。”

“那你为什么不直接告诉弟子呢？”场务追问。

导师说：“他能发现这个细节并告诉我，说明他够细心、有热情；我一定要保护他的细心和热情，至于表演的事，可以下次再说嘛。”

导师当然希望弟子能尽快提高能力，但他更在意弟子在过程中的良好体验，如若不然，灌输越多，弟子越厌恶，极有可能半途而废。

认知水平低的人总会说：“你为什么不直接告诉我答案？”其实，他们不是缺答案，而是无法识别答案成立的前提。

在《禅与摩托车维修的艺术》一书中，记录了一段很有趣的对话。

沙兰格：我把阻风门拉到底，这台新摩托车还是发动不了，没理由啊。

波西格：谁叫你这么做的？

沙兰格：手册上是这么说的。

波西格：那是发动机冷的时候才这么做。

生活中，我们时常会见到一类人，直眉瞪眼、直驱答案，却不懂得识别前提。他们以为只要不断强调目标，生搬硬套，就能尽快实现目标。

比如：

- 想让下属提升责任感，就不停地开会强调，员工责任感必然会变强。
- 顾客不认我的品牌，那就多曝光、多投广告，必然会得到广泛认同。
- 向喜欢的人表白，如果被拒绝就多表白几次，对方一定因感动“就范”。

这种方式在儿童时期最行得通，只有儿童才可以通过不断重复目标，实现愿望。比如不停地在妈妈面前说想要玩具车、芭比娃娃等；但在复杂的社会里，这种做法显得过于天真了。

成年人不能只盯着目标，而是思考："限制我达成目标的阻力是什么？"在一个系统中，如果一个关键阻力没有被疏通，那么你提升其他任何环节都没有用。

比如，种小麦的土地如果没有水，你施再多的氮磷钾，也无济于事；缺水才是种小麦的关键阻力。

同理：

- 下属不尽责，关键阻力在于权力和责任不统一，需要更多的信任和适当放权。
- 顾客不认同，关键阻力是调性太低，需要升级品牌审美，让品牌变酷。
- 态度不够诚恳，次数不够多，不是表白失败的阻碍，吸引力不足才是。

人们普遍觉得，语言是沟通中的唯一线索——期望从别人即兴的言谈里寻找行动依据，也期望直白的说服可以改变别人的行为，但这种应对方式一般没什么效果，有时还会产生更大的阻力。

加利福尼亚大学洛杉矶分校（UCLA）的艾伯特·特拉比安教授提出，有效沟通包含三个要素：肢体、语气、语言。这三个要素与沟通结果的关联性分别是：55%、38%和7%。数据说明，**对沟通结果的影响，语言是最弱的一环，肢体和语气要重要得多。**

语言只是带有事物的部分元素，好比你问我什么是山，我用等高线在纸上画一座山，那是山吗？不是，它只是带有些许山的信息载体。文字、语言、图像，以及所有我们能看到的载体，必然有信息遗漏。当你发现身边人大多困于当前载体中时，这恰恰是我们破局的大好机会。

我把非语言类的沟通方式称为**"潜沟通"**——行为中释放出的强沟通信号。

在电影《2046》中，梁朝伟做了一次"潜沟通"示范，简直是教科书级的。

影片中段，白玲（章子怡饰）扇了周慕云（梁朝伟饰）一记耳光，并勒令他离开房间。这时，梁朝伟下意识地低头、闭眼，随即露出微笑，接着慢慢地抬头、抬眼，轻轻地说道："就是嘛，有什么事别往心里搁，要是还有什么不痛快，另一边脸也让你打好了。"

在整个过程中，梁朝伟在语言之外释放了两个信号：

- 微笑和轻柔的语气释放第一个信号：与事件相比，我更在意你的情绪。

- 缓慢的肢体节奏释放了第二个信号：我有条不紊，有把握处理好冲突。

举手投足间，女人的愤怒被他转化成了“娇嗔”，沟通的阻力也瞬间化于无形，转而成了生活的调味剂。男人散发的阵阵吸引力，是一种介于过度重视和不屑之间的气质。你有了这种气质，表白这个动作自然也就显得无足轻重了。

“潜沟通”是人际关系中的高级形式，也是艺术领域的常见手法，这类桥段不胜枚举，《战略高手》里的乔治·克鲁尼、《吸引法则》里的皮尔斯·布鲁斯南，以及《十二罗汉》里的布拉德·皮特……都有潜沟通的精彩呈现。

也许有人会说，如果连表达情感这种事情都要依靠逻辑，不就失去纯粹的乐趣了吗？

其实不会，因为情感体验和逻辑认知就像DNA双螺旋上的两条链，缺了哪条都不行，没有逻辑的情感是一剂自杀的毒药，没有情感的逻辑是一把两面开刃的刀。

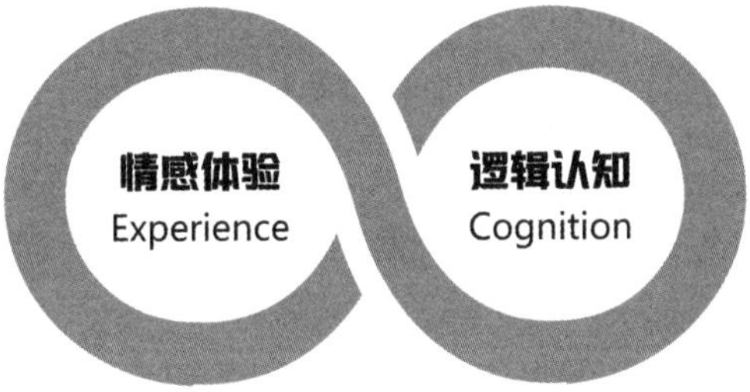

我非常认同《演员的自我修养》里的一段总结：“有的人只是把表演当作一种玩弄技巧的虚假交易；有些人是死板、干巴巴地念台词；有些人是利用角色在仰慕者面前炫耀自己的优点。”显然，这些人都没有真正理解——好的生活和艺术，都应该**从自我探索出发，表达真实而稳定的角色自我，追求情感体验和逻辑认知上的互相补给，这是一条可追溯、可循环的曲线。**

佩德罗·多明戈斯在《终极算法》一书中写道：曲线是几乎所有种类相变的形状，铁的磁化、电压变频、自旋电子、水的融化和蒸发，都符合曲线形状。

李小龙说：“问题从来离不开答案。问题中本身就有答案——理解了问题，就能化解问题。”

对于很多人而言，最大的问题和阻碍就是，把诚恳和直爽混淆。当我们遇到问题时，非要把问题立刻解决掉的问题洁癖，可能会带来更多、更严重、更麻烦的问题。其实“带着问题生活”，适度留白，也是一种生活方式。

如果一件事谈不拢，那就先聊点别的；如果在追逐梦想的道路上遇到阻碍，那就先饰演一个自己的分身，去梦想之外完成经验和资本的积累；如果爱一个人让你痛苦，那就先让自己快乐起来，再去施爱。

一个人成熟的标志，就是懂得了世界的多维性，不再一味追求言辞上的虚假掌控感。在内在算法上，拥抱折线和曲线。

熟手不等于高手

现在你已经理解了，在启动阶段，无实物演绎可以帮助新手迅速成为熟手，折线思维可以让这个进程更加顺利，曲线思维让你获得值得的回报，但真正的高手却不止步于此。接下来，我们聊聊如何从熟手变成高手。

为什么你每天都在学知识、处理事、做计划，却没有太大起色？

相信一定有人跟你讲过这道“复利公式”：只要每天进步1%，一年下来就能增长近38倍。只要持之以恒，你就能成为更好的自己。

$$1.01^{365} \approx 37.783$$

每天进步一点点，会积攒巨大收益

复利公式

这个公式简单清楚，看起来无懈可击，号称成长界的“万能解药”。

可是，你见过谁真的应用这个公式，一年下来增长了38倍？对于芸芸众生来说，这味“万能解药”只是一个传说，并没有真的灵验过。

为什么呢？

因为实现复利要满足两个前提：

- **【本金稳固】**：不损失初始本金。
- **【幂次叠加】**：本金+收益要一并投入下一轮的增长中去。

把这个法则迁移一下——实现成长的复利需要满足：

- **【系统稳定】**：不丢失底层逻辑。
- **【逐步迭代】**：今天知识和应用知识的收益，要运用到下一轮的学习和应用中去。

然而这两个前提，绝大多数人都满足不了。首先，学习不系统，只是基于表层技能，以至于获取了一堆碎片化的信息。其次，应用不连续，今天的知识不能结合明天的应用，无法相互催化。

我在20岁出头的时候，一度非常痴迷PPT，买了很多讲“术”的书和课程，诸如《PPT制作大全》《PPT技巧72讲》……努力地学习了一年，熟练掌握每一种技巧，但当我在公司做演示时，拿出的作品却一言难尽——我只是堆砌了一堆炫酷的图片、字体和跳转指令，可这些技巧大多和主题内容无关。

如果你像当年的我一样，执迷于碎片化学习、碎片化思考，那么一年下来，你的增长不会是365次方，顶多是365个1%——3.65而已；而且这里面的损耗率极高，用得上的知识往往不到5%，所以一年下来，你能有20%（3.65×0.05）的成长已经是极限了。你可能觉得，20%也不错啊，可是别忽略一点，你会遗忘啊。

个人问题也折射出组织问题，如今很多企业，尤其是互联网公司，流行着这样一种说法：与其追求大而全，不如搞精益创业，做“最小化可行性产品（MVP法则）”——先把满足基础功能的产品雏形推向市场，然后根据用户反馈，回过头来调整产品，即使失败也是廉价的失败。所谓“小步快跑、试错迭代”，早晚能做出伟大的产品来。

那么，这种说法到底对不对呢？

其实，理论没有对错之分，都只是简化认知的一种方式罢了，关键要看适用范围——MVP法则适合解决在封闭环境下性质不变的问题，比如机械生产、硬件加工、建筑工程、单维游戏（《精益创业》的作者埃里克·莱斯的项目IMVU就是一款游戏），但不适合处理开放环境下的动态问题，比如社会人际、商业经营、平台和生态构建等。

简单来说，**MVP法则适合只有两类参与角色的事情，无法解决有三类及以上参与角色的事情。**

你是传统制造业的，作为“生产方”，你只需按照“采购方”的需求建模、批量复制就好了；但如果你想转型互联网，比如自媒体，就既要考虑用户对内容的喜好，又要衡量广告主的利益，在这种情况下，MVP法则就会失效。

后工业时代，个人纷纷活成了平台，你面临的大部分问题，都至少有三个以上参与角色。这时，每一个新角色入场，都会和前面的参与者轮番连接、相互影响。这时，整个事件就会发生一次性质改变。

我们都知道，2011年腾讯推出微信，原本只是一款简单的即时通信产品，可是随着用户对微信越来越依赖，随着朋友圈、公众号、小程序、视频号的逐步推出，第三方开发者逐级入驻，这个生态的性质也一步步发生着改变。

想象一下，你坐上时光机回到10年前，得到足够的技术和资金支持，在你已经见过今天微信样子的前提下，开发一款类似微信的最小化产品，能否取得类似的成就？

显然不行。

一款产品的风靡，绝不是靠一堆小功能的简单叠加，更不是把复杂产品拆分成各个功能模块；而是把**前一个阶段培养的用户习惯以及形成的多方影响力，投入下一版的新功能使用中，使整个生态发生质变，**才会产生复利价值，走得既稳又远。

同样地，小生意模式，无论怎么迭代，都没法做成宏伟的事业；想一想，一家涮肉店和拥有100家店的连锁火锅品牌，是同一个生意吗？

表面看起来，它们同属一个行业，只是规模上存在差距；但实际上，它们面向的人群和调用的资源差别很大——单店只面向进店顾客单向售卖；大品牌可以跟牧场、加工厂合作形成产业链，料包可以摆上超市货架，甚至可以为新的餐饮品牌提供方案支持、资金支持。两者压根不是同一性质的生意，你怎么最小化？所谓的最小化，不过是把从大海里捞针，变成了从水塘里捞针。

同样地，一段美妙的人生也不是一大堆鸡零狗碎的片段拼凑。否则，按照MVP法则，时代巨人、商业巨贾都应该从摆地摊做起才对。

不过，成长复利还是可以实现的，解决方式是“顶层设计”。如果你看不到一件事的顶层架构，再怎么苦哈哈地搬砖砌墙，也盖不成摩天大厦。

今天，每个人不仅仅要出演角色，还要充当自己人生的编剧和导演。如果想让作品叫好又叫座，你就需要拥有开放的心态，看到每个时间段的参与角色，从全局出发，设计人生的顶层架构。

人生的顶层设计：讲好你的故事

每一个有影响力的人，都有属于自己的故事。翻翻《时代周刊》每年的“影响力人物”榜单，常年上榜的那几位，巴菲特、乔布斯、贝索斯、马斯克、马云……每一位都是故事大王。早在公元前4世纪，柏拉图就说过：“谁会讲故事，谁就拥有世界。”

一个人要入世，第一件事就是讲一个关于自己的故事，道理很简单，但具体要怎么讲？

一个完整的故事，需要包含“起承转合”四步。

我用杜甫的四句七言诗举例，你就能一目了然：

剑外忽传收蓟北——起；

初闻涕泪满衣裳——承；

却看妻子愁何在——转；

漫卷诗书喜欲狂——合。

第一步，故事的源起，需要诚实地还原生活中发生的现象，容不得半点虚构。其实很多时候，真实的东西比虚构要来得容易，只是很多人习惯了自我构念和凭空编造，最后发现结尾填不上开头挖的坑，怎么办？继续编，从此走上了一条内卷的不归路。

你看莱昂纳多·迪卡普里奥，拍《血钻》到南非和矿工一起生活了半年；拍《猫鼠游戏》和《华尔街之狼》都要找原型人物做访谈或者共同生活几个月。郭宝昌导演的《大宅门》能成为经典，因为他本人是同仁堂第十二代掌门乐镜宇的养子，就生活在大宅门里。总之，没有真实体验，出不来好故事。

第二步，承上启下，做好衔接。什么是经典？经典就是不可替代。如果拿掉一部分，对你的表意和整体结构没有丝毫影响，那么这句话就是废话。

减少废话的方式，就是用你的痛苦做引子，用时间来发酵。

一个人再富有，也无法赎回过去。你需要接纳不堪的过往和心底的痛楚，像个旁观者一样洒脱地表达。相信我，能做到这步，你的故事就算成型一半了，你自己也会收获前所未有的成长。过去的经历是垃圾还是财富，是由你自己决定的。

第三步，好故事要有灵魂，就一个字“逆”。你可以理解为逆水行舟或自我救赎，转折越强烈，戏剧冲突越明显。

我找了几个带转折的故事，主人公都是耳熟能详的人物，玩个游戏，来猜猜他们是谁?

- 数学只考1分，两次高考的落榜生，靠三个决定，创造千亿市值公司。
- 开餐馆不收穷孩子钱的单亲母亲，被全校学生喊妈，如今她做的辣酱在美国卖脱销。
- 被同学嘲笑为“奶牛”的白癜风女孩，走上T型台，如今成为维密秀上最闪亮的星。

公布答案，三个人物分别是马云、老干妈陶碧华和加拿大超模温妮·哈洛。

最后收笔——故事需要一个大团圆的结局——心存阳光者，可以将所有的不堪，转化为通往未来的动能。而那股曾推动你改变的力量，自然能传递给此刻需要这股力量的人。

你可能已经发现了，我表面上说的是讲故事，实际上是希望你用故事的框架、脉络，梳理未来的路。

好故事不是用纸笔写出来的，也不是用键盘敲出来的，而是用你的生命做笔，用与你生命交织的生命做卷，用时代做轴。故事中有冲突、有转折、有高潮，也有预埋的伏笔，也许你现在还没迎来那个大团圆的结局，那就先有框架，再到日后的人生里去寻找，让情节生根、迭代。从你自己讲，到周围的人讲，再到陌生人也在讲。也许有一天，你的脚本会被录成音频、拍成视频、连续剧、电影……

相信有那么一天，你已成为榜样，当别人问起你是如何取得成就的时候，你可以风轻云淡地告诉他们：“因为故事就是这么设计的。”

透明坦荡的外交官

在第4章，你已经理解了信息输入的秘密，下面我们聊聊如何输出。

必须承认，我们已经进入了一个“陌生人社会”——微信里的好友很多，见过面的却很少；在见过面的人里面，深入接触的更少。即使是那些陪伴过你的童年好友，在通讯录里，也只是一行字；昔日的恋人，也只是记忆里的一个符号。你已经没有机会重新认识他/她一次了，他/她现在过得好不好？被什么困扰？有什么追求？都来不及再去过问。

当下是一个弱联系比强联系更多的时代，我们也逐渐从熟人社会跨入了陌生人社会。在这种背景下，我们知道如何面对一个老友，但究竟如何面对影响你生活的陌生人呢？你可能没有时间和他彻夜长谈，但也不能任其游过，因为那样会让你失去很多接触世界的机会。

由于陌生人社交逐渐成为主流，所以我们也必须进化出新的能力，才不至于被时代的浪潮“淹死”，只有**掌握与陌生人沟通的能力，才能如鱼得水。**

这是一种什么样的能力呢？看完下面这个故事，你应该可以感受到。

1831年，迈克尔·法拉第首次发现了电磁感应现象，以此为基础发明了世界上第一台发电机，它是今天我们见到的所有电器的祖先。

有一次，他向时任英国首相的皮尔展示电磁——让磁铁靠近铁圈，随着二者位置的变化，电流计的指针发生了偏转。首相显然没看明白，于是问道：“这个拙劣的把戏有什么用？你觉得国王能看得上这个玩意吗？”

法拉第不紧不慢地回答：“我不知道陛下怎么看，但无论有什么用，我肯定您都可以向它们征税。”

你肯定已经猜到了其中的意思——在与陌生人沟通时，尤其是可能会决定你命运的人面前，大幅提升沟通效率的方式，是从别人关心的话题切入。

把聚光灯投射给别人

强如法拉第，也不能一上来就讲专业、讲电学原理、讲应用场景、讲如何改变世界，而是先在首相关注的范围内找话题点，如果对方感兴趣，再介绍不迟，这样的沟通是有序的。

绝大多数人都颠倒了沟通的顺序，他们总是：

- 通过展示“高情商”获得社交奖励，比如有礼貌、会夸人。
- 通过展示“更优秀”获得社交奖励，比如秀家境、秀才华。

然而，在陌生人社交中，这两种方式的效果相当平庸，因为它们的出发点都是自己，在乎的都是表达者的自我感受。回想一下，是不是经常遇到这种景象，去参加饭局，席间节奏是下面这样的。

1. 几句寒暄恭维后，自以为核心的人物先开腔了，话题都是跟他自己有关的。
2. 几个活跃分子想把话题拉到自己一边，努力见缝插针，却发现根本插不进话。
3. 扭头和身边的人攀谈起来，家长里短各种发散话题，一股脑往上招呼。
4. 每个人都在寻找共鸣，但又各自刷存在感，气氛变得越来越诡异，越来越无聊。
5. 有人坐不住了，借口家里有事提前离席，破窗后，其他人也陆陆续续地离开。
6. 第二天起床，你怎么也想不起来昨天饭局的主题是什么、大家都说了什么。

无论线下还是线上，社交就像一个舞台，你一定想多争取几个镜头，希望自己成为全场焦点；那些个人品牌的课程，往往拿这个当噱头，怂恿你站上C位。但是如果一个组织里的每个人都这样想，必然会言论拥堵，造成沟通无效，白白浪费所有人的时间；人人争抢聚光灯，舞台变迪厅。

真正的沟通，往往是从你把聚光灯投射给别人那一刻才正式开始的。想想相声舞台上的逗哏演员和捧哏演员吧，观众的目光多半投在逗哏演员身上，殊不知，捧哏演员才是推动情节发展、把控整体节奏的那个人。在社交关系中也是如此，口若悬河的人到处都有，会控场的人却是凤毛麟角，那才是最见功力的地带，能出大师。

形容这种状态，我套用一句当下流行语："别人不会因为喜欢你才跟你在一起，而是喜欢和你在一起的自己。"

正则表达式

场景会削弱人的表达能力，比如：

- 男生遇到女神；
- 粉丝遇到偶像；
- 员工遇到老板；
- 乙方遇到甲方；
- 创业者遇到投资人。

在诸如此类的场景中，人们往往会丢失语言技能包，变得畏首畏尾、语无伦次。

为什么呢？

原因很简单，就是**过分关注沟通结果——当人们进入场景时，会考虑沟通对象的功能和身份，在行动还没开始之前，大脑已经先行一步，在这个结果上进行了延展、想象。**

比如乙方幻想提案通过后，得到工作奖励；创业者想象路演成功。

心理学家发现，幻想体验和真实体验相似——你幻想一件事的结果，和实际得到的结果，在大脑情绪体验上是分辨不出来的。

在一组实验中，心理学家让一群人幻想吃奶酪，结果发现脑部的反应和真正吃奶酪的人相似。更神奇的是，结束幻想后，他们的食欲也得到了一定的满足。

正是这种本能决定了，当现实结果尚未填满心理的账户时，人们往往会选择用预想结果来填满它。一旦沟通结果没有按照预想方向发展，就相当于账户损失，我管这种机制叫作**"认知剥夺"**。——你预想的结果越理想，就越强化了"千万别损失"的潜意识。

这时，你所有的言行都会服务于“怎样才能不露怯、怎样沟通才能不失败”，从而就失去了观察他人反馈的能力，陷入过度解读中：

如果我说了这句话，会不会招致她的反感？

我这个举动会不会让对方觉得我轻浮、没文化，从此不再搭理我？

这种刘姥姥进大观园的心态，会让你失去平常心，一味追求气氛和谐。可想而知，这种沟通，效果注定平庸。

2015年被称为“共享经济元年”。这一年众多共享单车品牌迅速崛起，在该领域甚至出现了绝代双骄，但短短三四年时间，有的品牌就因为各种管理问题迅速陨落，这背后究竟发生了什么？

随着共享概念深入人心，各大厂商、资本纷纷入局，为了在竞争中占据优势，发力生产和投放，忽略了产品质量问题。于是我们看到了很多缺脚踏板、轮胎瘪气、链子断掉、没有座椅的单车，怎么办呢？

在一次内部沟通中，董事会成员发问：如今每在一个城市投放1万辆车，就会出现2000辆损坏，怎样才能降低单车损坏率？

在多次探讨后，得出了一个让各方都比较舒服的结论：“如果每投放1万辆就损坏2000辆，那么我们就投放100万辆。”

稍微有点数学常识的人都知道，随着总车辆数的增加，总损毁量也会相应增加，损坏率20%这个概率并不会因为基数变大而改变。这个结论虽然**很聚焦，但却关注了减少消极的一面，这样一来，表面上似乎解决了一个问题，但却带来了更多、更棘手的难题。**

真正有效的沟通需要聚焦积极的一面。比如，可以考虑重新设计自行车、改进生产技术，然后陆续替换掉老旧、易损坏的单车。

共享单车的例子，虽然只是企业内部单次、单点沟通，但**体现了一个人或一个组织长期形成的沟通习惯**。我们完全可以推测，这背后必然**聚合着大量类似的现象。**

根据集合论，表达的思路可以分成下面四种类型。

- **积极聚焦：**关注实现结果的过程，通过改进设计和流程，从而改变现状。

- **消极聚焦：**只关注结果，认为事物是不可变的，不符合预想就非常失望。
- **积极发散：**相信事情会慢慢变好，但缺乏方向，人云亦云，偏听偏信。
- **消极发散：**既不相信结果可变，也没有方向，抱着吃瓜的心态随便聊聊。

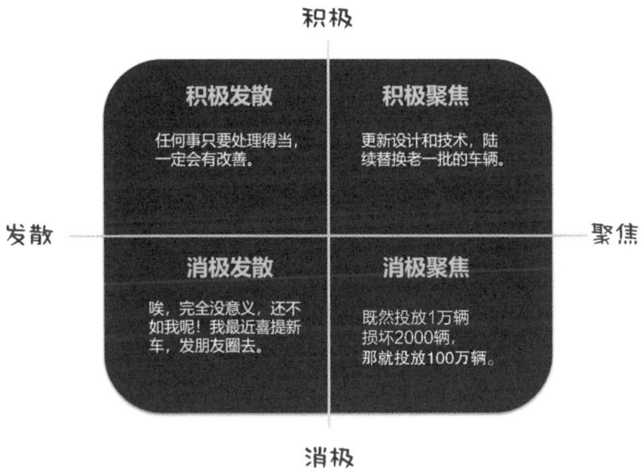

这4种表达思路，进一步导向4种沟通结果的集合：**正则集、悖论集、缓则集和离散集。**

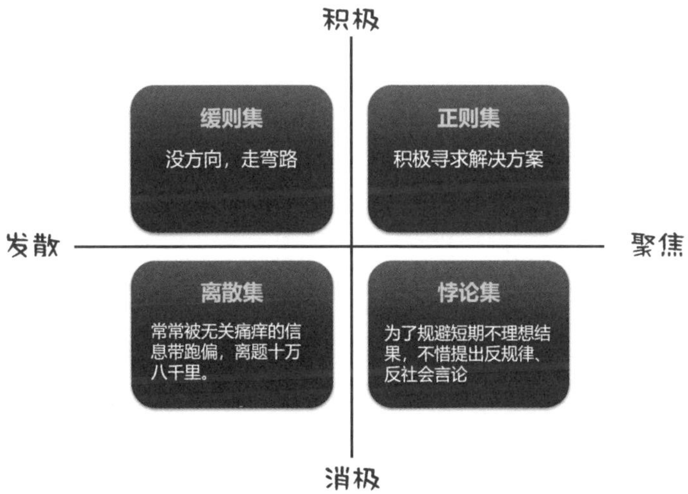

1951年，神经科学家史蒂芬·克林发现，人类神经反应中98%的强信号都发生在正则集中。研究证实，当我们提出一个值得被解决的问题，并为寻找解答方案沟通时，脑电波强度最高。随即，克林发表了一篇题为《神经网事件的表示法》的论文，他把复杂的神经反应，简化为一个数学演算公式——**正则表达式**。

简单来说就是：**如果*a*、*b*为正数，则求*a*与*b*之和**。在提出后的70年里，这个公式被广泛应用于计算机程序语言、搜索算法和人工智能等领域，减少了大量没必要的计算和耗能。

正则表达式是计算机中快捷、高效的语言逻辑，此外，还可以在商业谈判、日常沟通中发挥作用。即在人际沟通中，**如果大家都是抱着正念，则可以继续沟通。**

如果*a*、*b*为正数，则求二者之和

数学中的正则表达式

如果双方出于正念，则继续交流探讨

人际关系中的正则表达式

正则表达式用了一个最简单的策略，鼓励别人和你共赢。

它的策略简单到你难以置信，就两步：

第一步，合作；

第二步，拒绝。

在第一步中，双方基于合作的前提，各自贡献力量，确保合力为正。这个前提可以用四个词概括：**透明、坦荡、鼓励和补偿。**

- 【透明】：你是怎么想的，要让人看透，不要让人陪你演内心戏，因为谁都愿意找一个相对轻松的合作对象，和你相处太累，还不如早点换人。
- 【坦荡】：保持一贯性，不要因为关系的亲疏、身份的高低，就随意改变原则。虽然看起来不近人情，但时间长了，大家就知道你靠得住，自然愿意和你共享价值。

- 【鼓励】：短期合作不流畅没关系，相信对方会迭代优化，并给予鼓励。
- 【补偿】：如果对方呈现的结果超过你的期望值，则一定要恰当地予以补偿。

在第二步中，如果对方不能做到以上四点，则要懂得拒绝。

- 【及时切断负循环】：对于那些持续消耗你的人，一定要明确地告知对方合作中止，不要模棱两可，切断现有关系下的联系。
- 【以宽容之姿面向未来】：对于轻视过、背叛过、伤害过你的人，不要耿耿于怀、反复纠缠。只要对方愿意重启，让合作重新回到轨道上，则可既往不咎，尽快翻篇。

无论是陌生人之间，还是朋友、恋人、亲人之间，我们普遍觉得，好的沟通就是有求必应，当面拒绝人似乎不太优雅。

一位朋友对我讲了两件事。

第一件事：

我有一个大学室友，每隔几个月就会给我打电话，慷慨激昂地想要与我合作。每当这个时候，我都会先一步替他做规划，安排可能用到的资源，然后驱车几十公里去找他。可是一见面，他就开始纠结，说放不下体制内稳定的薪资和受人尊敬的感觉，说现在外部环境太乱，风险太大，等等。我鼓励了他好多次，可还是老样子，怎么改变我室友这样的人？

第二件事：

我的亲哥哥，30多岁了还在瞎混，赌博、喝酒、欠了一屁股债，我已替他还了好多次钱。有一次他又喝得醉醺醺地被人送回家，一头栽在沙发上就开始吐，茶几、地板、沙发上全是他吐的污秽，我气不打一处来，想上去揍他两拳。这时妈妈走过来，默默擦拭，然后凑到哥哥耳边轻轻地说："儿啊，妈妈知道你欠了很多钱，心里难受，可是喝这么多酒身体都喝坏了，有什么事可以跟妈妈说，妈妈跟你一起承担。"我既心疼妈妈，又恨铁不成钢，怎么改变我哥哥这样的人？

我说："有问题的不是你的室友和哥哥，而是你和妈妈。如果一个人总是任性胡闹，那么你付出的时间、资源和期待，就变成了陪他消遣的道具。如果你还鼓励他，那么你不仅害了他，另一方面，你也会被他的'罗圈问题'所折磨。如果一个成年人不求上进，回到家还能得到安慰，那么他当然不会改变。反倒是你和妈妈，对方的态度分明是'拒绝合作'，你们竟然没有表达立场，是不是需要先改变一下？比如严肃地告知对方继续这样，就切断联系？"

很多人，很容易把无底线的宽容视为一种善良，可正是这种宽容，为贪婪和纵欲提供了沃土，最后把大家都"坑"了。所以要记住，千万不要用这样的"善良"去挑战人性，我们既要善良，更要懂得拒绝，否则对于那些愉快配合的人来说，岂不是很不公平？

每一个珍惜自己羽毛的人，一定都有自己的立场，也一定懂得拒绝的重要性。要知道，我们爱憎分明，并不是要封杀某个人，而是告诉对方，继续这样下去就会缺少彼此沟通的条件。只要对方真正认识到这一点，重新创造新的沟通环境，一切都可以重新开始。**拒绝，是糟糕现状的终结，是自我价值的彰显，也是良好沟通的开始。**

很多时候，我们明明心里不想，但嘴上却不拒绝，以为对方早晚能懂——绝大多数的误会就是这样形成的。每个人的性格、习惯都不同，你不说别人很难懂，所以如果爱一个人，就跟他讲清楚你的原则和立场，这是让一切回归简单的唯一方式。

越是有原则的连接，往往越能收获单纯而深刻的关系。如果要我选恋人，我宁要铁心兰，不挑邀月；宁选任盈盈，不选岳灵珊。

透明，坦荡，敢拒绝。

接纳自我的"内在父母"

我父亲曾对我说：**"终有一天你会死去，所以去活出值得铭记的人生吧。"**

很遗憾，我的父亲是一位只有初中文化的食品厂工人，实在说不出这样水准的话，这是瑞典DJ艾维奇的*The Nights*里的一句歌词。我第一次听到这段旋律时，就被深深地感动了。一直以来，这句话都是我成长的座右铭。每当我遇到挫折，或者在短期利益和使命之间摇摆时，这句话就会在我的耳边响起，仿佛自己的父亲正在谆谆叮嘱。

所以，即使父辈缺席了我们的部分成长心路历程，我们仍然可以通过自我教育补回来。

梁冬和吴伯凡老师在《冬吴相对论》里提到了一个有趣的观点：在我们每个人的身体里，都同时住着两个人，**一个叫“内在小孩”，渴求得到关注、关爱和引领；另一个叫“内在父母”，是我们对理想父母形象的内化。**

科学家证实，儿童6岁之前与父母的相处模式，是一个人性格形成的最大起因。在以后的人生里，我们会不断重复这个模式。精神分析学家称之为“客体关系模式”，并认为它决定了一个人的命运。

那么，性格是被写死的代码，一旦形成就无法改变吗？先来看一个故事。

故事的主人公叫松下幸之助，日本松下集团的创始人，经营之神。哈佛商学院把松下的经验纳入教材；世界上每一个MBA都要读他写的书——《经营管理全集》，并奉之为“经管圣经”。

但就是这样一位商界奇才，他的童年却可以用“苦涩”来形容。松下幸之助出生于日本和歌山县的一个贫苦农夫家庭，刚生下来的时候非常瘦小，体弱多病。为了养家，他9岁时就被迫中断学业，到一家火盆店做学徒，主要工作是打扫店铺，帮掌柜照看小孩，剩下的时间用来擦火盆——要把火盆擦得乌光锃亮，由于长期摩擦，松下稚嫩的双手常常被磨破。

功成名就后，当有人问起这段经历时，松下的回答是：“我之所以有今天，是因为我出身贫寒。这是上天赐予我的恩惠，让我受益无穷。

贫穷、羸弱、低学历、远离父母，不仅没有成为阻碍，反而被松下的心智模式构建成生命中受益无穷的恩惠。

诚然，在我们力量薄弱时，很难改变与客体（父母）的关系，但是却可以通过改变与主体（内在父母）的关系，来改变与自我相处的模式，从而重建过去和现在、现在和未来的连接方式。

既然无法改变过去，那就改变对过去的看法吧！

在我18岁之前，对父亲的印象是这样的：一个彻头彻尾的老北京顽主，除了上班，其余时间不是提笼架鸟，就是下棋打牌、吹口琴、斗蛐蛐儿，对家庭的投入度极低。即便是下棋，他也绝对不是观棋不语的君子，总是喜欢横加点评别人的棋路。我曾一度觉得，摊上这样一个爹，真是有点悲哀。

随着慢慢长大，我在“玩”这件事上的投入，丝毫不逊于自己的父亲。足球、篮球、棒球、台球、高尔夫球、吉他、电竞、卡丁车……凡是经手的娱乐，我都玩得有声有色。不知从哪天起，我发现自己就是我爹的翻版，只是我俩玩的东西不一样。兴趣广泛、热衷游戏曾让我非常苦恼。

但我从玩中获得的知识，也远超于书本——打《魔兽争霸》，启蒙了我的战略思维：**前期拼操作和手速，中期靠兵种差异和站位，后期靠经济和科技，**这与现实社会中个人发展的路径何其相似。

从那时起，我才开始看懂父亲。他曾教我打牌，告诉我无论牌面好坏，都不要取巧，要打老实牌；他教我下棋，告诉我不要总想自己的步，要多洞察对弈者的思路；他从不用实力碾压对手，总是积极尝试新策略，即使有输掉棋局的风险。回忆起这些，我完全有理由相信，他具有无师自通的天赋，如果能在适当的年纪找到方向，他一定可以成为一个战略高手。

爱因斯坦曾说：**每个人都是天才，但如果你以爬树的能力去判断一条鱼，那它将终其一生都会觉得自己是个笨蛋。**

当我开始理解这句话时，我们不再是单纯的父子，而是相知的朋友。我看懂了父亲，也看懂了自己。我不再为自己爱好广泛而感到愧疚，反而越来越接纳自己，乐在其中。我不再需要一个脸谱化的父亲形象耳提面命，因为我已经可以充当引导自己的角色了。那一刻，我真正接纳了自己。

这个道理非常奏效，但却并不新鲜。其实，在我们儿时读过的寓言里，早就明示了。

1900年，美国作家莱曼·弗兰克·鲍姆写了一部寓言小说，目的是讨论金本位。自问世以来，读者大多忘记了作品的本来意图，反而被故事情节深深打动，这部著作就是大名鼎鼎的《绿野仙踪》。

一场龙卷风把女主桃乐丝和她的小狗从堪萨斯州吹到了空中，落在遥远的美国东部。为了回家，这个农家女孩不得不前往奥兹城，寻求魔法师的帮助。一路上，她遇到了三个同样怀揣愿望的同伴：想要一颗聪明头脑的稻草人、希望有一颗不生锈的心的铁皮人和渴望变勇敢的狮子。

故事的结尾，奥兹城的民众揭示了魔法师的骗局，他并不能帮助大家实现心愿。万万没想到，四个人的心愿还是达成了——通过旅途中的奇遇和交流，稻草人发现自己本来就很聪明，铁皮人也能感受到爱和正义，狮子在保护同伴时展现了非凡的勇气。

大家发现，智慧、同理心和勇气原本就存在于每个人的体内，只是过去不曾承认，也没遇到激活它们的环境。

在今天这样一个信息时代，在一个人人都可以交互的环境下，我们最大的阻碍不是外部的竞争压力，而是自我的心智模式。今天的高手并不是智商和情商比我们高、胆子比我们大，而是对心智模式认识得更透彻，对自我身份更认同，从而激活自身潜力的一群人。

仔细想想，人为什么会不自信？是因为太在意外界的看法，害怕别人说你出身低微、经验不多、自律不够。于是，当真实的自我与外界的评价标准冲突时，你开始自我怀疑，慢慢依从于多数人的评价，即使有些标准过于迂腐、陈旧，你也要想方设法地把弱点隐藏起来，寻求安全感。

其实，世界不期待你勇冠三军，它只希望你不再恐惧；你不需要立刻从泥潭里跳出来，只是，别再陷进去。出身低、暂时能力一般、经验少、不自律，都算不了什么。就拿我来说吧，我也不算一个非常自律的人，但还是可以洋洋洒洒写成一本书。玩的时候专注地玩，该干正事就干正事，不与人性对抗，也就不会遍体鳞伤。

只要接纳自我的过去，就都能发现自己的与众不同；只有不再对抗人性，新的认知就会源源不断地涌入你的内在宇宙。大方承认世俗眼中的弱点，也许，那恰恰是你的优势。

正如英国剧作家彼得·布鲁克在《敞开的门》中所说：“当你不再刻意寻找安全感时，真正的创作力就会充满整个空间。

开放专注的职业玩家

“玩”是一种赢家心态

有个问题很多人无法理解，那就是为什么有人早已功成名就，却仍在乐此不疲地工作呢？

倘若换了你，攥着几辈子花不完的钱，可能早就颐养天年了吧。如果不从“玩”的角度来看，所有分析、推测都无法解释这种心理。

在绝大多数人看来，工作是一种被动选择，是一项为了养家糊口而必须完成的任务。而高手往往将职业视为游戏，是一种主动开放的选择，对他们来说，**最高境界就是“玩转”一件事。**这件事带给他们的心理满足，已经不是金钱可以衡量的了，这是他们功成名就后，仍继续挑战自我的原动力。

从这个角度来说，玩给予我们的是健康的心态，而这恰恰是赢家应具备的素养。猫戏老鼠，最后的赢家一定是猫，因为猫只把这看作一场训练游戏，而对老鼠来说，却关乎身家性命。很多时候，心态好是实力强的一种体现，但更多时候，心态是在游戏中练出来的。

研究发现，脑容量越大的动物越喜欢玩，海豚在玩、狮子在玩、狗在玩、熊在玩……而人类，是最大的玩家，我们拥有比所有动物更长的童年、更长的玩耍期。这也是人类比动物优越的地方，因为玩是最有效的学习方式。

进化心理学指出，**玩是对未来的一种预演**，幼狮在与兄弟间的嬉戏中学会了扑捕猎物的技能，男孩子在玩运动游戏的过程中有了团队意识，女孩子在芭比娃娃身上找到了未来的自己。

可为什么很多人一提到玩，总是带着一种罪恶感呢？

因为大多数人的头脑里都残留着一种农耕时代的认知：在饭都吃不饱的年代，玩是一件很不理智的活动，浪费能量；其次，它对生产力的提高没有帮助，最关键的是玩物会丧志。

小时候，如果你放学不抓紧写作业，而是跑去跟小伙伴玩，家长就会“急头白脸”，很多人的童年就被“万般皆下品，唯有作业高”和“谈玩色变”的思想死死笼罩住了。

办公室里，如果你不是眉头紧蹙，而是开开心心地盯着电脑或手机，哪怕你是在跟用户沟通，领导也会认为你肯定是在偷懒，工作量不饱和，那就多给你安排点儿活，直到你笑不出来。

但我想说的是，在今天这样一个万物互联、新玩法、新创意涌现的时代，玩，恰恰是一种生产力。如果你是一个创业者，你的用户都在娱乐，而你的团队，只会拉着苦脸研发严肃刻板的产品，那么势必与时代脱节。再看那些社群达人、运营大师，哪一个不是创造连接的大玩家?

很多创业成功的人会说：“我当初只是无心插柳地玩一玩，没想到就成功了。”文旅地产品牌阿那亚，原本只是一个无人问津的烂尾项目，却因一条“全中国最孤独的图书馆”的小视频火遍小红书，成为全国驴友的打卡圣地。

其实，**玩物不会丧志，沉迷于低级趣味才会丧志；游戏不消极，一个游戏没玩明白就着急换游戏才消极；好游戏训练玩家的专注力，低级趣味则相反，它会分散你的注意力。**

星巴克的高级副总裁史蒂芬.吉列特，就把自己的个人号召力和团队领导力归功于游戏，他每周坚持玩《魔兽世界》6~7小时，是70级祭祀公会领袖。他说道：“魔兽世界的公会领袖，学习领导是他们的全部课程，首领必须要有人格魅力和决断力，懂得如何迅速招募新成员、制定战略计划、分配人力、共享资源和信息，以及解决内部纠纷。”

遥想当年《魔兽争霸3》里叱咤一时的四大天王：月神Moon、人皇Sky、兽王Grubby、鬼王Ted，哪一个不是专注本族玩法，把优势发挥到极致。即便他们天赋异禀，一旦跨种族也可能被业余选手击败。

很多人都有这样的体会：让我们认识世界各国国旗、首都的，不是初高中地理课，而是世界杯和奥运会。书本是平面的，事件和人物却是立体的——我们欣赏着那些脱离了生产的运动项目，瞩目着那些为国争光的运动健儿，听着他们背后的感人故事——打破种族魔咒的杰西·欧文斯，迎风飞扬的花蝴蝶格里菲斯·乔伊娜，28次打破世界纪录的伊辛巴耶娃。从感受体育精神，到熟悉一个国家和地区的风土人情、璀璨文明，这些都是玩耍赐予我们的。

找到属于你的游戏

一个名叫吉莉安的英国女孩，被老师认定为有智力障碍，原因是她破坏课堂秩序，成绩一塌糊涂。

吉莉安的母亲带着她去看心理医生。在诊室里，吉莉安坐在一旁的座位上，听着母亲滔滔不绝地抱怨着孩子在学校的种种毛病。医生听完后，对吉莉安说："亲爱的，我认真听完了你妈妈的每一句话，我要单独和她聊一下，不会很久。"说着医生随手打开收音机，带着母亲走出了诊室。

当音乐响起时，吉莉安立即站了起来，伴着音乐开始玩耍，她的脚在打节拍，手不停地挥舞，她畅快地跳起舞来。

医生和母亲没有说话，他们只是透过诊室的玻璃看着吉莉安，突然医生转过身对母亲说："夫人，你的孩子没有病，她是一个天生的舞蹈家。"也许，舞蹈才是真正属于吉莉安的游戏。

后来这个女孩加入了伦敦皇家芭蕾舞团，成为了一名全球闻名的独舞表演家，她就是歌舞剧《猫》和《歌剧魅影》的舞蹈编剧——吉莉安·林恩。

我们可以从这个故事里得出什么结论呢？

那就是如果一个人在不属于他的游戏里玩，绝大多数人都会觉得他有病；相反，如果找到属于自己的游戏，那么这个人将成为戴着主角光环的玩家。在属于你的游戏里，你越是玩得转，你的能力就越强。创意越亮眼、关系越融洽，你就有越来越多的时间和空间去玩，幸福感也越来越高。

如何成为职业玩家

同样是玩，为什么有的人玩得得心应手，而有的人却坑队友呢？先来看一个故事。

公元383年，在我国的安徽地区爆发了一场战役——淝水之战。此役，东晋以八万人马，大破前秦八十余万（实则二十多万）大军。当捷报传回健康（今南京）时，东晋统帅谢安正在跟朋友下棋，他草草扫了一眼，便搁置一边，继续下棋。友人相问，他面不改色淡淡地说了句：没什么，手下们已经把对手打败了。

谢安为什么能如此有把握?

1. 出征之前，谢安调和了东晋四大家族（王庾恒谢）积攒已久的矛盾，形成了统一战线；而前秦的苻坚因为听信慕容垂的谗言，使得内部领导层对伐晋的主张各个心怀异志。

2. 谢安统领的北府兵是一支训练有素的专业部队；而苻坚的兵虽然多，但却都是临时征调来的缺少训练的民兵。

3. 苻坚是一个“玻璃心”统帅。战前轻敌，没有做足功课，对开战地点的环境不够了解；轻敌的人在面临局势扭转时，最容易急躁多疑。

谢安是一个职业玩家，他知道，决定战局胜负的，并不是战场上的短兵相接，而是战前埋下的伏笔；这与棋局何其相似，投子认负的一方，并不是输在了最后一招，更可能是前面因为失察而落下的两三颗败子。在谢安眼里，战局和棋局压根儿就是一码事。

我们的生活每天也会面临很多“局”，家庭局、职业局、创业局……一旦陷入各种局又没有破解之道，疑惑、急躁就会随之而来。安慰自己的人会说，或许世上总有些事，冥冥之中不可知。

其实不是不可知，而是他们根本没有识局。人生就是一条识局、破局之路。如果不能辨别游戏属性，即使看到所有现象，也等于什么都没看见，何谈破局。

游戏是人类的天性，我们需要思考的不是扼杀人性、远离游戏，而是如何从游戏中获得启发，把我们的生活、职业，转变成一个更有趣、更有意义的游戏。

一直以来我都持有一个观点——玩的时候要认真，工作时又要回归玩的心态。大多数人却恰恰相反，玩时敷衍，工作时紧张，当遇到突发事件或面临重大考验时又手足无措，难堪大任。

其实，我们今天所从事的很多工作，一开始也都是娱乐。著名科普作家史蒂文·约翰逊在TED上做了一次演讲，名为《娱乐是如何引领伟大发明的》。他旁征博引地指出，公众博物馆、橡胶、概率论，都起源于娱乐。人们最早发现和发明它们，并不是用于生产，仅仅是因为好玩。史蒂文说，娱乐的本质是探索，它促使人们不断追求未知世界里新的可能，所以会有惊人的连锁反应。中国古代的君子六艺：礼、乐、射、御、书、数，也有着类似的起源。可以说，一切探索性的工作都带有游戏的成分。

正如游戏领域存在职业玩家和菜鸟玩家之分，在任何一个行业里都存在职业和业余之别。这两者是如何区分的呢？

一条重要的分界线是，**职业玩家会存储和读取档案，业余选手总是在重启新游戏。**

很多人小时候都打过水漂，但很多人并不知道“打水漂”还有国际大赛——自1968年开始，国际打水漂协会在每年的7月4日，都会举办一次全球比赛，因为奖金丰厚，所以总能吸引全世界的打水漂高手。

我查到的这项赛事的档案如下。

1. 最远纪录：122米；弹跳最多纪录：91下。
2. 选材：扁圆盘状石头，瓷砖碎片为宜。
3. 算法：石头切入水面的最佳角度为20°；手臂与身体呈45°；理想转速为每秒30转。
4. 弹道：两种主流打法，分别是桑格尔弹道和钱学森弹道。
5. 应用：二战时期，英国工程师巴恩斯·沃利斯根据打水漂的原理，计算出鱼雷投射的最佳质量、角度和转速，他参与研发的鱼雷成功跳过了纳粹的防雷网。

如果对档案不了解，你就是业余玩家，随便玩玩，跟着感觉走。据我观察，很少有人会仔细揣摩百度百科、维基百科上的文档，哪怕只有半小时；很少有人会从头到尾看完一集纪录片或是一组数据；也很少有人会反复回看游戏高手的实战视频或是一段名人专访等。而这些恰恰是职业玩家投入最多的地方。

通过读档，可以知道一项运动当前的发展水平，前人已经玩到什么地步了，并从中寻求可以创新的部分。

在人人仰视的学术界，存档和读档同样重要。一位学者在写自己的学术报告时，往往会承上启下——标明前人在这个领域取得了哪些成果，提示后人可以从哪些角度继续延展课题。

很多人玩不起来，是因为他们做事时总是在自我感觉和自我概念间来回修正，还没看完档案就往里冲，随手打两下，但更多的时候是挨打。如果抗击打能力不行，几次就扛不住了。

原因有三：

第一，工作没有延续性，打不了几下就要重启；每天都不得不从0开始。

第二，很多自以为是的创新，其实前人早就做过了，你再做也是无用功。

第三，不知道行业发展到什么地步，不了解高端玩家的进度条，无法复盘和迭代。

古玩行里最讲究“传承有序”——每个物件儿都可以追根溯源地往上倒，找到它的出处、历代拥有者、流转次数……

我外祖父家，民国时期经营工艺品进出口和古董字画生意。在当时，最负盛名的物件就是传国玉玺。

相传，公元前281年，赵惠文王得楚人卞和献上的和氏璧，秦昭襄王听闻此事愿用15座城池交换，于是赵王派蔺相如入秦交易。席间，蔺相如见秦王诚意不足，誓死捍卫宝物，最终完璧归赵。

公元前228年，秦破赵，得到和氏璧。秦王嬴政命李斯用鸟虫篆书写了8个字：“受命于天，既寿永昌”，由玉工孙寿雕刻在玉玺上。这就是传国玉玺的来历。

秦之后，历代皇帝都把传国玉玺视为正统的凭证，得之象征“受命于天”，失之预示“气数已尽”。凡登大位无此玺者，都被讥为白板皇帝，总显得底气不足。正因如此，传国玉玺多次易主又多次失踪，民间屡屡曝出传国玉玺重见天日的传闻。到了民国，这种声音达到了鼎沸，但被证实皆是附会舆论仿造出来的赝品。

怎么证实的呢？只要追溯一下和氏璧的原产地就能知道。史书记载，和氏璧产自荆山。荆山位于湖北省南漳县，这个地方并没有玉矿，鉴于古代人玉、石不分，和氏璧的材质极有可能不是玉质。唐末五代杜光庭曾随唐僖宗，亲眼见过传国玉玺，他在《录异记》中这样描述：“侧而视之色碧，正而视之色白。”可见，玉玺会变色，这不符合玉器的特点。

1921年，地质学家章鸿钊在《石雅》一书中认定：和氏璧产于荆山基性岩的月光石，学名“拉长石”。所以，但凡是玉质玺，就都是赝品；要真有传国玺，它的材质应该是拉长石。

传国玉玺带有神秘色彩的历程显然不是事情的终极答案，但人们逐渐理解了事物背后的规律——存档和读档的妙处。

千百年来，人们被传国玉玺的“玉”字所误导，难辨真伪。殊不知，文字是只带有事物部分信息的载体。书本、图像，以及我们所能看到的载体，都有信息遗漏。

“八十余万大军”也好，“传国玉玺”也罢，都不足以概括事物的真实模样。如果历史再将其层层包浆，恰巧我们又缺少读档的能力，就永远无法识局。相反，当你发现自己困于当前载体时，恰恰是我们晋升职业玩家的机会。一旦你在档案中发现了破局点，人生会变成一款越来越适合你，且惊喜连连的游戏。

更值得玩味的是，你还可以同时开启几个游戏：事业游戏存档，玩玩家庭游戏；读书游戏存档，玩玩书评游戏；运动游戏存档，玩玩护肤、穿搭游戏。暂停下来，切换一下游戏类别，既不会耽误当前游戏的进程，又可以在其他游戏里获得新视角、新启发。

最重要的是，如果你的读档能力持续增强，就能开挂。

游戏中的外挂，指的是通过更改原程序参数，大幅增强游戏角色技能。所谓**开挂的人生，就是通过深层解读行业档案、职业档案和情感档案，从而获取超越常规设置的能力。**

世界是一个大游戏，世界上也只存在三种人：创造游戏的人、会玩游戏的人、被游戏耍得团团转而不自知的人。

希望你是前两种。

外挂清单

- 高手并不是无比强大的，他们和普通人一样，都有脆弱点，只不过高手懂得开启反脆弱引擎。
- 越依赖资源，越难走远。人类发展史告诉我们，强国往往诞生于资源匮乏的地区。商业发展史告诉我们，唯资源论的企业，过不了多久就会风雨飘摇，不堪一击。
- 人体内就有精良的反脆弱基因，比如DNA双螺旋的遗传信息备份功能，比如眼泪的“排毒”功能，等等。
- 每个人都有很多身份，家庭的、公司的、组织的，这些身份会随着年龄、工作、生活的变化而不断变化。但有些身份，一旦锁定，就永远都不会变，它们具有反脆弱的功能。
- 现代高手的4种反脆弱身份：

——生活中的**艺术家**。
——社交中的**外交家**。
——自我沟通中的“**内在父母**”。
——把事业当游戏的**职业玩家**。

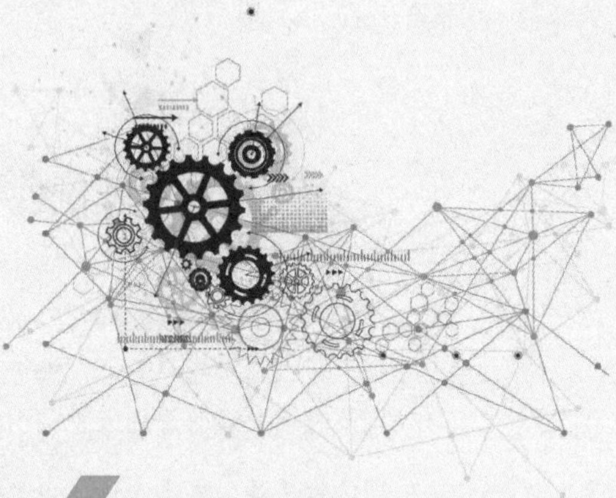

06

高手的正念

持续向前的动力源

在瞬息万变的时代，最慢的脚步不是跬步，而是没有方向的徘徊。其实方向一直都在正前方——善良是所有人唯一能去的方向，哪里有它，哪里就有不顾一切的信任。

传道方能四海论道

哥伦布与阿美利哥

谁发现了新大陆?

正如每个小学生从历史书上所了解到的，是哥伦布——1452年，这位航海家出生在意大利的一个自由港口热那亚，自幼便是马可·波罗的忠实粉丝。受前人影响，向往诗和远方，对亚洲文明，尤其对中国和印度充满好奇。

成年后的哥伦布辗转欧洲各国，到处游说，希望有人资助自己的远航梦。40岁那年，他终于得到了西班牙女王伊莎贝拉的赏识，后者拿出私房钱帮他组建船队。临行前，女王御笔亲书了两封国信，叮嘱他在见到中国皇帝和印度君主后，一定要转交。

哥伦布当然没能完成使命，他没见到朱佑樘和阿克巴（当时中国明朝和印度莫卧儿王朝的统治者），连亚洲的边都没摸到。1492年底，他率领的船队终于抵达了一座世外岛屿（中美洲加勒比海的巴哈马群岛）。

回到欧洲后，哥伦布宣称自己到达了印度的边缘——东印度群岛，岛上有一群原住民“印第安人”（Indias，西班牙语的印度人）。在随后的10年间，哥伦布又三次横渡大西洋，深入美洲腹地。但直到他去世，都没有承认自己发现了文明世界未知的土地。

那么，哥伦布是真的不知道，还是刻意隐瞒了事实呢?

我倾向于后一种推测。

- 首先，在欧洲人的常识里，印度是文明古国，有较为先进的社会基础，而哥伦布在岛上遇到的种族，还处于原始社会后期的新石器时代。

- 其次，早在8世纪，欧洲商人苏莱曼就写过《中国印度见闻录》，详细描述了两地环境、人种和植被特征，著作在当时的欧洲传播甚广。而美洲的自然环境、印第安人的特点与记录中的印度风貌和印度人的相貌相去甚远。

最犀利的证伪是，就在哥伦布首次出海6年后，葡萄牙人瓦斯科·达·伽马绕过好望角，开通了从欧洲到印度的航线。

所以，哥伦布极有可能撒了谎！他想通过封锁消息，将资源据为己有。

就在当时，有一个人做着与我一样的推测，他的名字叫阿美利哥·维斯普西——这位哥伦布的意大利老乡，沿着前者走过的路线航行。在登陆后，阿美利哥立刻意识到：眼前分明是区别于欧亚大陆的新世界。

阿美利哥惊喜之余，根据自己的行程绘制了一幅美洲粗略图，写了一本书和五封信，向全欧洲介绍这片神秘的土地，其中，最著名的《新大陆》和《第四次航行》，在随后的25年里，被翻译成40多种语言，传播到文明世界的各个国度。

结果，欧洲人纷纷追随阿美利哥，并以他的拉丁文名字America来命名这片新大陆。西班牙皇室授予他永久公民称号，赐以高官厚禄；另一边，哥伦布锒铛入狱，晚年贫病交迫而死。

阿美利哥和哥伦布之争，不是两个人之争，而是长期主义与短视主义之争，是传道者与悖道者之争。

“麦克阿瑟天才奖”获得者穆莱纳森，在《稀缺》这本书中提到了一个概念，叫作“思维带宽”——如果一台电脑加载了太多程序，而带宽不够，就会变得很“卡”。人脑也一样，如果太过忙碌，心智容量不够，就无暇顾及其他。在稀缺的思维下，我们就像透过管子看事物，对管子以外的东西视而不见——这是导致贫穷的罪魁祸首。

相反，时代的高手总是乐于传播和分享，也只有传播和分享，才能拓展“思维带宽”，让自己处于信息和价值流转的中央。

我不是佛教徒，但从佛语中吸收了营养，阿弥陀佛的意思是无量智与无量觉——传道者无限拓展带宽，便拥有了无限的智慧和无限的知觉。

所以，高手的战略不是某种套路、某种计谋，而是一种心态，一种在大道中修炼的无极正念。

传道是一种胸襟，更是一种顶级智慧

1987年，武汉大学的图书馆里，一名新生瞥见书架上一本书，拿下来随手翻阅，竟然不能自拔，一口气从头读到尾。看完之后回到宿舍，躺在床上辗转反侧。于是，一个人跑到行政楼前的操场上踱步，在满天繁星的掩映下，绕着偌大空旷的操场走了一圈又一圈，直到天已破晓。

这个人就是雷军，这本书名叫《硅谷之火》——它讲述了个人计算机的兴起，硅谷第一批先驱如何通过技术革新，掀起科技浪潮；一个个鲜活的故事背后是一串串响亮的名字，如开发出通用芯片的马西安·霍夫，生产微型计算机的埃德·罗伯茨，打造出数据库程序的拉里·埃里森，应用图形界面的苹果和乔布斯……

在随后的岁月里，这本书被雷军多次提及，在金山上市后、在小米的新品发布会上、在各大媒体采访中……今天，你仍然可以在网上找到不下10个版本的视频——他在不同年纪、不同场合说起这本书，每一次都会感慨，自己的命运因此书而改变——《硅谷之火》便是雷军的“道”。

在这个风起云涌、变幻莫测的时代，我们了解时代的变迁，学习方法的变化，改变策略和工具，本质上，都是在追求不变。所谓的“道”，其实就是变化中不变的规律。

我们常常改变，是为了不变；我们活在当下，是为了赢得永恒。

替祖师爷传道

2005年，郭德纲一夜蹿红。有人说他是多年打磨基本功，一朝得道；也有人说还不是因为拜了名师、找了好的传播渠道才修成正果。但我想说的是，一个人凭借自己的能力和外部扶持，也许可以成名成腕，但若想改变和推动行业，必然要替祖师爷传道。

每个行业都有开天辟地的奠基人物，我们称之为祖师爷：商人祖师爷范蠡、风投祖师爷吕不韦、梨园祖师爷李隆基、网红祖师爷柳永……可悲的是，大部分从业者只是把职业单纯当成赚钱谋生的工具，却从来没有了解职业的历史、发展路径和当前现状，这恰恰是阻挡职业发展、行业进化的绊脚石。

就在德云社兴起的同一年，在一场纪念相声祖师爷——“穷不怕”朱绍文诞辰176周年的活动中，郭德纲和张文顺表演了一段作品——《论五十年相声之现状》。与其说它是一段相声，不如说是演讲。

其中提到，演员不能一味求新，还要继承传统。这么多前辈，把中国语言里能构成包袱、笑料的技巧都提炼出来摆在这了，无论你说什么，都能从中找到依据。

你可以从郭德纲的《你要做善人》里，听到马三立《开粥场》的框架；也可以从周星驰的无厘头喜剧中，看出20世纪七八十年代的香港鬼马电影的精髓；更可以从开心麻花的话剧、电影中，见到周氏喜剧的影子。

任何行业都一样，你可以创新，可以填入时代元素，但无法脱离大规律、大原则。否则，无论你有多高的造诣、多大的名望，没有对过去的继承和传扬，都无法真正进入高价值区域，始终是个门外汉。

作为普通人，不管你是教育者，还是接受教育者，传道对你而言都是好事——在明道时找准方向，在信道中获得力量，在传道中持续获益。

直到有一天，你自己活成了道。

人类命运共同体

前年春节，我从德国巴伐利亚州旅行回北京，第一次感受到这座城市的空旷和沉闷。

从机场高速开车到国贸桥，再沿着长安街向西，整条路上的人屈指可数，年味儿很淡，和德国小镇形成了鲜明反差。

我临时起意改变行程，去逛了琉璃厂、龙潭湖庙会，看到的只有攒动的人头和各类油炸、烧烤摊，它们可以随时出现在任何一个城市的旅游景点，高度同质化，毫无仪式感。

反观我刚刚途径的德国小镇迪特福特，每到大年初一，那里都会举办盛大的“中国狂欢节”，街道上随处可见穿着唐装的德国儿童、舞龙舞狮表演、祈福仪式和祖传手艺献技。到如今，这项活动已经延续了93年——我们遗失的东西，居然被一群金发碧眼的老外发扬光大了。

当我有了国际化的视野，再回过头反思我们的优势时，才发现那些最容易被轻视的，恰恰是最宝贵的东西。

我不是第一个持有这种观点的人，也不会是最后一个。只有我们用开放的心态向外看，才能发现身边的宝藏。早有前人比我们这代人看得更透彻、更精确。

作为享誉世界的艺术家，毕加索在一次会晤时，向张大千展示了三四十幅水墨画——全部是他临摹齐白石的花鸟鱼虫作品。毕加索感慨道："我最不懂的，就是你们中国人，何以要跑到巴黎来学艺术。"

毕加索的话当然有自谦的成分，而且我们的确非常需要学习其他民族的文化和科技。但不可否认的是，五千年文明的沉淀足够厚重，即使在日新月异的今天，仍然可以迸发出光芒。

每一个人，都应该对我们的民族有足够的文化自信。这种自信，并不是盲目自大，而是因为我们身后站着无数巨人、无数孜孜不倦的高手。当我们有了这种自信，接下来，就是向世界展示和传播我们的文化，使其惠及全人类。

2017年，"构建人类命运共同体"的理念首次写入联合国决议。这不是一句空谈。与此同时，发生了一件与许多人命运息息相关的事——"丝绸之路新经济带"和"21世纪海上丝绸之路"的合作倡议提出，简称"一带一路"倡议。

"一带一路"倡议的重心是：政策沟通、设施联通、贸易畅通、资金融通、民心相通。

- 政策沟通，2017年，首届"一带一路"国际合作高峰论坛在北京召开，确立了"共商、共建、共享"的原则，29个国家元首、140个国家代表出席，落实了279项成果。

- 设施联通会带来路桥、建筑、能源、钢铁等产业的井喷；接下来是通信设备联通，所有在移动互联网出现过的机会，都可以在每个沿线国家再做一遍；智慧城市、物联网相关人才将会非常紧俏。

- 贸易畅通让商品交易有了新出口，未来不光有海外代购，更多的贸易往来是特色产品输出，反向代购、全球分发将是新的方向；科技创新产品将会迎来前所未有的机会，中国需要有自己的奢侈品，而不再仅仅是过去那种低附加值的生产加工。

- 资金融通，意味着会涌现出众多跨国金融服务和投资机会，也会带来无数新的创业机会，数字建设、创投领域将会出现巨大缺口。
- 民心相通，这意味着文旅这个版块会空前繁荣，30余个“一带一路”沿线城市组建了城市旅游联盟。文化小镇、城市IP会不断涌现，中国需要有自己的“迪士尼”，塑造自己的文化英雄、打造自己的文化周边；动漫、文创、数据分析及相关人才将炙手可热。汉服的销售额从2015年的1.9亿元到2020年的63亿元，2021年将突破100亿元[1]；故宫文创年销售额15亿元，超过1500家上市公司的收入[2]，无不在持续释放着这种信号。

总之，对于很多人而言，这是一件可以改变命运、改变职业、改变创业取向的事。如果你真的理解了国策之道，在传道的过程中，一定可以找到与你命运密不可分的关联。

如此一来，你的生命将与更多生命交织，你就能站在更高的基点上，成就更多人，也吸引更多人帮你实现理想。高手正念的核心，就是在成全别人的同时，成全自己。

永恒之女性，引领我们飞升

我们常常说，女人有第六感，到底什么是第六感?

它的学名叫作“超感官知觉（ESP）”，即，当事人不依靠五种感官系统，不依赖经验积累，就能预知将要发生的事。

2019年，加州理工学院的团队发表了一项研究成果——人脑能感应到磁场，会对磁场变化做出强烈反应，这是人类“第六感”磁场首次被证实。

接下来，在另外两个对第六感的延伸实验中，女性相较男性的优势，被淋漓尽致地显现了出来。

1　艾媒研究院《2021中国汉服产业现状及消费行为数据报告》。

2　清华大学文化经济研究院和天猫新文创联合发布的《2019博物馆文创产品市场数据报告》。

实验一：

100名行业、年龄、种族各异的女性，每人面前摆放了10件最新型的商品，要求在最短时间内为它们估值，并按照评估价值的高低进行排序。

结果是，所有女性平均仅耗时10.3秒，准确率是76.7%。

同样的流程让男性再做一遍，平均用时1分钟，准确率仅为28%。

实验二：

让同一批参与者观看非母语的新影片，在播放到1/3时，让大家预测后面的剧情和主角的命运，女性们的预测准确率超过5成，而大多数男性则表示根本没看懂。

虽然实验环境不能百分百模拟真实社会，但有件事却是确凿无疑的——女性感知价值、感知他人情绪，以及对较近未来的预测能力，普遍高于男性。

过去，这种能力的优势并不明显，但却成为互联网时代的血液和脉搏。

首先，在物质稀缺的年代，价值是明摆着的，但在选择多样的今天，重新识别和评估价值就变得尤为关键。

其次，在熟人经济时代，情绪和生产力水平关系不大，但在陌生人社交成为主流的今天，个体和群体的波动可能像海啸一样席卷、蔓延开来，感知情绪的能力变得越来越不可或缺。

最主要的是，过去的时代变化很慢，人类尚有时间预测未来几十年；今天的世界瞬息万变，对小趋势、小变革的敏感度越来越难能可贵。

其实，只要留意一下身边的人，你就会发现4种迹象：

1. 每当有新概念、新玩法面世时，最早一批尝鲜者往往是女性。
2. 在遇到阻碍时，最先产生愤怒、轻易放弃的常常是男性，更有耐心清除障碍的是女性。

3. 在各类社交场合下，当男性还在发呆或自嗨时，最先切入，率先打开局面的还是女性。

4. 女性的眼光更独到，数据显示，最近20年，全球专业投资女性比例增长了17倍。

你可以从走在时代前沿的女性的言行中，感受到这些变化。

关于尝试，屠呦呦的体会是："人的一生要疯狂一次，无论是为一个人，一段情，一段旅途，或一个梦想。"

关于坚持，陈春花的认知是："这个时代，不是成功的人太少，而是放弃的人太多。"

关于目标，杨澜的感悟是："我们虽然不能控制风的方向，但却可以调整帆的方向，达到胜利的彼岸。"

关于价值，华熙生物的董事长赵燕的阐述是："初心即是巅峰。"

不只她们，在未来，还会有越来越多的优秀女性，凭着自己独特的优势崛起，她们不再是谁的附庸，只会成为她们自己，引领这个时代，也引领着你我。

相信女性的眼光、尊重女性的选择、追随女性的步伐，这是每个明智人的觉察。

"一切福田，都离不开心地。"在信息时代，这句话变成了："一切未来，都离不开所传之道。"你能传多大的道，就有多宽广的未来。

传行业之道，获得先辈赋能；传国策之道，与你休戚相关；传人类之道，四海之内皆知己。

存敬畏方能服众生

你不得不承认，今天是一个诞生新势力比诞生黑科技还要快的时代。过去整天泡在一起、形影不离的同伴，几年未见已在某个领域成就卓著，甚至可能拥有成千上万的拥趸，这是一个任何人都有机会建立和扩张影响力的时代。

一个人影响力的大小，取决于他连接陌生人的能力。凯文·凯利说，新经济的本质，就是连接。而所谓连接，就是聊天的能力，它是不会随着时间的推移而消磨的价值。

以前没有手机，人口流动小，聊天不是什么问题。想要与远方的人聊天，得写信，半年聊一次，自然有说不完的话，是真正的纸短情长。

后来有了手机，但短信、电话、邮件，仍然受时空所限，所以为了一次聊天，要精心准备很久，哪怕是一条短信，也会精心编辑一下，反复检查几遍。

直到智能手机和移动社交的出现，人们终于可以敞开聊了，聊天对象从个体变成了群体。随之而来的是，聊天成了困扰整个人类的问题——我们的素材和激情，在短时间内被迅速榨干。

与熟人在一起，过去的恋爱史、儿时的故事、家乡的美好、游玩的见闻，翻来覆去聊也不会烦。但如果是陌生人，谁又会对你这些陈芝麻烂谷子的破事感兴趣?

我们知道如何面对老朋友，但是在如今这个流动的时代，弱关系比强关系更重要，该如何面对突如其来的陌生人呢？显然，你不可能跟每个人都彻夜长谈，但又不能坐视不理，这样会让你失去与世界互动的能力。

这个时代，需要你有新的品格。

三行而后思

我想要设计这本书的封面，特意去了一趟大悦城的三联书店。这不是传统书店，而是坐落在商厦顶层的世外桃源——近3000平方米的全木地板、超大型落地窗、苔藓走廊、蒲团坐垫、咖啡吧。

如果说传统书店的功能只是卖书，那么这里则是人们度过一段时光的场所。在这个场所里，看书、买书不是目的，而是心情满足后的附加动作；近几年风生水起的PageOne（北京坊）、西西弗书店和茑屋书店，采取的都是类似的模式。

过去，读者很明确自己需要什么，今天，人们选择的随机性很强。如果说过去是人找书，今天则是书找人。这就对图书策划人员提出了新的要求——**穿越茫茫书架，与潜**

在读者隔空对话。

我花了半天时间在整个区域绕了几圈，在几百个巨大的书架间穿梭了几遍；虽然极其渴望有哪本书能与我对上话，或者让我看一眼就怦然心动，但却有点失望——整个下午居然没碰到一例。

直到暮色降临，才在一个四米见方的小空间的边角处，发现了一本书——它直接用达芬奇的画作《蒙娜丽莎》当封面。还未看到书名，我的身体就开始不自觉地向它凑过去；走近之后才看清书名，原来是西尼奥斯的大作《影响力》。

我回到办公室，把自己的体会分享给内容组的小伙伴，他们立刻分成两派阵营。

A阵营：我觉得你的感觉是对的，原因有三。

1. 人格>物体：大多数图书封面搭配抽象线条或图形，效果不如有血有肉的人。
2. 知名>无名：蒙娜丽莎人尽皆知，比那些不知名的素材更有辨识度。
3. 情绪>平淡：根据微表情理论，蒙娜丽莎的微笑中，含有83%高兴、9%厌恶、6%恐惧、2%愤怒……只有情绪才能带动情绪。

B阵营：我也去其他书店、其他渠道看一看，找找感觉。

我并没有正面回应，因为沉浸在书店里的那个瞬间，我并不知道自己被什么吸引。只是站在一个普通读者的角度感觉，比起那些花花绿绿、大同小异的图书封面，那本书最与众不同。

倘若开一场辩论会，A阵营的胜率可能会更高，但如果比得是谁能设计出让用户满意的产品，B阵营显然占了先机。这两种行为的背后是“分析型思维”和“感受型思维”的差距。

分析型思维的人信奉**三思而后行**，遇事必先论证一番，是典型的完美主义者；感受型思维的人崇尚的是**三行而后思**，他们知道，完美主义是把事做完美的大敌——一切分析都只是假设，而感受却是真实的，唯有先和受众站在同一个视角，调用自己的所有感官，和他们感同身受，一切分析才是有意义的。

很多人，正是被一以贯之的分析型思维耽误了，他们总是习惯和恋人分析事、讲道理，关于爱情的事却一件没干；仔细想想，她真的需要生活顾问吗？她要的是你清空理智的大脑，在她想“疯”的时候，陪她一起“疯”。

很多企业，也是被先入为主的分析型思维坑害了，宁愿关起门开各种分析研讨会，也不愿从门里走出去，回到对产品一无所知的状态，到真实的场景中去，站在用户的视角上观察。

说到底，都是对行动和感受缺乏敬畏心。

尼采说：所谓高贵的灵魂，不在于外在的藻饰，而在于内心的坚守，即对自己有敬畏之心。有了敬畏之心，便可仰观宇宙之大，俯察草木之青。

佛罗里达大学的杰里·尤尔斯曼教授，做过一个实验。

开学第一天，将摄影专业的学生随机分成两个组：质量组和数量组。

- 数量组同学的成绩考核指标是作品数量，数量越多，成绩越高。
- 质量组同学整个学期只需制作一张照片，考核标准就是这张照片的质量。

在学期结束时，教授发现，从作品质量来看，所有的优秀作品都出自数量组的学生之手。

数量组的同学忙于拍照，尝试各种组合，他们在制作数百张照片的过程中，磨炼自己的实战技能，慢慢感受到了什么是好片子。

质量组天天论证什么是高品质，并幻想着一次就能拍出高水准的照片，结果是一无所获。

无论摄影还是设计，无论生活还是事业，水平高无非是看到的类型更多；你的视野越开放，感受越深，得来的经验就越逼近事实。

发现事实而不是创造事实——大部分人不是这样做的，你想要改变别人的固有想法，并认为自己有这个能力，却低估了你的行动唤起别人行动的力量，低估了别人感受你的真诚的能力。

每一个职场新手都遇到过这样的问题，总觉得领导不重视自己，给自己分配的工作太小儿科，觉得大材被小用，于是坐而观天，对手头的工作敷衍了事；还要感叹时运不济，千里马难遇伯乐。当有一天他们做了领导，有机会组建自己的团队时，又会遇到与当年的自己一模一样的刺儿头，直呼队伍不好带，进而成为自己曾经鄙视的人，与当年自己的领导一个样。

自打人类开始群居以来，大材小用、时运不济、千里马伯乐和队伍不好带的冲突就从来没有停止过。于是，有人站出来，呼吁大家要有敬畏心。

可当我们在谈论敬畏心的时候，到底在谈论什么？似乎没有人明明白白地给过我们答案。我们到底要敬畏什么，究竟如何去做。

我想你一定听过"李广难封"的故事，飞将军李广在景帝、武帝两朝，身经百战，却不得封侯。相比之下，年轻很多的卫青，第一次出征就被封了侯，甚至随卫青出征的更年轻的将军们也都被封了侯。

到底是汉武帝不识人，有意偏袒别人？还是李广真的时运不佳？

咱们还是坐上时光机，穿越到西汉年间，看看李广都做了些什么吧！

能为人所用，才有人可用

公元前119年，汉武帝发动漠北之战，命卫青、霍去病分兵两路进兵匈奴本部。时年67岁的李广主动请缨，武帝因他年事已高，起初并未答应；后来实在拗不过李广的执着，便同意了他的请求，授为前将军随卫青出征。

行军途中，卫青得到情报，部队正前方就是匈奴单于。面对直取敌军首脑的机会，卫青迅速做出了应变，临时调整部署：自己率主力部队正面迎敌，命李广从侧翼包抄。

李广当即反对，说："我打了几十年的仗，从来没有直面匈奴单于的机会，这一次希望大将军让我做先锋，即使战死沙场也无悔。"卫青思量之后，驳回了这个请求，李广十分恼怒，没有向卫青告辞，就启程前往军部。

就在双方短兵相接的时候，沙漠里突然刮起狂风，能见度变得极低，汉军与匈奴兵就在这种恶劣天气下苦战数小时，死伤各半，却始终没有等到李广的增援部队。

在返程途中，李广才终于和大部队汇合，卫青派人送去干粮和酒，并询问原因。原本只是一次正常的工作沟通，他又生气了。不仅拒绝回答，还转头对部下说："我从年少起与匈奴作战70多次，如今有幸随大将军出征同匈奴交战，可是大将军又调我的部队走迂回绕远的路，偏偏因为没有向导迷了路，难道是天意吗？”况且我已六十多岁，毕竟不能再受这些刀笔吏的侮辱。说完，竟然拔剑自刎了。

无数后人歌颂李广的英勇，也为他悲惨的命运嘘唏。王昌龄在《出塞》中赞其“但使龙城飞将在，不教胡马度阴山”；王勃在《滕王阁序》中写道“冯唐易老，李广难封”。但在我看来，无非是实操能力不佳的酸文人借题发挥，以此抒发自己怀才不遇的心情。

作为战士，李广的一生着实英雄盖世，武艺高超、箭法精准，常常身先士卒，不惧生死。但作为统帅，却有4处明显的硬伤。

1. 听不清指令

李广早年带兵时，匈奴的实力非常强大。汉军采取的策略是防御战或是小规模骚扰，可偏偏李广每次专挑实力远强过自己的部队交手。所以，在他指挥的70多次战役里胜少负多，总是白白损失兵力，其中，还有两次全军覆没。

2. 没有大局观

作战需要周密的统筹，每一个点的部署，都有其重要作用，正面和侧翼同等重要，可在李广的眼里，个人功劳永远优先于整体战略目标，不顾大局也要成就自己的功名。

3. 准备不充分

常言道，养兵千日，用兵一时。部队规模越大，对每日的粮草供应、行军日程、军功情报的记录要求越严格；李广不管那一套，治军松散，记录混乱，更没有清晰的训练规划；他麾下的士兵们可以随心所欲，虽然大家都很拥戴他，可一上战场，这些人并不能像李广一样以一当十，就成了任人宰割的鱼肉。

4. 逞一时之快

李广任陇西太守时，曾俘虏匈奴800多人，人家已经投降了，他还把人全杀了。自此，再也没有降兵降将愿意给他做向导。

给他兵权让他当主力，他给人家送“人头”；好不容易打了回胜仗，为泄愤把俘虏杀光了，自断耳喉；让他打辅助，还没行动就闹情绪，没完成任务就怨天尤人，反过来将上司一军。如果你是汉武帝，遇到这样的队友，你该作何感想？估计也会欲哭无泪吧。

李广的一系列操作，反映了他的极端心态：对指挥官意图、战略部署、强大的对手、他人和自己的生命，都缺乏敬畏心。

曾国藩说：心有敬畏，行有所止。

一个在行为上没有节制的人，即使“武功”再高，也很难得到施展空间；你若用了他，不知道什么时候就给你整一出幺蛾子，替他补窟窿的代价比他取得的那点小功劳要贵得多。如果让他带团队，大概率也会带出一批同样眼高手低的下属。正所谓“上有所好，下必趋之”。

如果你从基层做起，经历过几次职级晋升，就能明白，比职业技能更重要的，是你的眼界、心态和为人处世的能力。在人人可以公平获取专业信息的今天，眼界和心态的差距会反馈到心智上，进而潜移默化地改变事情的进程和结果。

职场人总在想自己的出路在哪里，创业者总在思考业务的亮点是什么，胡乱分析一番之后，一通猛烈操作，到头来不过是原地打转。他们欠缺的不是头脑，而是对行业、对职业和对用户的敬畏心。

人们总觉得自己的业务没有价值，配不上自己的学识、能力，本门功课还没做全就寻思着跨界。

如果我们把时间线拉长，站在历史的角度看，任何一件不起眼的事都有机会做得出类拔萃。民国以前的很多民间组织，比如漕帮、盐帮、驼帮，原本只是基层工种，但每个派别都诞生出了魁首，有些人甚至影响了中国近现代的历史进程。今天，改变着我们生活方式的那些应用，大部分也都是从衣食住行这些细节起家的。

人生如戏，那里面没有小角色，只有小演员。

当创业者站在历史的角度看现在，站在趋势的高度看行业，站在价值网的高度看企业，就能知道自己应该专注什么；当职场人站在企业的高度看自己，看清楚单环节和整体的关系，也就能理解什么是核心竞争力。

这种理解，会推动你成为一个可用之人，推动你的产品被更多人应用；最后，你的公司将成为真正有社会价值的企业，进一步吸引更多可用之才——这个时代，根本就没有怀才不遇。

知其雄，守其雌

每隔一段时间，总有人跑过来向我提问："康总，我可以问您一个小问题吗？"

提问的人拿起话筒，希望我能够在5秒钟之内给出一个精准的回答。

"如何一眼看穿事物的本质？"对方一脸虔诚地准备记录，还不忘补充："不是都在讲，一秒看穿本质的人和一辈子看不穿的人的命运注定不同吗？"

"可是，我并不知道你要看穿什么，看完以后要拿来做什么啊。"

"没关系，你直接告诉我一个通用的方法就行。"

我差点闪了腰——这种虚无缥缈的问题，要是有人能迅速答出来，那么世上所有的社会、商业、教育体系就都没有存在的必要了。如果有通用方法，就不需要那么多学科、机构了。

其实他问这个问题的初衷是好的：很多人活到老、学到老，学校的知识体系丢掉了，新的认知没有构建起来。缺了认知体系，就没有洞察能力，无法在复杂世界中做判断，只好人云亦云、随波逐流。

但我想说的是，很多人的洞察力，是在无意识下构建出来的。

比如X光的发现。伦琴做实验时，发现即使用纸板盖住射线发射器，房间另一头的屏幕上还是有亮光；其实，之前很多科学家都发现了这种现象，但他们的解释是"设备疏漏"。只有伦琴反复制造这种"疏漏"，最终发现了X射线。

举一个我自己的例子吧。我上小学的时候，赶上家里拆迁，从崇文区搬到了朝阳区，从平房搬到了楼房（板楼顶层）；可是父母的单位还都在崇文区，下班回到家都很晚，每天放学后，我就一边在小区里和小伙伴们玩，一边等父母回来。偏偏我们小区旁边曾经是一片坟地，乘凉的大人们总爱讲一些光怪陆离的鬼故事，吓得我只好硬着头皮钻进漆黑的楼道（当时还没有声控灯），爬楼回家。

时间一长，我觉得天天活在恐惧里也不是办法。于是，一到周末，我就去录像厅租带子，专门租恐怖片回来看。一边看，一边构思："如果我是编剧、导演，这个情节还可以处理得更巧妙、更吓人一些。"就这样过了几周，再也没有能吓得住我的恐怖片和惊悚故事了。这段经历，让我对奇幻小说产生了浓厚的兴趣，进而涉猎更多带有文字、影像的东西。

慢慢地，我对知识体系和洞察力有了自己的认知：

- 不要见什么学什么，要去解决具体问题；
- 不要停留在概念上，要用行为和感知修正观念；
- 信息交换，用一个得到验证的旧识换回更多新知；
- 最重要的，要对未来有点畏惧感，才能持续进步。

我知道很多人不喜欢这个答案，他们更加期待通过一段金句、一套模板或者一个书单就能理解全世界。当他们听到“你与理想之间，只差一张船票”之类的话时，总是心潮澎湃，但肯定会被劈头盖脸的浪潮打蒙，因为他们低估了大海的汹涌。很多在平台内部发展不错的人，出去创业常常灰头土脸，因为他们低估了平台和系统的力量。

很多人在童年时都听过一个脑筋急转弯：什么东西你每天接触，没它你活不了，但却看不见？

小孩子的答案，是空气。

但在成年人的世界里，这个答案是系统。

不同的是，小时候的你知道自己很弱小，对未来既好奇又有一点恐惧，所以会发问：“天空为什么是蓝的、胡萝卜为什么是橙色的？”所以世界在你面前会一直延展，你会一直成长。

你是从什么时候不再快速成长的呢？

是从你足够安逸的时候，觉得自己对这个世界已经足够了解的时候。

你开始觉得，胡萝卜是橙色的是因为它一直是橙色的，组织有这个规定是因为向来如此，书皮设计成这样是因为其他书也都是这么设计的。

你对那些足够具体、略显幼稚的问题嗤之以鼻。抛出来的问题都很抽象、很高大上：

- 如何一眼看穿本质？
- 如何看到行业的终局？
- 人生的意义是什么？

你期待一句话就能搞定时空、人伦、生涯等大课题。一旦你开始这样问，大脑里的神经突触就不再增长，你的认知从此就封闭了。

事实上，胡萝卜最开始有很多颜色，白色、黑色、紫色，偏偏没有橙色，橙色的胡萝卜是荷兰人为了致敬国王威廉一世，特意选育的变异品种；组织行为学已经发展了110年，至今仍在不断进化——幼稚问题的答案，一点都不幼稚。

前面提到的《影响力》，是我的商业启蒙书，我在19岁时就读过；但当我重新观察它时，产生了新的问题："名家画作怎么能用于图书封面呢？"

我的策划编辑董英告诉我，根据伯尔尼公约和CC协议（知识共享许可协议），作者去世50~100年后，著作会流入公共版权——达·芬奇1519年去世，所以《蒙娜丽莎的微笑》最晚在1619年就已归于公共版权———这是我以前完全不知道的。

我非常喜欢《道德经》里的一句话："**知其雄，守其雌，为天下溪；为天下溪，常德不离，复归于婴儿。**"我对这句话的理解是，了解什么是刚毅雄强，才能安守雌柔，拥有像水流一样滔滔不绝的力量；这股力量的来源，就是**回归到婴儿状态，对世界充满好奇心和敬畏感。**

求知若渴，虚怀若愚。

驱逐心中的弼马温

从敬畏的角度，聊一部人人都熟悉的著作——《西游记》。

众所周知，《西游记》表面上是在描述妖魔鬼怪，实际上映射了人间百态。尤其是在男一号孙悟空的故事中，我们可以嗅到浓浓的现实主义味道。

孙悟空的历程可以大致分为三个阶段：大闹天宫时期、取经前期和取经后期。

第一阶段和第三阶段的孙悟空，呈现出两种截然相反的作风——在大闹天宫时期，他闯阎罗殿改生死簿、入东海夺定海神针、在南天门前大战10万天兵天将，可谓是上天入地、神通广大。

可到了取经后期，哪怕遇到法力值很低的对手，也不硬战力敌，每每先去天庭打探妖怪来路，再决定下一步行动。

反差更大的是，即使面对毫无法力的普通人类，孙悟空的处理方式也很柔和。话说有一次，师徒四人被人诬陷盗窃，当地官员命人绑缚收监。明明凭武力可以轻易逃脱，可孙悟空偏偏任其摆布，甚至连解释都懒得解释。

《西游记》第九十七回原文中写道：

三藏闻言，一似大海烹舟，魂飞魄散，叫："悟空，你何不上来折辩。"行者道："有赃是实，折辩何为？"刺史道："正是啊，赃证现存，还敢抵赖。"

为什么孙悟空前后表现得如此不同？怎么从一个上天遁地的狠角色，变成了一个遇事不反抗、不辩解的中庸派了呢？

在我看来，这恰恰说明了他褪去了青涩，变得愈加成熟。

取经途中遇到的大部分妖怪，都可以分成两类，一类是天庭中不入流的角色，另一类是大神的童子、跟班、坐骑，即便如此卑微的角色，孙悟空仍然打不过。他渐渐明白，当初可以大闹天宫，并不是因为自己天下无敌，而是很多法力远在他之上的高手，都有自己的职能边界，根本没有出手，更没必要在他面前展露实力。

参透了这些，他开始**对组织有了敬畏心**。所以，即使后来遇到的妖精，明明打得过，也要先问明对方的身份，原机构、原部门是哪里，不能一棒子打死。一来不能破坏组织秩序，二来要给像当年的自己一样的新人机会。

他最后领悟到，简单的武力绝不是解决问题的最佳途径。在凡人堆里，就要遵守凡间的规则。既然人家拿到了证据，强行辩解也无法帮你洗脱，暴力抗法更会加深别人对你的误解，靠法术逃脱，会背着骂名生活一辈子；其实，你只要提供证明清白的证据，别人是不会好端端地冤枉你的。这时候，他有了**对舆论和法律的敬畏心**。

系统的一粒沙，落在个人头上就是一座山，一座看不见的五指山，既重新配置了资源，也撑起了整个系统。

你看孙悟空的心路历程，像不像一个人从新手到高手的成长史？

第一阶段，无所不能为；

第二阶段，可为可不为；

第三阶段，能为而不为。

第一阶段：

很多职场新人、创业新手，眼界开阔，面临很多机会，稍有作为就有所小成，轻松歼灭低级别选手，就越发觉得自己神通广大。觉得没有我搞不定的事，我所处的领域没有对手。

你越来越不满足“小职位”，把人家的栽培当成镇压；你越来越不满足“小市场”，以为自己所向披靡；你急于转型做齐天大圣，以匹配对自我的幻觉——这时的你，无视系统秩序，破坏性极强；不知道天外有天，如同当初的弼马温。

第二阶段：

你开始觉察到，在时代、趋势和规律面前自己的渺小，明白了生态、平台的力量，你不再贪天之功；但还无法区分能做的是什么，不能做的是什么——这时的你，尚处在混沌状态，还需要修行，就像后来的孙行者。

第三阶段：

你终于可以安心，在行动中不断刷新着对世界的认知，终于在时代的浪潮中，习得了水性，掌握了各种泳姿——这时的你，豁然开朗。

中国的四大名著，分别讲了四件事。《三国演义》讲的是王朝兴衰，《水浒传》讲的是组织兴衰，《红楼梦》讲的是家族兴衰，这三部描写的都是外界的循环罔替。唯有《西游记》，讲的是一个人的内在修炼。外部世界起起伏伏，不确定性极强，但我们的内心世界，却是可以无限延伸、持续向前的。

三行而思、行有所止、能为而不为，你的命运就渐渐落入了自己的手中，会得到越来越多的人的声援和行动支持，逐渐成为一个有影响力的人。

有人问埃隆·马斯克，你当时做电动车是发现了什么苗头吗？他的回答是，当时没有发现任何苗头，后来分析家们所说的那些红利，是在行进中一点一点浮现出来的；我那时只是觉得，人类需要做这件事，又恰巧没有人做，于是我就做了——**先行而后思。**

《史记》中记录了刘邦的一段话：夫运筹帷幄之中，决胜千里之外，吾不如子房；镇国家，抚百姓，给饷馈，不绝粮道，吾不如萧何；连百万之众，战必胜，攻必取，吾不如韩信，三者皆人杰……

刘邦看到了自己的局限，也看到每个领域里的高手，能用人之长——**行有所止。**

现代的高手也是如此。今日资本创始人徐新的老公，是珍爱网的创始人李松，即便前者掌管着数亿资金，双方也从未发生过投融关系——**能为而不为。**

世间哪来的妖魔，妖魔皆在人心中。

以行者的姿态，驱逐心中的弼马温，你就成了斗战胜佛。

成天使方能行使命

书读到最后，我想你已经窥见了一处玄妙，那就是对外界的适应，总是跟内在的素养对称出现。

高明的选择，是安放在心态和眼界之上的，没有稳定的心态和宽阔的眼界，策略就无处安放。

完善的装备，是安放在强大的引擎之上的，没有系统修炼，就无法获得动力源。

高手的外挂，是安放在明道、敬畏、善良这些正念之上的。

还记得序言里提到的那位从保安做起的企业家吗？他在搜罗园区里公司信息的时候，其实也没想过从中得到什么。他的初心，无非是为来访者提供方便，予人方便，正是商业中最核心的部分。当他开始做这件事的时候，就注定了好的结果。

顶级的智慧，往往就是顶级的善良。它们是DNA上纠缠着的双螺旋——顶级的智慧需要顶级的善良去触发，顶级的善良也需要顶级的智慧去理解。

天使竞选委员会

很多个人和创业者都非常关心一个课题——什么样的人才能顺利拿到融资？

为了获取答案，我特意邀请了200位各行各业的人士，参与一场投资游戏。游戏规则如下：

- 随机分出20张桌子，每10人一桌；
- 同桌中的人轮流介绍自己和自己从事的项目；
- 发给每人200元钱，在第一轮介绍完毕后，选一个同桌把钱投给他；
- 每张桌得票最多的人晋级20强；
- 前20强进行第二轮投票，选出最受欢迎的5名选手；
- 按照前5名选手拿到的钱数，组委会乘以10倍给予奖励。

这些人互相不认识，在参与这场游戏之前，彼此没有任何交集，这里面没有威逼胁迫，也没有野心勃勃，仅仅是一群遵守游戏规则的陌生人。那么，他们给另一个陌生人投出真金白银的理由是什么呢?

在投后访谈中，大部分人给出的回答集中在以下几个区间：

- 在他/她讲的故事中，判断他对亲人、朋友的态度是善良的；
- 他/她很自信，觉得配得上现在的一切，也配得上更好的生活；
- 他/她不轻易评价其他人，但却积极地替看好的人拉票；
- 他/她多年都在做同一件事，并尝试用不同的方式去做；
- 他/她的话语中出现最多的两个词是“感谢”和“我不知道”。

根据这些，可以推导出获得他人支持的原则是这样的：

- 【安全感】：善待亲人和朋友，懂得维系长期关系——内在稳定，外在和谐。
- 【资格感】：不怀疑自己，梦做得足够大，能获得更多支援——高价值，高优势。
- 【三观一致】：只做可以产生正循环的事，成全别人，善待自己——利人，不损己。
- 【目标感】：做事情目标清晰，手段多样，与持续进化的人结交——够专注，肯迭代。
- 【谦虚诚恳】：对不懂的东西不装懂，对帮助过自己的人持续感谢和回馈——做硬事，说软话。

如果能做到上面5点，你就是一个顶级善良的人，同时是一个顶级聪慧的人。如果你是投资人，在乾坤未定、一个赛道尚未成型时，相信你也会优先考虑投给有这5点素质的人。

正如量子基金的创始人吉姆·罗杰斯所说："善良是唯一不会失败的投资。"

很多以教别人拿融资、出BP为业务的公司，都在强调把行业的前景描绘好，把项目的优势凸显出来；很多技术导向的公司都在强调增长黑客、黑帽、白帽。但是他们却忽略了一件最重要的事情，投资和创业是一个关于人的游戏，"人"才是最核心的，也是最不确定的。

如果把衡量一款产品成功的指标套用在人身上，**有趣决定打开率、善良左右留存率、价值关乎活跃率，**如果不足够善良，资源很容易流失，价值即使会涌现，也会很低频。

反过来，如果人的变量得到改善，你也就不会"死"于某次黑天鹅事件，你将进入一个稳定进化的生态系统。这个系统又会孵化出无数个小系统，每一个小系统都将以最善良、也最高效的方式运转。

日常善良：厚道且灵活

如果你是公司老大，现在要招募核心岗位成员，如何评估面试者的价值？如果他所掌握的某项能力，是现有成员都不会的，就不会导致能力重叠。

但是如果所有内部人都不会，又以什么标准进行价值评估呢？

唯一的方式，就是识别这个人是否**"厚道且灵活"**。以此为原则的面试题可以是这样的：

"简历显示你的专业是信息技术，能不能告诉我一下，信息技术的定义是什么？"（百度百科里有标准答案。）

A类人：一字不差地复述出标准答案。

B类人：没正解，随便胡诌几句。

C类人："对不起，时间太久，我忘记了。"

D类人："不好意思，我的确不知道，请给我几分钟时间查一下。"

你会选择哪一位做你的同事?

依我看来：

- A类人可能是学霸，但也有可能是书呆子，待定。
- B类人不能忠于事实、不厚道，直接过滤掉。
- C类人够厚道，如果入职，不一定能带来增量，但至少不会翻车。
- D类人兼具厚道和灵活，是最佳人选，一旦出现就不必考虑其他人了。

厚道的人知道自己什么不知道，什么做不了，清楚自己的能力边界，只有清楚边界的人才有能力扩展边界；如果他又很灵活，就能更顺利地向外借到力，从而成为别人眼里"被看好，有极高交往价值的人"。这样的个体被打开率极高，拥有这样个体的团队也会成为高打开率的组织。

我们有多么希望打开那些拥有正面稀缺性格的人，别人就有多么希望拥抱拥有稀缺性格的你，因为对方也是聪明人，也在用同样的方式筛选盟友。

把这些评价标准倒过来用在自己身上，你就会发现，无论从哪个领域，亲情或友情、学校或职场、投资或创业，其实都是在筛选人性中的善良天使，那里面坐着一群无声的评委。

如果你是天使，你的周围就会出现很多天使，原本彷徨的人也会向你露出最天使的那一面。

高境界善良：超越契约

美国商界有一位风云人物，名叫马克·库班，他是一位白手起家的富豪，依靠将自己创立的体育直播网站卖给雅虎，赚到第一桶金——57亿美元，从而入围福布斯全球富豪榜。除了是一位成功的商人，库班最著名的身份是NBA达拉斯独行侠队的老板。

库班做过两件很酷的事：

第一件事发生在他刚刚涉足NBA的时候。当时，几乎所有俱乐部都有一个不成文的规定，就是区别对待主客队更衣室。他们为主队球员提供了舒适豪华的更衣室，却故意将来访球队的更衣室搞得很简陋，企图用场外因素干扰对手。

库班觉得，如果继续这样下去是损人不利己，联盟另外29支球队都搞这一套，那自己球队获得优待的概率就只有1/30。于是他第一个提出主客场更衣室同待遇，并投入350万美元进行设备升级，配置全木包制的衣柜、智能灯光、显示屏、香氛系统……在随后的数年间，各支球队纷纷效仿。

第二件事发生在2016年，当时球队的功勋球员德克·诺维斯基已经38岁，本打算退役的他，却意外收到了库班给出的一份两年4000万美元的续约合同。要知道，那个时候诺维斯基已经淡出了球队的轮换阵容，体能已经跟不上快节奏了。这份薪资是库班对诺维斯基职业生涯的额外褒奖，后来他看到球队还有薪资空间，又单方面给后者加了1000万美元。

在没有人要求的情况下，库班超越了俗成的、约定的规则，哪怕担着短期内战绩下滑的风险，也要用最善良的方式对待对手和朋友。结果呢，在他接手球队的十年间，独行侠队的胜率超过70%，是整个联盟同期最高的，球队市值也达到了24.5亿美元，进入全美职业体育排名前列。

从库班的例子可以看出，**善良不仅仅是道德问题，还是能力和眼界问题。**

很多人却走向了一个反面，规定怎么写就怎么做，别人要求什么就做什么，说一件做一件，没提到的绝对不做。

刘润举过一个例子，他为了筹备一场演讲，请了一家负责场地布置的乙方公司。在正式彩排之前，他专程去看了看。坐在观众的座位上，发现有障碍物遮挡了视线，转头对乙方说：

“这个地方，会不会看不见讲台，要不要撤掉几把椅子。”

“好的，可以。”对方恭恭敬敬地记在了本子上。

“那个地方，灯光是怎么设计的，能不能调整一下？”

“没问题，马上照办。”对方又在本子上加了一行。

刘润当即决定不与对方合作了。为什么？

人家不是很配合吗？因为一个言听计从、有求必应的人，在另一个经验丰富的合作者心中，除了体力，没有任何附加价值。

合作的意义，是为彼此带来增量，而不是做牛做马。你多主动一点，我多给你点惊喜，双方互相助力一把，就能取得更多收益。如果你用这种态度对待合作者，相信对方一定会打消另谋别家的想法，甚至会主动为你奉上溢价数倍的合同。继续合作下去，你的人生就是一个持续向上的螺旋。

相反，死盯着合作条款的乙方，紧盯着甘特图、排期表的产品运营人，每次都要低于预期或将将达标的打工人，不够善良，也不够聪明。

从一个非常功利的角度推导，超越契约带来的收益，往往是数倍于成本的。从一个顶级智慧的角度倒推，最后得出的答案，往往是顶级的善良。善良和智慧，是同一件事的两种不同解读，不够善良的人，其实没有大智慧。

动物行为学家理查德·道金斯，对善良和利他基因遗传到现代人类身上提出了一个观点，他认为进化的基础不是个体，而是基因。在物质稀缺的年代，利他可能不利于个体生存，但却有利于基因延续。经济学的观点是，利他能促进价值和资源更好地交换和分配；生物学的观点是，当我们帮助他人时，脑垂体会分泌大量的激素，促进代谢和循环，让我们感到安宁和幸福。

无论你支持哪方观点，有一点是确定无疑的，那就是我们每个人都继承了善良的基因，它在人性里会一直存在，越是开放、进化的社会，聪明的善良者越幸福。

今天，随着科技、经济的发展，人类正变得越来越善良——21世纪战争死亡人数远低于20世纪，发达国家之间已经没必要发起战争，发展中国家小规模战争死亡人数也只是几十年前的一个零头。强奸、家暴、骚乱也大幅地锐减；网络实名制和监控范围铺开，大大降低了拐卖儿童的发生率；你甚至能觉察到身边的变化，移动支付的普及，偷窃、抢劫越来越少见。

在上一个野蛮生长的时代，最先崛起的一代未必都是道德的，但在一个身份更透明、连接性更强的社会里，作恶和自私的风险越来越高，收益却越来越低。物质的充盈和精神的富足越来越趋于统一，高效能的人越善良，所产生的社会效能也会越高。

在一次同学聚会上，我见到一位同学的女儿，震撼于她的天真漂亮。这是一个5岁的小姑娘，高耸的鼻子，一双忽闪忽闪的大眼睛，长密的睫毛精灵一般地跳动着，笑声如瓷，秀发如瀑。我想，等她长大了，还不知道要迷倒多少纯真少男呢。

可是，我再也见不到那一天了。两年以后，我收到一个噩耗，因为罹患白血病，又等不到配型的骨髓，小姑娘已经离开了人世。那一晚我彻夜难眠、失声痛哭，直到今天，我的脑海中依然会映现出她那稚嫩的小脸和无邪的笑容，我仍然能回忆起那晚自己心肌的阵阵抽搐。

其实我应该知道，患者没有等到器官捐赠是必然的。我们的临床救治工作，由于供体的缺乏被严重制约，这也间接滋养了器官买卖的市场。[1，2]

据估算，中国每年因终末期器官衰竭而等待移植的人数约为30万，这里面或许就有我们深深爱着的亲人、朋友，甚至是我们自己，而每年器官移植数量却仅有1万。很多年幼的生命，还没来得及去探索生命的意义，就急匆匆地和这个世界告别了。

一个国家和民族的强盛，不能仅用经济学的指标来衡量，还要看当我们需要帮助时，有多少同胞愿意站出来。帮助别人就等于帮助我们自己。

抱着这个信念，我想我的确应该做点什么，于是我在支付宝上找到了器官捐赠登记的入口，成为中国器官移植发展基金会的第2882092位志愿登记者——一个可喜的发现是，这个数字已是2016年的数十倍。

越是发展科技，人越重要，人性越重要。技术是中立的，但它是一个学习系统，会逐渐体现出技术背后的人的价值观和人性。只要我们保持人性中最美好的那一部分：爱

1　在美国，在册登记器官捐献的人数有1.3亿，而中国却只有10万（截至2016年）。

2　中国人体器官捐献管理中心、智研咨询整理。

和同理心，技术就会对这个世界展现出最大的善意。

反过来说，极度的封闭和落后，其实是因为一个人的心智水平太低，不够成熟，也可以说是不够善良。心理学家理查德·特伦布莱发现，人类随着年龄的增长，攻击、抢夺、冷漠的频率会逐步降低，分享的频率则会稳定提升。在短周期内，善良不总是正确的选择，但若站在长周期来看，面向未来和不确定，善良是大概率正确的选择。

信念一词，其实可以拆开，我们不断刷新“观念”，才会有越来越坚定的“信仰”。我们对世界了解得越多，就越相信它的美好；我们对人性的善意的感触越深，就越坚定、越自信。我们越是超契约地去履行责任和使命，在身边搭建一个个正循环的系统，就会有越多超预期的好事次第发生。

人类经历了那么多思想革命、技术升级、技法演化，一代代的先驱试图揭示终极真理，哲学家、科学家、艺术家、社会学家应用了无数方式一层层地剥开系统的内核，揭示内核里的规律，到最后却惊喜地发现，最内层的东西，恰恰就是我们在幼儿时学到的东西——完成父母期望以外的一些事情，做一个聪明而善良的孩子。

如果你明确了自己的志向，那就去提升技法、心法和眼界。

如果暂时还没有定下来，那就先用善良的姿势打开未知的世界吧！

外挂清单

- 正念是“八正道”——正见、正思维、正语、正业、正命、正精进、正念、正定之一，是一切自我觉察的开端。
- 社交和连接是近代社会发展的核心，计算机、互联网、手机、5G的发明无不在印证这一点，传道让我们获得与世界沟通连接的机会。
- 你能传多大的道，就有多大的机会和市场。
- 保持对规则的敬畏心，规则是经验的汇总。创新不是打破规则，而是研习规则。创新能力不强，不是脑洞不够大，而是对传统、对规则的了解和遵循不充分。
- 知其雄，守其雌，为天下溪。做价值信息的枢纽，不计短期的付出和回报，就能获得长期的价值盈余。
- 三行而后思：不要过早评价一件事，先去做一名“行者”，在践行中不断修正认知。
- 行善者常常不被理解，有时甚至会受到短期主义者的排斥、嘲讽。但我们仍然要相信，善良是所有人唯一可以去往的方向，善良是唯一不会失败的投资。